建築知識
kenchikuchishiki

世界で一番くわしい
建築設備

03 第2版

山田浩幸 監修
Hiroyuki Yamada

X-Knowledge

編集協力・本文デザイン	ジーグレイブ株式会社
編集協力	Studio 順／松田　順子
カバー・表紙デザイン	細山田デザイン事務所

はじめに

　近年、省エネや地球温暖化対策への関心が高まり、一方で生活環境・オフィス環境の快適性に対する要望が増えるなか、これらを両立する研究分野として環境工学が注目されてきています。

　建築設計における環境工学の分野は、昔から設備設計者の分野とされてきました。安全で快適な室内環境や都市環境を実現するため、建築設備を介して何ができるのか。インフラから始まり、温熱、湿気、換気、音響、照明……考慮すべきことは多岐にわたります。

　その背景には、建物のなかで設備の占める割合が増加していることがあります。性能もスペックもシステムも、その内容はどんどん複雑化してきています。加えて、省エネ・新エネルギーの導入や創エネといった新技術も開発されています。

　もはや、デザインやコストが先行する建築に、パワー勝負で設備を導入する時代に終わりを告げなければならない。これからは、人間にとって良好な環境を最小限のエネルギーで実現するために、建築計画のなかで設備をコントロールすることが必要といえます。また、建築設備は、メンテナンスや更新性を考慮しなくてはなりません。建物よりも先に寿命を迎える設備が、建物のライフサイクルに対してどのように歩調を合わせていくのか。これも建築計画と合わせて計画することが求められています。

　建築業界にとって、「サスティナブル」は大きな命題の1つです。そしてサスティナブル実現の鍵を握っているのは、良くも悪くも建築設備といえるでしょう。

　建築設備を生かすも殺すも、建築次第と言っても過言ではありません。設備がうまく機能し、省エネで健康・快適な空間づくりに役立ててほしい、そんな願いを込めて、主に資料が少ない住宅・小規模集合住宅向けの設備を中心にまとめています。実際に設計実務を行うメンバーで、必要な情報を集めました。建築と設備の良好な関係づくり——本書がその一助になれば幸いです。

　最後に、このたびの能登半島地震において被災された皆様に心よりお見舞い申し上げるとともに、一日も早い復旧復興をお祈り申し上げます

令和6年3月吉日　　山田浩幸

CHAPTER 1
設備計画を始める前に

建築設備とは？ ・・・・・・・・・・・・・・・・・・・・・・・・・・・・・・・・・・・・ **10**

設備ボリュームを把握する ・・・・・・・・・・・・・・・・・・・・・・・・・・・ **12**

column スケルトン・インフィル ・・・・・・・・・・・・・・・・・・・・・ **14**

CHAPTER 2
給排水・給湯のキホン

給水設備の調査と計画 ・・・・・・・・・・・・・・・・・・・・・・・・・・・・・・・ **16**

必要水量と口径・受水槽サイズ ・・・・・・・・・・・・・・・・・・・・・・・ **18**

給水配管の考え方と施行上の留意点 ・・・・・・・・・・・・・・・・・ **20**

排水設備の現地調査・役所調査 ・・・・・・・・・・・・・・・・・・・・・・ **22**

排水経路の基本 ・・・・・・・・・・・・・・・・・・・・・・・・・・・・・・・・・・・・ **24**

排水枡・排水槽の設置 ・・・・・・・・・・・・・・・・・・・・・・・・・・・・・・ **26**

雨水計画と浄化槽 ・・・・・・・・・・・・・・・・・・・・・・・・・・・・・・・・・・ **28**

給湯方式と給湯量 ・・・・・・・・・・・・・・・・・・・・・・・・・・・・・・・・・・ **30**

給湯器のさまざまな機能と設置基準 ・・・・・・・・・・・・・・・・・ **32**

ガス供給のしくみ ・・・・・・・・・・・・・・・・・・・・・・・・・・・・・・・・・・ **34**

配管の種類と工法 ・・・・・・・・・・・・・・・・・・・・・・・・・・・・・・・・・・ **36**

多様化するキッチンの設備計画 ・・・・・・・・・・・・・・・・・・・・・・ **38**

浴室の設備計画は安全・快適に ・・・・・・・・・・・・・・・・・・・・・・ **40**

衛生器具選びのポイント ・・・・・・・・・・・・・・・・・・・・・・・・・・・・ **42**

義務化された住宅用火災警報器 ・・・・・・・・・・・・・・・・・・・・・・ **44**

CHAPTER 3
換気・空調のキホン

換気の種類と換気方式 ・・・・・・・・・・・・・・・・・・・・・・・ 46

居室・水廻りの換気計画のポイント ・・・・・・・・・・・・・・・ 48

換気扇の種類と特徴 ・・・・・・・・・・・・・・・・・・・・・・・・ 50

熱交換型換気システム ・・・・・・・・・・・・・・・・・・・・・・ 52

セントラル換気システム ・・・・・・・・・・・・・・・・・・・・・ 54

空気調和の種類と特徴 ・・・・・・・・・・・・・・・・・・・・・・ 56

省エネ性能が向上したヒートポンプ式エアコン ・・・・・・・・ 58

結露の原理と不快指数 ・・・・・・・・・・・・・・・・・・・・・・ 60

質の高い温熱環境をつくる放射（輻射）冷暖房 ・・・・・・・・ 62

そのほかの暖房方式 ・・・・・・・・・・・・・・・・・・・・・・・ 64

[column] エアコンを上手に隠す ・・・・・・・・・・・・・・・・・ 68

CHAPTER 4
電気・通信のキホン

電気を引込むには ・・・・・・・・・・・・・・・・・・・・・・・・ 70

分電盤の役割と回路数 ・・・・・・・・・・・・・・・・・・・・・・ 72

分電盤の設置要領と多機能型分電盤 ・・・・・・・・・・・・・・ 74

コンセント配置計画のポイント ・・・・・・・・・・・・・・・・・ 76

オール電化住宅 ・・・・・・・・・・・・・・・・・・・・・・・・・ 78

あかりの基礎知識 ・・・・・・・・・・・・・・・・・・・・・・・・ 80

空間を演出する照明計画 ・・・・・・・・・・・・・・・・・・・・ 82

テレビ共聴と地上デジタル放送 ・・・・・・・・・・・・・・・・・・・・・・・・・・ 84

宅内 LAN の構築とホームオートメーション ・・・・・・・・・・・・・・・ 86

インターホンとセキュリティ ・・・・・・・・・・・・・・・・・・・・・・・・・ 88

ホームエレベーター ・・・・・・・・・・・・・・・・・・・・・・・・・・・・・ 90

音の基礎知識 ・・・・・・・・・・・・・・・・・・・・・・・・・・・・・・・・・ 92

column スイッチの種類 ・・・・・・・・・・・・・・・・・・・・・・・・・ 94

CHAPTER 5
事務所ビルに必要な設備

受変電設備とは ・・・・・・・・・・・・・・・・・・・・・・・・・・・・・・・ 96

適切な室内空気環境をつくる空気調和設備 ・・・・・・・・・・・・・・・ 98

オフィス空間に必要な換気量と換気回数 ・・・・・・・・・・・・・・・・・ 100

避難経路の安全を確保する排煙設備 ・・・・・・・・・・・・・・・・・・・ 102

消火設備 ― 屋内消火栓と特殊消火設備 ― ・・・・・・・・・・・・・・ 104

消火設備 ― スプリンクラー設備 ― ・・・・・・・・・・・・・・・・・・ 106

避難経路を照らす非常用照明と誘導灯 ・・・・・・・・・・・・・・・・・ 108

火災を知らせる自動火災報知設備 ・・・・・・・・・・・・・・・・・・・・ 110

環境性に配慮したオフィス照明 ・・・・・・・・・・・・・・・・・・・・・・ 112

すっきり収納オフィス配線 ・・・・・・・・・・・・・・・・・・・・・・・・・ 114

オフィスセキュリティと重点管理室の扱い ・・・・・・・・・・・・・・・ 116

昇降機 ・・・・・・・・・・・・・・・・・・・・・・・・・・・・・・・・・・・ 118

落雷から建物を守る避雷設備 ・・・・・・・・・・・・・・・・・・・・・・ 120

CHAPTER 6
環境にやさしい省エネ設計

材料の熱特性を表す数値 ・・・・・・・・・・・・・・・・・・・・・・・・・・・ 122

建物の性能を高める次世代省エネルギー基準 ・・・・・・・・・・・・・・ 124

断熱は省エネ設計の基本 ・・・・・・・・・・・・・・・・・・・・・・・・・ 126

建物の遮熱と日射遮蔽 ・・・・・・・・・・・・・・・・・・・・・・・・・・・ 128

自然界の偉大な力を利用する ・・・・・・・・・・・・・・・・・・・・・・ 130

最も大きな自然エネルギー「太陽光」 ・・・・・・・・・・・・・・・・・ 132

「太陽熱」のめぐみ ・・・・・・・・・・・・・・・・・・・・・・・・・・・・・ 134

安定した熱媒体「地中熱」 ・・・・・・・・・・・・・・・・・・・・・・・・・ 136

24時間働く「風力発電・水力発電」 ・・・・・・・・・・・・・・・・・・ 138

ヒートポンプの原理 ・・・・・・・・・・・・・・・・・・・・・・・・・・・・・ 140

コージェネレーションシステム ・・・・・・・・・・・・・・・・・・・・・・ 142

エネルギー効率のよい「地域冷暖房」 ・・・・・・・・・・・・・・・・・ 144

冷房負荷の軽減方法 ・・・・・・・・・・・・・・・・・・・・・・・・・・・・ 146

快適な室内環境を生む「ペリメーターレス空調」 ・・・・・・・・・・ 148

進化する照明の技術 ・・・・・・・・・・・・・・・・・・・・・・・・・・・・ 150

建物緑化と雨水利用 ・・・・・・・・・・・・・・・・・・・・・・・・・・・・ 152

改正省エネルギー法と CASBEE ・・・・・・・・・・・・・・・・・・・・ 154

column COP と APF ・・・・・・・・・・・・・・・・・・・・・・・・・・・・ 156

CHAPTER 7
参考設備図と関連資料

給排水・空調配管材料の種類 ・・・・・・・・・・・・・・・・・・・・・・・・・・ 158

電気配管・配線材料の種類 ・・・・・・・・・・・・・・・・・・・・・・・・・・・ 160

設備設計図とは ・・・・・・・・・・・・・・・・・・・・・・・・・・・・・・・・・ 162

　　幹線図 ・・・・・・・・・・・・・・・・・・・・・・・・・・・・・・・・・・・・ 163

　　電灯図 ・・・・・・・・・・・・・・・・・・・・・・・・・・・・・・・・・・・・ 164

　　コンセント図 ・・・・・・・・・・・・・・・・・・・・・・・・・・・・・・・・ 165

　　弱電図 ・・・・・・・・・・・・・・・・・・・・・・・・・・・・・・・・・・・・ 166

　　衛生設備図 ・・・・・・・・・・・・・・・・・・・・・・・・・・・・・・・・・ 167

　　空調図 ・・・・・・・・・・・・・・・・・・・・・・・・・・・・・・・・・・・・ 168

　　換気図 ・・・・・・・・・・・・・・・・・・・・・・・・・・・・・・・・・・・・ 169

　　設備記号と姿図（給排水・衛生） ・・・・・・・・・・・・・・・・・・・・・ 170

　　設備記号と姿図（空調・電気） ・・・・・・・・・・・・・・・・・・・・・・ 171

関連法規 ・・・・・・・・・・・・・・・・・・・・・・・・・・・・・・・・・・・・・ 172

要望調査チェックシート ・・・・・・・・・・・・・・・・・・・・・・・・・・・・ 174

全体計画チェックシート ・・・・・・・・・・・・・・・・・・・・・・・・・・・・ 175

索引 ・・・・・・・・・・・・・・・・・・・・・・・・・・・・・・・・・・・・・・・ 176

CHAPTER **1**

設備計画を始める前に

建築設備とは？

① 建築設備は「建築の機能を支配する」
② 設備はすべて、メンテナンスや更新が必要
③ 建築設備は3つの分野にわけられる

建築設備とは

建築設備を一言で言うと、「建築の機能を支配する部分」となる。建築基準法における、建築設備の定義は、「建築物に設ける電気、ガス、給水、排水、換気、暖房、冷房、消火、排煙もしくは浄化槽または煙突、昇降機もしくは避雷針」をいうものとされている。現代では建築物内の設備の占める割合が増え、メンテナンスや更新を考慮した計画の重要性が高まっている。建築設備は、大きく分けて給排水衛生設備、空気調和換気設備、電気設備に分けられる。

給排水衛生設備

●**給水設備** 上水道本管から受水し、生活上必要な水を送る設備。

●**給湯設備** 必要な箇所に、加熱した水を送る設備。

●**排水設備** トイレからの汚水やキッチン・洗面・風呂の雑排水、衛生器具からの汚染された水また、雨水などの発生水を敷地外に排出する設備。速やかかつ衛生的に排出することが重要で、排水トラップ・通気などの付属設備を設ける。

●**ガス設備** 給湯・調理・暖房・冷房・発電などの燃料としてガスを利用するための設備。大きく分けて、都市ガスとLPガス（プロパンガス）の2つがある。

空気調和換気設備

●**冷暖房設備** 年間を通し、建築物内を快適な温度・湿度に保つための設備。一般的にはエアコンや床暖房などを指す。

●**換気設備** 室内で発生した汚染された空気を速やかに外部に排出し、新鮮な外気を必要な分だけ取り入れ、健康的な室内環境を保つための設備。

電気設備

●**電力引込設備** 前面道路の電線より引込むための設備。近年は電気機器の増大により、引込電力の必要容量が増加。

●**電灯コンセント設備** 各部屋の照明やコンセントなど。

●**弱電設備** 電話機やFAX、インターネットなどの通信設備や、テレビ設備、インターホン設備、住宅用火災警報器など。

汚水
建物または施設から出る生活排水、作業用排水などの総称。狭義では便器から出る汚物を交えた排水、またはこれに類した排水をいう場合が多い

雑排水
家庭からの排水のうち、屎尿と水洗便所からの排水を除いた排水

発生水
結露などの自然現象により生じる水

都市ガス
導管で供給するガス燃料をいう。一般にLNG（液化天然ガス）を主体とし、成分はLNGを気体に戻したものにLPG（液化石油ガス）を添加したものや、石炭ガス、ナフサ分散ガス、天然ガス、LPGなどを混合したものがある

LPガス（プロパンガス）
Liquefied petroleum ガス（液化石油ガス）の略。ブタン・プロパンなどを主成分とし、圧縮することにより常温で容易に液化できる気体燃料のこと。一般にはプロパンガスともよばれる

引込電力
建物内で使用する電力を、送電線などから敷地内に引込んだ電力

必要容量
1つの建物内で使用する電気機器の電気容量を合計したもの。多くの機器を使用する場合は、必要な電気容量も多くなる

建築を人間に例えると

意匠

構造
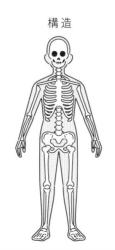

設備
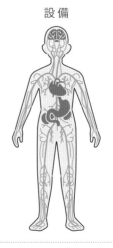

戸建住宅の建築設備

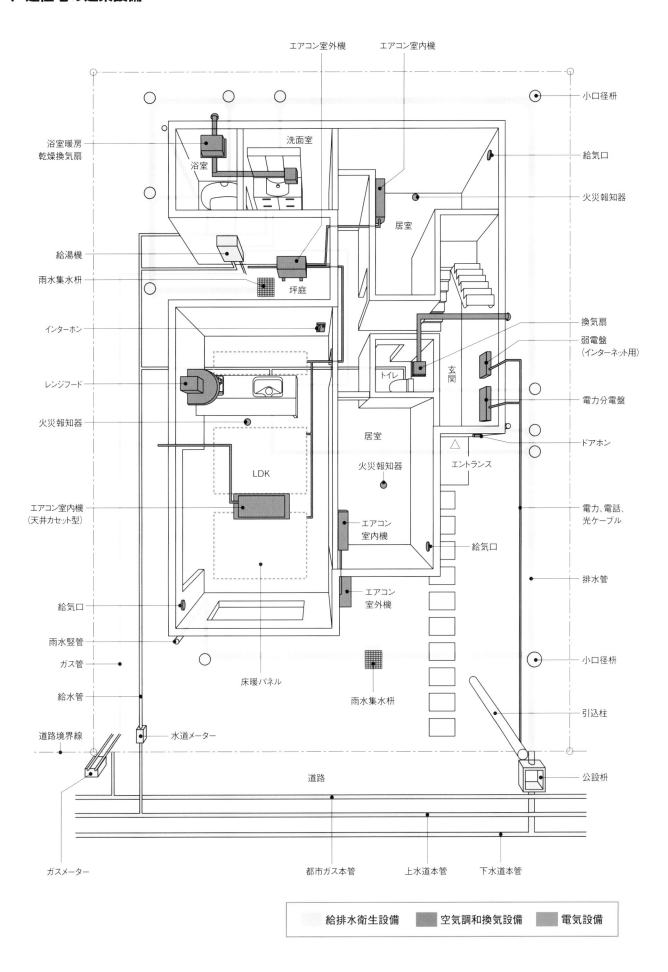

エアコン室外機　エアコン室内機

浴室暖房
乾燥換気扇

洗面室

浴室

小口径枡

給気口

火災報知器

居室

給湯機

雨水集水枡

坪庭

インターホン

換気扇

弱電盤
（インターネット用）

レンジフード

トイレ

玄関

電力分電盤

火災報知器

居室

ドアホン

火災報知器

エントランス

LDK

電力、電話、
光ケーブル

エアコン室内機
（天井カセット型）

エアコン
室内機

給気口

排水管

給気口

エアコン
室外機

雨水竪管

ガス管

床暖パネル

小口径枡

給水管

雨水集水枡

引込柱

道路境界線

水道メーター

公設枡

道路

ガスメーター

都市ガス本管　上水道本管　下水道本管

給排水衛生設備　　空気調和換気設備　　電気設備

給排水・給湯のキホン

換気・空調のキホン

電気・通信のキホン

事務所ビルに必要な設備

環境にやさしい省エネ設計

参考設備図と関連資料

設備ボリュームを把握する

① 「過剰設備」に注意
② 設計の早い段階で設備のボリュームを把握する
③ 新規導入設備や将来の増設の対応を考慮する

ボリュームの把握

設備計画は、**意匠設計者**と**設備設計者**の知識や経験が非常に重要になる。注意したいのが、「過剰設備」にならないようにすること。「過剰設備」はランニングコストの増加に繋がり、かえって不快さを感じることになる。バランスのとれた設備を心がける。

基本計画の前に、インフラ設備の調査、確認を忘れてはならない。敷地内や前面道路の上下水道・ガス・電気・電話などの現況を把握する。

設計段階で給排水や空調配管、換気のダクトルートや納まり、機器類の設置スペースの確保などを検討し、メンテナンス性、施工性、更新時の対応などを考慮して無理のない設備計画を立てる。また、構造と配管ルートとの干渉など基本的なチェックも行う。

特に、電気配管の多くが躯体に埋込まれる集合住宅では、これらのボリュームを把握しておかないと、躯体欠損部分が多くなり、強度に影響を与えかねない。また、集合住宅は個々の設備機器類が比較的大きく、種類も増えるため、それぞれの必要スペースや設置位置を早めに検討する。同様に配管・配線類の必要スペースも大きくなり、種類も増えるので注意する。現場施工段階で安易にルート変更ができないため、設計段階で意匠・構造との調整を十分に行う。

一般的に躯体の寿命よりも設備機器や設備材料の寿命は短い。あらかじめ機器や配管類の交換やメンテナンスを想定し、設置場所やメンテナンススペースを確保する。将来の設備更新や、予備の増設スペースなどにも考慮する。

設備機器は、取り付け位置や納まりを検討し、躯体との取り合いなどを確認したうえで決定する。いったん完成した躯体に、配管などの開口を安易に設けるのは、構造強度に影響するため難しい。新規設備の追加などを想定した予備の配管・配線スペースやルートを確保しておく必要がある。

過剰設備
必要以上に設備性能を高めること。必要冷暖房能力以上のエアコンや、家電設備、特に水周りに関してのスペックは近年過多となっている傾向がある

納まり
建築物を作るための部材の取り合い、取り付け具合をいう。形状の仕上がり具合、総合的出来栄え

干渉
設備配管などが、躯体構造部分とぶつかりあうこと

取り合い
部材の組み合わせ方

関連事項

建築設計とは、建物に関わる設計業務をいうが、一口に設計と言っても、その範囲は非常に広い為、意匠・構造、設備といった分野に分かれている。

● 意匠設計者
意匠設計とは、建築物の外観装飾や間取り、色彩、形状などのデザイン基本計画を、顧客の要望や法規、施工方法などを加味しながら検討し、仕様(仕上)、細部のおさまりなどを総合的にまとめる設計業務を指し、専らこれに従事する設計者。

● 設備設計者
建築工事における電気、管、計装、空調、衛生、給排水等の各種設備機能の設計を行う設計者。人が快適に利用できる建築物にするために使い勝手などを考慮し、また、人や環境への配慮といった繊細な感覚やセンスも求められる。

● 構造設計者
建築物が重力や地震、風雨などの自然環境に耐え、人々が安全に活動できる建築物になるよう、その骨組みとなる構造を計算する設計者。建築物の用途や構造体によって異なる法的基準や安全基準をクリアするために、構造の検討から始まり、梁や柱の形状、数量を基礎・梁伏図、軸組図など様々に図面化し、構造計算を行なって計算書を作成する。

設備のボリューム（建築物全体）

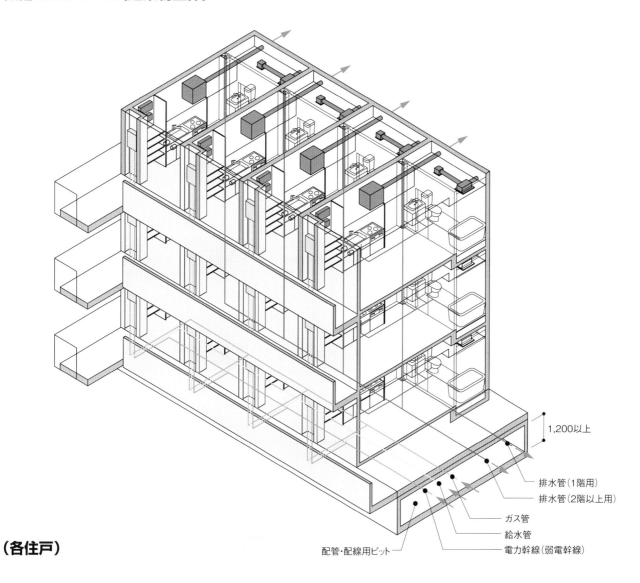

1,200以上

排水管（1階用）
排水管（2階以上用）
ガス管
給水管
配管・配線用ピット
電力幹線（弱電幹線）

（各住戸）

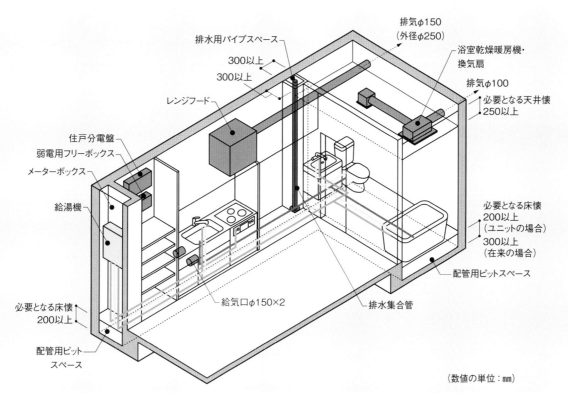

排水用パイプスペース
排気φ150
（外径φ250）
300以上
浴室乾燥暖房機・
換気扇
300以上
排気φ100
レンジフード
必要となる天井懐
250以上
住戸分電盤
弱電用フリーボックス
メーターボックス
給湯機
必要となる床懐
200以上
（ユニットの場合）
300以上
（在来の場合）
配管用ピットスペース
必要となる床懐
200以上
給気口φ150×2
排水集合管
配管用ピット
スペース

（数値の単位：mm）

設備計画を始める前に

給排水・給湯のキホン

換気・空調のキホン

電気・通信のキホン

事務所ビルに必要な設備

環境にやさしい省エネ設計

参考設備図と関連資料

Column

スケルトン・インフィル

　たとえば、今から 30 〜 40 年前に建てられた建物が、住まい手のライフスタイルの変化や設備類の寿命などによって改修工事が必要になったとする。

　その際、建設当時に内装の変更や設備更新をまったく考慮せずに建てられた建物は、大がかりな工事が必要となり、莫大な費用がかかってしまう。その結果、建て替えざるを得ないという選択になりがちだ。

　このようなリスクを減らすために、設計当初から将来の内装・間取りの変更やリフォームのしやすさ、設備の更新などを考え、躯体部分（スケルトン）と設備・内装部分（インフィル）を分離して設計する手法を「スケルトン・インフィル」という。特に集合住宅に取り入れられている。

　この手法によって、将来はインフィルの工事のみで、建物そのものを 90 年、100 年と使い続けることができるようにする。また、建物の解体を免れることによって廃棄物を削減でき、環境負荷の増大を防ぐうえでも望ましい。

スケルトン・インフィルの仕組み

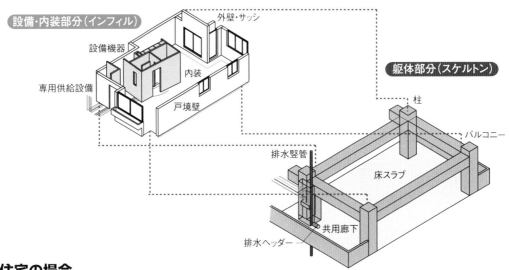

集合住宅の場合

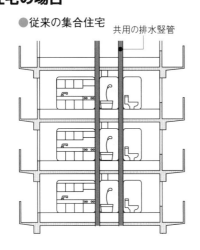

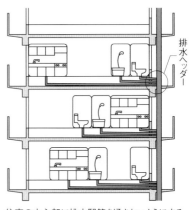

住宅の中心部に排水竪管を通さないようにするなど、改修時の設計の自由度を確保する

CHAPTER 2

給排水・給湯のキホン

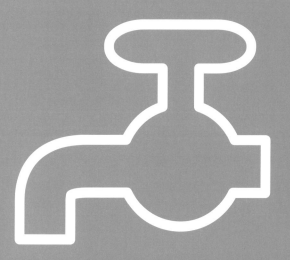

給水設備の調査と計画

①図面と照らし合わせながら現場チェック
②建物規模と用途で決まる給水方式
③水道メーターは、計量法により有効期限が8年と定められている

給水設備とは

　給水設備とは、建物や敷地内において、必要な箇所に必要な水を送るための給水管やポンプ・タンク類を指す。

　水道水は、道路下に埋設されている上水道本管から、給水引込管を通って敷地内へ引込まれる。本管から敷地内へ延びる給水引込み管の敷地境界の内側と外側に2ヶ所「止水栓」があり、水の供給を中止する際にはこの栓を閉じる。外側の止水栓から本管側は水道局管轄の水道施設となる。敷地内止水栓の脇に水道メーターを設置し、ここで水の使用量を計り、水道料金が決まる。

現場確認と役所確認

　計画の前に、まず敷地の現況を調べる。地中に埋まっている埋設管は現地で見ても分からないため、水道局で「給水本管埋設図（水道台帳）」を閲覧する。

　敷地内の配管図には個人情報が含まれ、土地の所有者または水道利用者以外は閲覧できない場合があるため、事前に申請書・委任状・申請費用などを用意しておく。

　図面と照らし合わせながら現場をチェックし、敷地境界線や目印になるものから、埋設管・メーター類までの距離を控えておくとわかりやすい。地域によっては水道加入（負担）金が必要な場合があるので、経費も最初に把握しておく。

給水方式の決め方

　給水方式には主に、3種類の方式があり、それぞれの特徴と適正を右表に示す。なお、地域によって給水方式や給水量が異なるため、事前に確認する。建物用途も考慮が必要だ。多量の水を使用する事業所、工場等の水道直結方式は認められない。また、断水損害を避けたい建物ならば、受水槽方式がよい。

　メーター設置条件としては、計量法により8年ごとの交換が義務付けられている。

● 敷地境界
敷地と他の隣地、道路との境界

● 止水栓
比較的口径の小さい給水管の通水制止用水栓

● 給水本管埋設図
（水道台帳）
水道局が管理する上水道の道路埋設状況を図に表したもの。埋設位置、管径、埋設深さなどが記載されている

● 水道加入（負担）金
水道の利用申込に際して水道局に納付しなければならない。水道加入申込金・給水分担金ともいい、地方公共団体によって必要なところと不要なところがある

● 受水槽方式
受水槽に一時貯水した水道水を、加圧給水ポンプの圧力で給水する方式

戸建住宅の給排水の仕組み

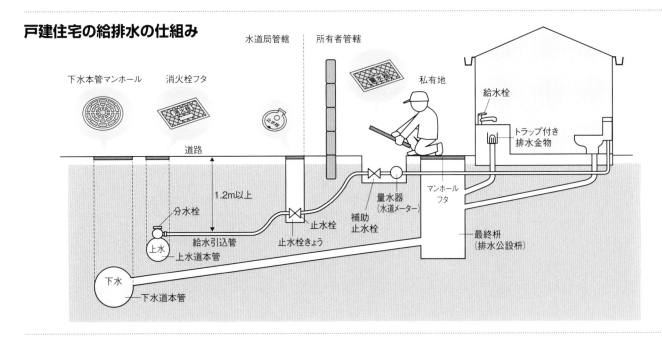

給水方式を決める流れ

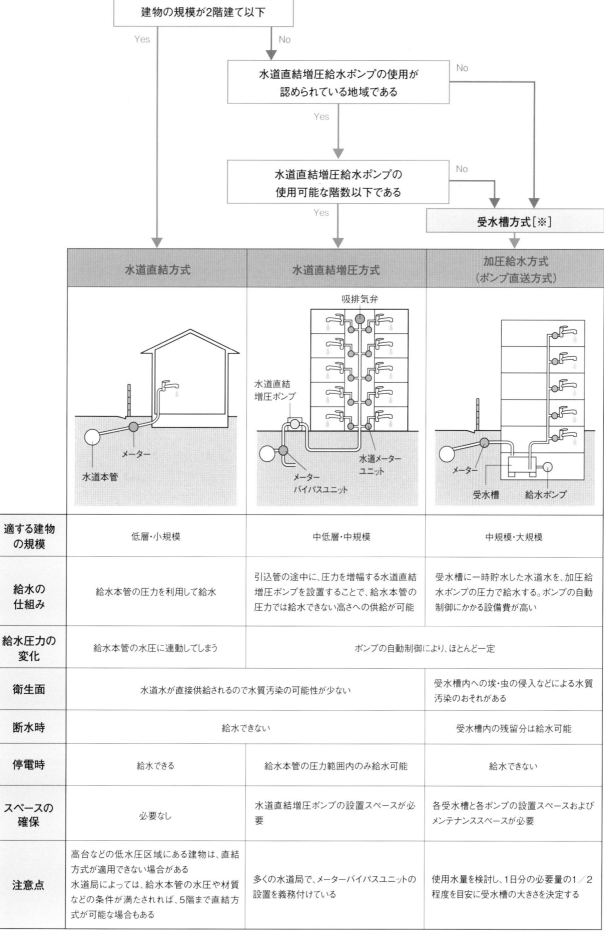

建物の規模が2階建て以下

Yes → / No ↓

水道直結増圧給水ポンプの使用が
認められている地域である

No →

Yes ↓

水道直結増圧給水ポンプの
使用可能な階数以下である

No ↓

Yes ↓

受水槽方式［※］

	水道直結方式	水道直結増圧方式	加圧給水方式 （ポンプ直送方式）
適する建物 の規模	低層・小規模	中低層・中規模	中規模・大規模
給水の 仕組み	給水本管の圧力を利用して給水	引込管の途中に、圧力を増幅する水道直結増圧ポンプを設置することで、給水本管の圧力では給水できない高さへの供給が可能	受水槽に一時貯水した水道水を、加圧給水ポンプの圧力で給水する。ポンプの自動制御にかかる設備費が高い
給水圧力の 変化	給水本管の水圧に連動してしまう	ポンプの自動制御により、ほとんど一定	
衛生面	水道水が直接供給されるので水質汚染の可能性が少ない		受水槽内への埃・虫の侵入などによる水質汚染のおそれがある
断水時	給水できない		受水槽内の残留分は給水可能
停電時	給水できる	給水本管の圧力範囲内のみ給水可能	給水できない
スペースの 確保	必要なし	水道直結増圧ポンプの設置スペースが必要	各受水槽と各ポンプの設置スペースおよびメンテナンススペースが必要
注意点	高台などの低水圧区域にある建物は、直結方式が適用できない場合がある 水道局によっては、給水本管の水圧や材質などの条件が満たされれば、5階まで直結方式が可能な場合もある	多くの水道局で、メーターバイパスユニットの設置を義務付けている	使用水量を検討し、1日分の必要量の1／2程度を目安に受水槽の大きさを決定する

※　受水槽方式には、加圧給水方式以外に高置水槽方式もある

必要水量と口径・受水槽サイズ

①受水槽方式は時間最大水量＝必要水量
②直結給水方式は瞬時最大水量＝必要水量
③受水槽設置の際は、構造強度に留意する

給水引込口径の決め方

給水引込みの「口径○mm」とは、上水道本管から分岐し、敷地内へ供給する給水引込管の径のサイズをいう。この口径は、建物全体での必要水量で決まる。必要水量は建物の用途によって異なるが、1人当たりの給水量と想定人員を乗算して求める。

さらに、建物全体での1日の使用水量を1日の使用時間(8～12時間)で割った平均水量を2.0倍した水量が時間最大水量となり、受水槽方式の場合は、この水量が必要水量となる。さらに、時間最大水量に、1.5～2.0倍した水量が瞬時最大水量であり、直結給水方式の場合はこれが必要水量となる。

簡易的に引込管口径を決める方法として、戸建住宅では設置する水栓の数から口径を決めてもよい。

集合住宅では、住戸数によって引込管口径を決める。また、受水槽の有効容量は、大きくし過ぎて水槽内に水が停滞しないよう、建物全体での1日使用水量の4／10～6／10(高置水槽の場合は1／10)とする。

なお、メーター口径は基本的に、給水引込管口径と同径となり、メーター口径のサイズによって水道の基本料金が決まる。

受水槽設置に関する留意点

10㎥を超える容量の受水槽は、水道法により簡易専用水道として規制をうけ、定期清掃、保健所による検査などが義務付けられている。設置する際は、点検作業をするためのスペースも確保する必要がある。

水が満タンになった受水槽は、数トンの重量があり、それをわずか数㎡の床で支えることになる。設置位置が決まったら、構造補強を検討する。また、最上階や屋上に設置する場合は、地震力に対する強度として、1階や地階に設置する場合よりも、1.5倍の地震力で構造強度を検討する。

受水槽を置く基礎は構造体と一体化し、アンカーボルトで受水槽架台を固定する。

● **直結給水方式**
水道本管内の水圧自体を利用して目的の箇所に水道水を供給する方式。主として小規模の建物または住宅に利用される

● **高置水槽**
必要とされる圧力を得るため、給水の箇所よりも高い位置に設けた水槽。ポンプで揚水し、重力で給水する

● **水道法**
水道の布設及び管理を適正かつ合理的にするとともに、水道を計画的に整備し、水道事業を保護育成することによって、清浄にして豊富低廉な水の供給を図り、公衆衛生の向上と生活環境の改善に寄与することを目的とした法律

● **簡易専用水道**
都や市などの水道から供給される水だけを水源として、受水槽にため、ポンプで高置水槽に揚水(直接ポンプで給水するものもある)して各階に給水し、受水槽の有効容量の合計が10㎥を超えるもの

● **地震力**
耐震設計用語で、建物の重量に設計震度を乗じたもの。地震荷重ともいう

● **アンカーボルト**
柱脚部や土台を、コンクリートの基礎に緊結するための埋め込みボルト。基礎ボルトともいう

● **受水槽架台**
受水槽(水道引込管から引込んだ水道水を貯水するタンク)を設置する台

受水槽サイズの選び方

● 受水槽サイズは、建物利用者の1日の使用水量を上表から予測し、全体の必要水量から求める
● 計画段階で入居者数を把握し、必要有効容量を算出したうえで、受水槽のサイズを決めスペースを確保しておく

①入居者数から受水槽の必要有効容量を算出
（1人当たりの必要有効容量0.15㎥）

入居者数	必要有効容量[人数×0.15㎥]
5	0.75
10	1.5
20	3
30	4.5
40	6
50	7.5

②必要有効容量から受水槽サイズ・設置スペースを決定する

必要有効容量[㎥]	受水槽サイズ[m]縦(d)×横(w)×高さ(h)	受水槽設置スペース[m](d+1.2)×(w+1.2)×(h+1.6)
0.9	1.5×1×1	2.7×2.2×2.6
1.5	2.5×1×1	3.7×2.2×2.6
3	2.5×2×1	3.7×3.2×2.6
4.8	2×1.5×2	3.2×2.7×3.6
6	2.5×1.5×2	3.7×2.7×3.6
8	2.5×2×2	3.7×3.2×3.6

1日の1人当たりの使用水量（目安）

建物の用途別 使用水量概算値

用　途		有効面積当たり人員 または実人員	有効面積率[%]	1日の1人当たり給水量 [ℓ/日・人]
事務所・官公庁		0.1〜0.2人／㎡	60	100
シティホテル	（客）	宿泊客人員	45〜50	300〜500
	（従業員）	1.0〜1.5人／客室	—	150
旅館	（客）	宿泊客人員	50	250
	（従業員）	従業員数	—	150
図書館		0.4人／㎡	40〜50	10
カフェ・喫茶店	（客）	0.65〜0.85席／m²	75〜80	20〜30
レストラン・飲食店	（客）	0.55〜0.85席／m²	65〜80	70〜100
	（従業員）	従業員数	—	100
デパート	（客）	0.2人／㎡	55〜60	5
	（従業員）	従業員数	—	100
マンション・アパート		居住者数	—	250〜350
戸建住宅			—	200〜350
医院・診療所		2.0〜2.5人／床	—	300〜500ℓ／日・床
病院	（中規模）	3.0〜3.5人／床	—	1,000〜1,500ℓ／日・床

受水槽設置のポイント

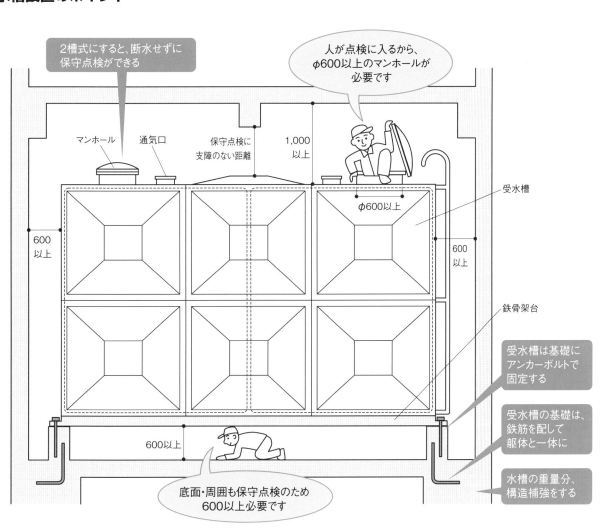

設備計画を始める前に

給排水・給湯のキホン

換気・空調のキホン

電気・通信のキホン

事務所ビルに必要な設備

環境にやさしい省エネ設計

参考設備図と関連資料

給水配管の考え方と施工上の留意点

①建物の寿命は設備・配管のメンテナンスに依存する
②メンテナンス性、更新時の対応性を考慮して配管スペースを設ける
③上水系統を汚染するクロスコネクション

建物と配管の耐用年数の違い

建物の長寿命化を考えた場合、一般的に建物の寿命よりも設備・配管の寿命のほうが短いので、これらの適切なメンテナンスを行うことが必須である。配管・配線スペースに十分な広さを設け、メンテナンス性にも配慮することが重要だ。住宅設計をする際は、設備の配管ルートの確保、メンテナンス性、更新時の対応性を考慮して配管スペースを設ける。

浴室・トイレ・キッチンなどの水廻りを集中させた平面計画とし、点検口を設けるなど、基本的なこともメンテナンス性のよさにつながる。基本的に設備配管は躯体に埋込むのではなく、パイプスペース(PS)内にまとめたり、地下ピット内を通したりして、更新ができるようにスペースを確保する。

給水配管の留意点

給水配管で最も注意が必要なのは、**上水**(飲料水)の汚染防止である。

飲料水である上水系統の給水配管と、**井戸水・中水・雨水排水**などの中水系統が連結されている状態を「クロスコネクション」という。

「クロスコネクション」には、直接的に上水以外の配管をつなげてしまう場合と、間接的につながっていたものが逆流などで汚染される場合があり、前者の場合、たとえ逆止弁を使っていてもつなげてはならない。

井戸水は水質良好でも、自然条件によって水質が変化するので、上水系統と連結するとクロスコネクションに含まれてしまう。

後者は、上水の出口と排水口が近い場合に起きる。事故などで断水したとき、給水管内が真空状態(負圧)となり、洗面器や流し台などにたまっている汚れた水が給水管へ逆流し(逆サイホン作用)、上水を汚染する。

また、ウォーターハンマーを防ぐため、給水圧を調整したり、管径を太くして2m/秒以下とすることも重要だ。

関連事項

● 上水

一般に飲用可能な水。水道法によりその水質基準が定められている。

● 井戸水

地面に穴を掘り、自然に湧いてその穴に貯まってくる地下水。年中変わらず一定の水温を保っており、手押しポンプなどを使用すれば、災害時でも水を確保することができる。施工する場所により、地下水の水質はまったく違い、有害物質の地下浸透や井戸等の整備不良などにより汚染される恐れがある。

● 中水

上水として生活用水に使った水を、下水道に流すまでにもう一度再利用する水。上水である必要はないトイレの水などに風呂や洗濯の余り水、流しの水や雨水などを再利用し、下水として排水する。

● 雨水排水

樋やドレイン等を使用して雨水を建物から排水すること。また、ある規模以上の建物では雨水を一気に下水等に放流すると、冠水する恐れがあるため、地下ピットに雨水貯留槽を設けるなどして排水調整を行うことが義務付けられることもある。

● 平面計画
建物全体の形状、各室の大きさと形、各室の位置関係、窓や扉の配置などを平面図で計画すること

● パイプスペース(PS)
給水、排水、ガス等のための配管などを納めるために設けられた専用の空間

● 地下ピット
建物の地下に設けられた、コンクリートで囲まれた空間

● 逆サイホン作用
水受け容器に吐き出された水などが、飲料用給水管内に生じた負圧による吸引作用のため、飲料用給水管内に逆流すること

● ウォーターハンマー
水栓の急閉鎖による騒音振動。管の寿命を縮め、破損の要因となる

更新できない埋殺しに注意

●実管打込みは更新不可能

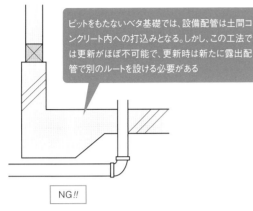

ピットをもたないベタ基礎では、設備配管は土間コンクリート内への打込みとなる。しかし、この工法では更新がほぼ不可能で、更新時は新たに露出配管で別のルートを設ける必要がある

NG!!

●基礎貫通キットを使用すれば更新可能

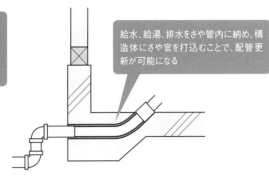

給水、給湯、排水をさや管内に納め、構造体にさや管を打込むことで、配管更新が可能になる

クロスコネクション

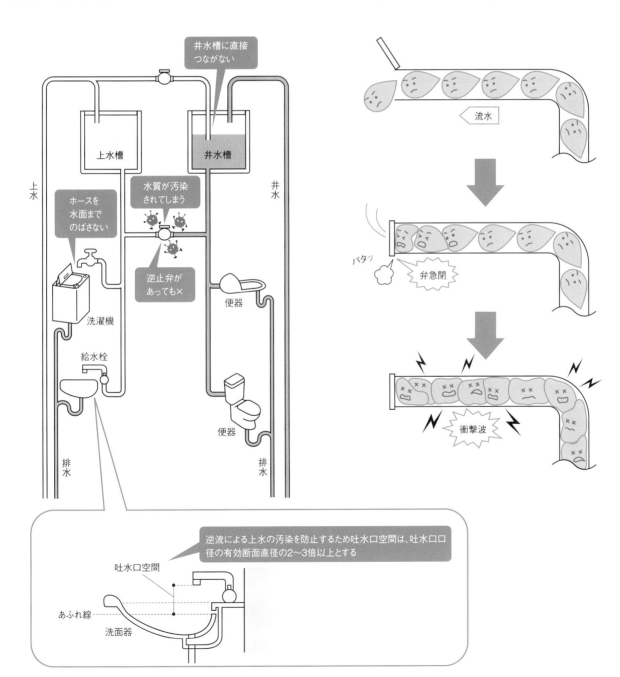

井水槽に直接つながない

上水槽

井水槽

上水

井水

ホースを水面までのばさない

水質が汚染されてしまう

逆止弁があっても×

洗濯機

給水栓

便器

便器

排水

排水

逆流による上水の汚染を防止するため吐水口空間は、吐水口口径の有効断面直径の2〜3倍以上とする

吐水口空間

あふれ線

洗面器

ウォーターハンマーの仕組み

流水

バタッ

弁急閉

衝撃波

設備計画を始める前に

給排水・給湯のキホン

換気・空調のキホン

電気・通信のキホン

事務所ビルに必要な設備

環境にやさしい省エネ設計

各種設備の関連資料

排水設備の現地調査・役所調査

①計画地域の排水方式を確認する
②下水処理施設が整備されていない地域では浄化槽の設置が必要
③分流地域で雨水排水本管がない場合は放流先・処理方法を行政に確認

排水の種類と方式

建物内や敷地内で使用して汚した水を、敷地外まで排出するための配管やポンプ・浄化槽などを排水設備という。スムーズに水を流すためには通気設備が不可欠なため、排水通気設備として、まとめて区分することも多い。

排水の種類は、大小便器からの汚水と、キッチン・浴室・洗面・洗濯機などからの雑排水、屋根・庭などからの雨水がある。これらをまとめて同じ下水道本管に排出する方式を合流方式といい、雨水のみを分けて流す方式を分流方式という。下水道および下水処理施設が整備されていない地域では、敷地内に浄化槽を設置し、敷地内で浄化処理してから道路側溝などに流す（浄化槽方式）。

インフラ設備を調査

排水方式は地域ごとに決まっている。計画の前には下水配管整備状況の調査を行い、まず計画地の排水方式を確認する。方式によっては敷地内の必要スペースが変わるため、建物の配置計画にも影響する。たとえば、分流方式で雨水本管がない場合、雨水を敷地内で浸透処理するため、枡や浸透トレンチの面積を広くとらなければならず、敷地いっぱいに建物を計画できなくなる。

下水道局によっては、負担金・引込み工事代などが必要になる場合があるので、管轄の下水道局で確認する。下水道台帳を閲覧し、本管の位置、深さなども調べておく。

浄化槽方式の場合は、設置基準や放流水質の基準を確認。自治体によっては費用の補助や融資の制度があるので、これも調べておくとよい。

下水配管整備状況の確認

下水道台帳は管轄の下水道局で閲覧できる。ポイントは、合流方式か分流方式か、計画敷地前の既存公設枡の有無と位置などである。分流地域で雨水排水本管がない場合は処理方法を行政に確認する。公設枡の移設や撤去は高額な費用がかかるので、なるべく既存の公設枡を利用する計画とする。

通気設備
排水系統における、配水管の流水による管内の気圧変化や、サイフォン作用によってトラップの封水が破れるのを防ぐために、管内気圧変化を大気に逃すための管

浸透処理
敷地内に浸透枡や、浸透トレンチなどを設置して、雨水を集めて浸透させること

枡
屋外排水の合流点、分岐点、起点、または管系や流量の変化しやすいところに設けられる掃除用水孔

浸透トレンチ
長い溝内に砂利や砕石等を敷き、雨水を濾過浸透させ、雨水の急激な流出を抑制する施設

下水道台帳
下水道局が管理する下水道管の埋設状況を図にしたもの。埋設位置、埋設深さ、管径などが記載されている

既存公設枡
敷地からの排水を公共の下水道に接続する際に、下水道管理者が設置する敷地境界付近にすでに設置される枡

分流地域
下水の処理方法に分流方式を採用している地域

公設枡
敷地からの排水を下水道に接続する際に、下水道管理者が設置する接続用の枡

排水の方式

合流方式	雨水と生活排水をまとめて下水道本管へ放流
分流方式	雨水と生活排水をそれぞれの本管へ放流 雨水本管がない場合は、敷地内浸透処理または道路側溝へ放流
浄化槽方式	放流水質基準などを満たして、生活排水は道路側溝へ放流 雨水は敷地内で処理またはそのまま放流

下水道台帳を見るポイント

●合流式

排水計画は、周辺のマンホールから下水道本管の深さを割り出して検討する。本例の場合、マンホールNo.6の下水道本管の埋設深さは、マンホールの地盤高さ（29.70m）と上流側の高さ（28.296m）との差（1.404m）から知ることができる。同様にしてマンホールNo.7の下水道本管の埋設深さは1.509mとなる

まず既存公設枡の有無と位置を確認

汚水枡（排水公設枡）

管の形状

陶管	合流管の素材
25	管のサイズ
40.00	管の勾配 40‰＝4%
28.00	マンホール間の距離

マンホールの地盤高さ（標高）[m]

マンホールの番号

下流側の土被り[m]

下流側の高さ（標高）

上流側の高さ（標高）[m]

上流側の土被り[m]

合流管（下水本管）

小型汚水枡（排水公設枡）

流れる方向

マンホールの地盤高さ（標高）[m]

マンホールの番号

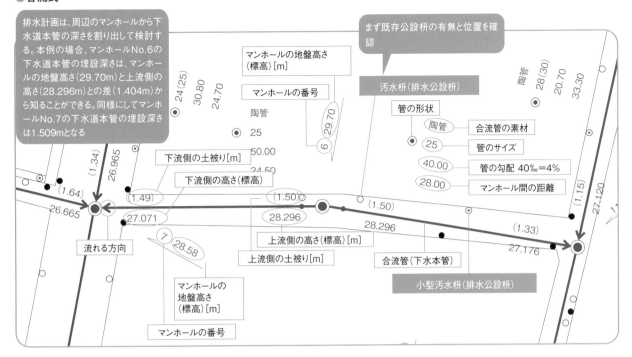

●分流式

管の土被り[m]

矢印の方向に流れる

鉄筋コンクリート管

汚水枡（排水公設枡）

雨水桝

管底の高さ（海抜）[m]

汚水管（未排水を含む）

雨水管

汚水管の素材

勾配（4.8‰＝0.48%）

下流側の土被り[m]

管の形状

管のサイズ

下流側の海抜[m]

雨水管の素材

見方は雨水管も汚水管も同じ

マンホール間の距離[m]

上流側の海抜[m]

上流側の土被り[m]

下水道管の種類		公設枡の種類		マンホール（人孔）の種類	
⟶	合流管（下水本管）	○	汚水枡	▣	矩形人孔（内法90×60cm）
-◼--▷	汚水管	●	雨水枡（道路排水用）	◉	円形人孔（内径90cm）
┄┄▷	雨水管	◤	浸透雨水枡（雨水抑制一連枡）（道路排水用）	(○)	楕円形人孔（内径120×90cm）
下水道管の断面形状		◤◤	浸透雨水枡（雨水抑制二連枡）（道路排水用）	○	円形人孔（内径120cm）
◉	円形	⊙	小型汚水枡	◎	円形人孔（内径150cm）
□	矩形	✦	宅地排水用雨水枡	①	組立円形人孔（内径90cm）

排水経路の基本

①屋内分流・屋外合流が住宅排水の基本
②二重トラップの禁止
③排水竪管は上から下までまっすぐ通す

屋内分流・屋外合流の排水の原則

　屋内では汚水と雑排水をそれぞれ単独配管とし、屋外の枡で合流する屋内分流・屋外合流方式の考え方が基本となる。

トラップの種類

　排水竪管を水が流れるとき、配管のなかは水が流下するのと逆行して臭気を帯びた空気が上がってくる。この空気を室内に入れないようにするのがトラップの大きな役割で、虫などが室内に入ってくるのも食い止めている。トラップを二重に設けるとトラップとトラップの間が閉塞状態となり、排水の流れを悪くする原因となるので、禁止されている。

　トラップには「蓋」の役割をする水が常にたまっており、これを「封水」という。封水の深さは5〜10cmが理想的で、自己サイホン作用や誘導サイホン作用（蒸発、吸出し作用、毛細管現象）などによって封水が切れること（破封）があるので気をつける。

パイプスペースの活用

　集合住宅では、各住戸に1ヶ所以上のパイプスペース（PS）を設け、最上階から地上階まで原則まっすぐ通す。集合住宅の場合は、汚水、雑排水を合流させる集合管方式が多く採用されている。

　住戸内では床下スペース内で必要勾配を確保しつつ、排水箇所からPSまで繋ぐ。勾配高さがかさむので、水廻りとPSはなるべく近くする。すべての排水竪管は空気を逃すための通気管を必要とし、最上階住戸のPSから屋上に立ち上げる。排水竪管の掃除口も忘れないこと。

　上階から流れてきた排水は地上階で横引き、屋外枡へ放流する。排水竪管と最下階の配水管は合流できないため、最下階での排水管の量は想像以上に多くなる。1階に店舗などがあり地上階まで通すことができない場合は、1階天井懐内に多くの排水管が出てくるので、十分な階高が必要となる。

排水竪管
各階の排水を合流させ、下水道まで流すための縦系統の管

自己サイホン作用
トラップの封水を破り、トラップ効果を破壊する作用のひとつ。器具からの排水が満水の状態で流れる場合、器具側の圧力、すなわち大気圧によりトラップ通水路の負圧が大きくなり、トラップ内の水が減少する作用

吸出し作用
管内気圧が高くなると封水があふれだす現象のこと

毛細管現象
液体の表面張力により、液体中に細い管を立てたとき管内の表面が管外周囲液面より上昇または降下する現象

天井懐内
床裏と天井で囲まれた天井裏の空間のこと

排水管のサイズと勾配

管 径	最小勾配	主な用途
φ60以下	1／50	キッチン・浴室・洗面器・洗濯機
φ75	1／100	大便器
φ100		
φ125	1／150	高層集合住宅（集合管）・屋外排水
φ150	1／200	

排水勾配の確保

●床下排水方式

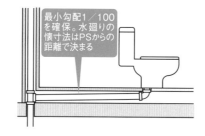

最小勾配1／100を確保。水廻りの懐寸法はPSからの距離で決まる

●床上排水方式

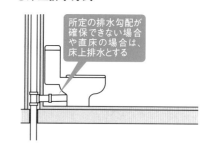

所定の排水勾配が確保できない場合や直床の場合は、床上排水とする

二重トラップの原理

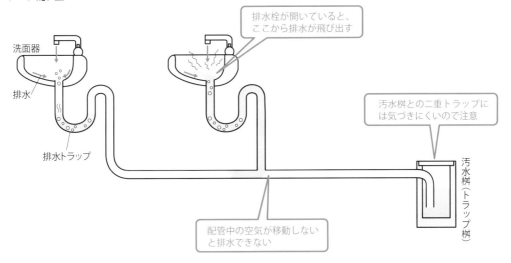

排水栓が開いていると、ここから排水が飛び出す

汚水桝との二重トラップには気づきにくいので注意

配管中の空気が移動しないと排水できない

洗面器
排水
排水トラップ
汚水桝（トラップ桝）

トラップの種類

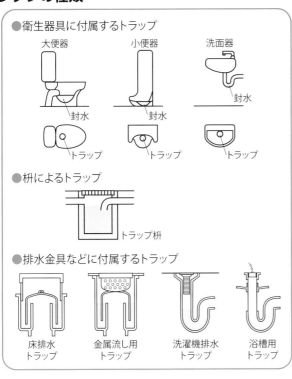

●衛生器具に付属するトラップ

大便器　小便器　洗面器
封水　封水　封水
トラップ　トラップ　トラップ

●枡によるトラップ

トラップ枡

●排水金具などに付属するトラップ

床排水トラップ　金属流し用トラップ　洗濯機排水トラップ　浴槽用トラップ

破封の原因

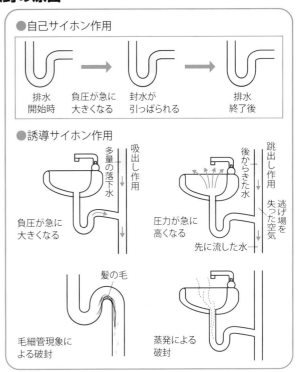

●自己サイホン作用

排水開始時　負圧が急に大きくなる　封水が引っぱられる　排水終了後

●誘導サイホン作用

多量の落下水　吸出し作用　後からきた水　跳出し作用
負圧が急に大きくなる　圧力が急に高くなる　逃げ場を失った空気　先に流した水

髪の毛
毛細管現象による破封　蒸発による破封

1階浴室の排水方法

●標準的な排水方法

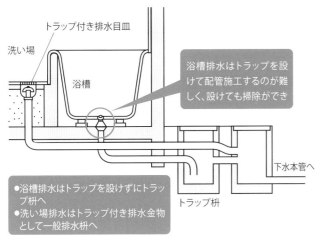

トラップ付き排水目皿
洗い場
浴槽

浴槽排水はトラップを設けて配管施工するのが難しく、設けても掃除ができ

●浴槽排水はトラップを設けずにトラップ枡へ
●洗い場排水はトラップ付き排水金物として一般排水枡へ

下水本管へ
トラップ枡

●トラップ枡にまとめて排水する場合

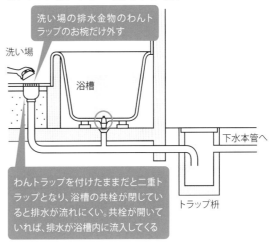

洗い場の排水金物のわんトラップのお椀だけ外す

洗い場
浴槽

わんトラップを付けたままだと二重トラップとなり、浴槽の共栓が閉じていると排水が流れにくい。共栓が開いていれば、排水が浴槽内に流入してくる

下水本管へ
トラップ枡

排水枡・排水槽の設置

①排水管の中継地点で排水のスムーズな流れをつくるのが排水枡の役目
②建物アプローチ上に現れないような配置計画とする
③排水槽は、地下階の排水に必要な設備

枡の種類と設置場所

排水枡は、排水管類の点検や掃除のために、管の合流部や中継地点に埋設されている。排水の系統により、雨水枡と汚水・雑排水枡の2種類がある。

雨水枡は、一般的に150mm以上の泥溜めを設けた溜め枡とする。汚水・雑排水を流す枡は、防臭型のマンホール蓋を取り付け、底面は半円形の溝を設け、勾配をとったインバート枡とする。

2種類の枡を合流させる場合は、トラップ枡を設け、雨水管に臭気が上がらないようにする。トラップ枡は泥溜めを設け、封水深さは50〜100mmとする。

アプローチの真ん中にマンホール蓋が鎮座することのないよう、枡の配置計画はしっかりと立てる。

排水枡の設置場所は、次の4箇所のどれかとおりである。
①排水管の起点と屈曲点(45°を超える角度で方向を変える箇所)および合流点
②直線部で管径の120倍以上、最大30mまで中継がない部分
③排水管の径、管種、勾配が変更する場所
④敷地内排水管の最終地点

軟弱地盤で使用する場合は、構造体側に固定して、地盤沈下対策を行う。

地階の排水を貯める排水槽

下水道本管より低い地階などに水周りがある場合、排水は一度排水槽に貯められ、排水ポンプによって下水道本管に放出される。

建物のピット部を利用するのが一般的で、RC躯体に防水モルタルの仕上げとする。

汚水槽、雑排水槽、雨水槽、湧水槽などがあり、これらを共用することはできない。

また、悪臭防止対策として、東京都では「建築物における排水槽等の構造、維持管理等に関する指導要綱」(ビルピット対策指導要綱)により、構造、付帯設備、維持管理などの基準を定めているほか、ビル衛生管理法でも管理基準が示されている。

溜め枡
下水や用水を溜めて、汲み取りやすくしたり、他の管へ送ったりする枡。また、雨水や雑排水の配管の途中に設け、泥や砂などの堆積をさせて、これを取り除くための枡

排水槽
建物からの排水を建物内もしくは敷地内に一時的に集める水槽。排水はポンプで排除する

汚水槽
排水元が放流先よりも低い位置にある場合に、汚水を一度溜めておく水槽

雑排水槽
排水元が放流先よりも低い位置にある場合に、雑排水を一度貯めておく水槽

湧水槽
地下水などを不可抗力的に建物地下部分へ流れ込む浸水を誘導し、貯留および排出させるための水槽。主としてコンクリート構造体として、地下部分に取り込んで建設されることが多い

ビルピット対策指導要綱
住みよい街づくりを目的として東京都が行う指導。ビルピット(ビルの排水槽)にたまった排水が腐敗すると硫化水素などの物質が発生し、悪臭の原因になることから、このような悪臭を防止する

ビル衛生管理法
大規模な建築物の所有者、占有者などの管理責任者に衛生管理基準に従って建築物を維持、管理するように義務付ける法律

枡のサイズ(国土交通省仕様)

大きさ	深さ	マンホール蓋の寸法
350×350	〜450	350φまたは350□
450×450	460〜600	450φまたは450□
600×600	610〜1,200	600φまたは600□
900	1,210〜2,500	600φまたは600□

排水槽の仕組み

設備計画を始める前に

給排水・給湯のキホン

換気・空調のキホン

電気・通信のキホン

事務所ビルに必要な設備

環境にやさしい省エネ設計

最新設備図面と資料

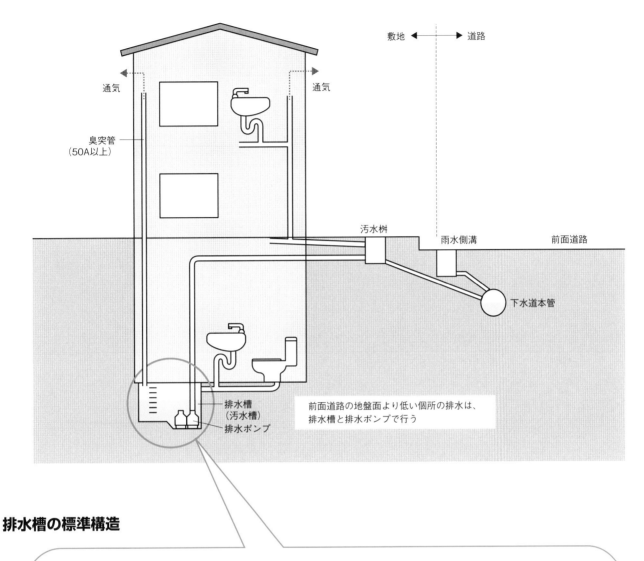

通気

通気

臭突管
（50A以上）

敷地 ◆――▶ 道路

汚水桝

雨水側溝　　　前面道路

下水道本管

排水槽
（汚水槽）

排水ポンプ

前面道路の地盤面より低い個所の排水は、
排水槽と排水ポンプで行う

排水槽の標準構造

通気管50φ以上

**臭害のないよう
単独で大気に開口**

密閉形マンホール600φ以上、
2カ所以上設置

吐出管（圧送排水管）

**排水横主管は
汚水枡に接続**

タイマー

**規定時間以内で
ポンプを運転。
おおむね2時間
以内**

流水管（排水管）

**末端を水没
させない**

タラップ

防水モルタル

実高
（1.5
〜
2.0
H）

鉄筋
コンクリート

有効水深（H）

排水ポンプは2台以上
●ポンプの運転は、水位制御と時
間制御の併用方式
●床置型ポンプは基礎コンクリー
トでしっかり支持
●ほかに、吊り下げ型などがある

勾配1／15〜1／10

勾配45°〜30°

200mm

200mm

吸込みピット
（200mm以上）

雨水計画と浄化槽

①雨水排水計画は、建物外周部と地上とに系統分けして行う
②雨水管サイズは地域の降水量と雨水を受ける部分の面積から算出
③浄化槽の設置は行政へ届出（建物の新築時は確認申請）が必要

雨水排水のしくみ

　雨水は、建物の外周部と地上とに系統分けして排水計画を行う。建物の外周部は、ルーフドレンや樋により雨水を集め、雨水竪管や雨水横枝管、雨水横主管を経て雨水枡へ流す。地上では、地表面の仕上げ状況によって蒸発したり、地中へ浸透する雨水もあるが、残りは側溝・集水枡などで集める。集めた雨水は、地域の下水方式に従い、合流式下水道や公共の側溝へ放流する。

　合流式の場合、雨水管をほかの排水横主管に接続する際はトラップ枡を設け、ルーフドレンなどに下水臭が発生するのを防ぐ。

　また、地域によっては雨水流出抑制が指導されており、雨水を地下に浸透させる施設(雨水浸透枡、浸透トレンチなど)、雨水貯留施設の設置などが定められている。

雨水管サイズの決め方

　雨水管サイズは、地域の降水量と屋根やバルコニー、外壁など雨水を受ける部分の面積から決定する。算定の流れは次のとおり。

①理科年表などを参考に、地域ごとの1時間当たりの最大降雨量[mm／h]を調べる。
②雨水管や樋ごとに、負担する部分の降水面積(水平投影面積)を求める。外壁面の雨水は垂直面に30°の角度で吹付けるものとし、外壁面積の50%を降水面積に加算。
③屋根面積を算定する。降水量100mm／hを基準とする。
④雨水竪管、横枝管それぞれの管径を右頁の表に照らし合わせて決定する。

浄化槽とは

　公共下水道が整備されていない地域で、汚水、雑排水を公共用水路に放流する前にBOD除去処理する設備を浄化槽という。建物新築時に新設する場合は建築確認申請に、既存の建物に設置する場合は管轄の行政へ浄化槽設置届の提出を行い、1年に1回の保守点検、清掃、検査が義務付けられる。

ルーフドレン
屋根面に設ける雨水用の排水金物。雨水に伴って入ってくる土砂、ごみ、木の葉などの流入を防ぎ、屋根防水との接合が確実なもの

樋
屋根面を流れる水を集めて地上または下水に導くために設けられた溝形または管状の部材

側溝・集水枡
側溝とは道路と敷地との間に設けられる排水溝。集水枡とは水路の延長が長い場合や集水路が合流する場所などに設けられる枡

トラップ枡
排水の中の生ゴミ、毛くず、汚物などが、配管を詰まらせないように分離したり、臭気の逆流を防ぐため水経路の途中を水で常に遮断する構造を持つ枡

雨水貯留施設
雨水が川や水路へ流出するのを一時的に抑え、浸水被害を軽減するために、敷地内に雨水を貯留させておく施設

水平投影面積
土地や建物を真上から見たときの面積

BOD除去処理
BOD（微生物が水中の有機物(汚物)を酸化・分解する際に消費する水中内の酸素量)を取り除くこと

浄化槽設置届
建築確認申請を伴わずに浄化槽を設置する場合(汲み取り式からの転換、浄化槽の入替など)、浄化槽法に基づき、事前に行政へ届け出ること

浄化槽の処理対象人員の算定基準

建築用途	処理対象人員	
	算定式	算定単位
住宅	A≦130の場合　　n＝5 130＜Aの場合　　n＝7	n：人員[人] A：延べ面積[㎡]
共同住宅	n＝0.05A	n：人員[人]※注 ただし、1戸当たりのnが3.5人以下の場合は、1戸当たりのnを3.5人または2人(1戸が1居室だけで構成されている場合に限る)とし、1戸当たりのnが6人以上の場合は、1戸当たりのnを6人とする A：延べ面積[㎡]

出典：JIS A 3302-2000（抜粋）

雨水排水の仕組み

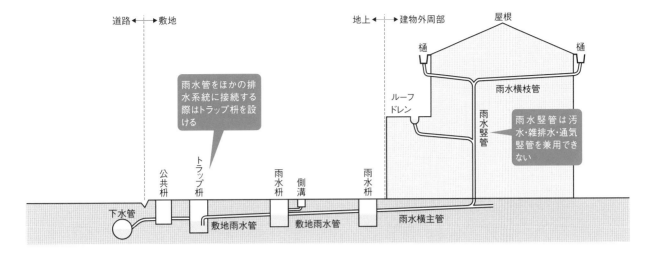

雨水管サイズの決め方

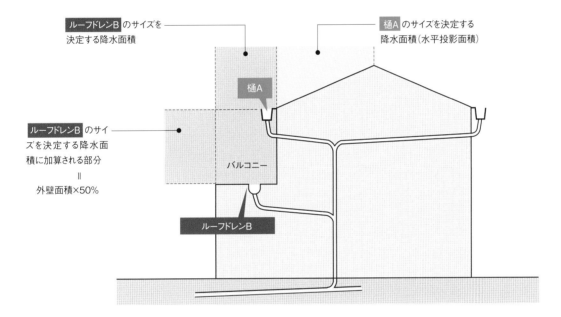

雨水管の管径

雨水竪管

管径[mm]	許容最大屋根面積[m²]
50	67
65	135
75	197
100	425
125	770
150	1,250
200	2,700

雨水横枝管

管径[mm]	許容最大屋根面積[m²]						
	配管勾配						
	1/25	1/50	1/75	1/100	1/125	1/150	1/200
65	127	90	73	–	–	–	–
75	186	131	107	–	–	–	–
100	400	283	231	200	179	–	–
125	–	512	418	362	324	296	–
150	–	833	680	589	527	481	417

注　許容最大面積は雨量100㎜／hを基礎としている。これ以外の雨量は、表の数値に（100／その地域の最大雨量）を乗じて算出

設備計画を始める前に

給排水・給湯のキホン

換気・空調のキホン

電気・通信のキホン

事務所ビルに必要な設備

環境にやさしい省エネ設計

参考設備図と関連資料

給湯方式と給湯量

①給湯方式には局所（個別）式給湯と中央熱源式給湯がある
②ガス瞬間給湯器は、冬期の能力低下を考慮し、大きめの号数を選択する
③電気温水器は、割安な深夜電力を使ってお湯を沸かす貯湯式給湯器

給湯方式の種類

　給湯は、局所（個別)式給湯方式と中央熱源式給湯方式に分かれる。熱源はガス、電気、灯油のほか、太陽熱や蒸気も利用されている。

　主に一般住宅や小規模ビルで採用する局所（個別)式給湯方式は、小型加熱器により直接水を加熱し、必要な箇所に給湯する。一方、大規模ビルや施設に用いる中央熱源式給湯方式は、ボイラーや加熱装置、貯湯槽を備えた機械室から循環ポンプで必要箇所に給湯する。

　加熱方式には、必要なときに湯沸器を通して水をお湯にする瞬間式と、加熱したお湯を貯湯槽に蓄えておく貯湯式があり、貯湯式においては、ボイラーと貯湯槽が一体となって槽内の水を加熱する直接加熱式と、貯湯槽内の加熱コイルを蒸気や温水などの熱媒によって加熱する間接加熱式がある。

給湯量の目安

　ガス瞬間給湯器の能力は号数で表す。号数とは、水温を25℃上げるときの1分間当たりの出湯量[ℓ／min]である。たとえば24号は、水温＋25℃のお湯を1分間に24ℓ供給する能力をもつ。

　号数が大きいほど一度に大量のお湯を使うことができ、一般的な4人家族の場合は32〜24号、単身者は20号または16号、台所や洗面所などスポット給湯には10号が目安となる。

　ガス瞬間給湯器は、冬期、水温が低くなると出湯量能力が低下するため、能力に余裕をみて大きめの号数を選択する。

　電気温水器は、夜間電力を利用して沸かし、タンク内で保温する貯湯式の給湯器で、ヒーター式とヒートポンプ式がある。

　能力は貯湯量で表し、一般的な4人家族の場合は370ℓ以上、単身者は200〜150ℓ、洗面器や手洗い器などスポット給湯には10ℓ程度が目安となる。機種を決める際は、貯湯量に余裕をみて、ワンランク上の給湯器を選択するとよい。

● スポット給湯
建物内の限られた部分（局所）で使用する給湯

● ヒーター式
電気温水器の熱源に電気ヒーターを使うタイプのもの

● ヒートポンプ式
二酸化炭素などの冷媒を圧縮・膨張し、冷媒の気化熱・凝縮熱を利用して取り込んだ大気を暖めたり、冷やしたりする仕組みを用いたもの

ガス給湯器の号数の目安

32号	24号	20号	16号	10号
シャワー 2ヶ所の同時 使用可	シャワー 1ヶ所と給湯2ヶ 所の同時使用可	シャワー 1ヶ所と給湯1ヶ 所の同時使用可	シャワー 1ヶ所使用可	スポット給湯 に適する

使用人数や状況に合わせて適切な号数を選ぶことがポイント

●出湯量の目安
キッチン 6ℓ　シャワー 12ℓ　洗面 4ℓ

給湯方式の種類

●局所(個別)式給湯方式の仕組み

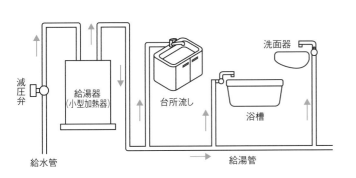

●中央熱源式給湯方式の仕組み

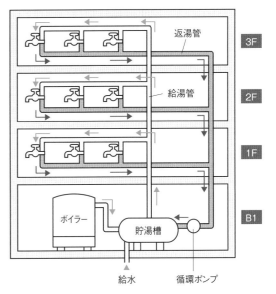

電気温水器の貯湯量の目安

家族人数	タンク容量[ℓ]	お湯の使用量の目安(42℃換算・冬季)	合計[ℓ]
		浴槽湯張り + シャワー + 洗面・台所[ℓ]	
5～7人	550	1回(200) +7回(560) +洗面・台所(150)	910
4～5人	460	1回(200) +5回(400) +洗面・台所(150)	750
3～4人	370	1回(200) +4回(320) +洗面・台所(150)	670
2～3人	300	1回(200) +3回(240) +洗面・台所(150)	590
1人(ワンルームマンション用)	200	1回(150) +2回(160) +洗面・台所(40)	350
	150	1回(150) +1回(80) +洗面・台所(40)	270

設備計画を始める前に

給排水・給湯のキホン

換気・空調のキホン

電気・通信のキホン

事務所ビルに必要な設備

環境にやさしい省エネ設計

参考設備図と関連資料

給湯器のさまざまな機能と設置基準

①排熱を回収して再利用する「エコジョーズ」
②給湯器は原則として、給湯箇所近くに置く
③火災予防条例により、給湯器の設置には離隔距離が決められている

給湯器のさまざまな機能

給湯器には、ガス給湯器、電気温水器を問わず、給湯専用のものと、追加機能としてお風呂の追焚き機能が付いているタイプ、さらに暖房の機能を備えた給湯暖房タイプがある。

追焚き付きは、足し湯や追焚きが自動か手動かでタイプが分かれるが、メーカーにより多少内容は異なる。給湯暖房タイプは、給湯機能のほかに、温水を床暖房や浴室暖房乾燥機などの暖房用熱源として利用する機能をもつ。

省エネの代表格「潜熱回収型給湯器」

潜熱回収型ガス給湯器「エコジョーズ」は、燃焼時の排気熱(約200℃)を給湯に再利用することで、全体の熱効率が95%まで向上した給湯器である。回収した排熱の二次熱交換器から出る排水用ドレン配管を必要とする。

給湯器の設置基準

給湯器は、原則として給湯箇所の近くに設置する。給湯器が離れてしまうと、湯が出るまでに時間がかかり、ストレスを感じると共に、捨て水も多くなり無駄が生じる。給湯箇所が各々離れている場合は、給湯器を2台設置したり即湯ユニットを設置するが、やむを得ない場合は、設置フリー形を選択する。

また、3m以上の高低差が生じる場合は、給湯水圧の低下に繋がるため、対応可能な機種を選択する。メンテナンススペースの確保も忘れないこと。

●ガス給湯器
屋外設置型と屋内設置型についてそれぞれ火災予防条例で定められた離隔距離があるため、設置基準については、所轄の消防署に相談するとよい。

●電気温水器
荷重(370ℓタンクで410～470kg)に耐えられる場所を検討し、屋内に設置する場合は漏水対策にも留意する。ヒートポンプ式の場合は熱源ユニットと貯湯タンクの高低差に制約があるので注意する。

二次熱交換器
潜熱回収型ガス給湯器において、燃焼ガスの排熱を回収する部分

排水用ドレン配管
潜熱回収型給湯器では二次交換機で、さらに熱を吸収し、燃焼ガスの温度が200℃から50℃まで低下する(潜熱回収)。その際に、燃焼ガスの中の水蒸気が結露し、ドレン水(酸性水)が排出される処理用の配管

火災予防条例
公衆の出入りする場所の指定、火を使用する設備の位置、構造及び管理基準、危険物貯蔵及び取扱基準、消防設備等について地方自治体で定めた規制

熱源ユニット
圧縮機・熱源側熱交換器・冷媒を溜めることが可能な冷媒容器を有している機器。空調機において、熱を供給する役目を果たす

即湯ユニット設置例

給湯器と給湯栓が離れている場合、即湯ユニットを設置する。即湯ユニットと給湯器は必ずセットで使用し、設置場所は給湯器の周囲ではなく出湯栓の近くにする。キッチンシンクの下や洗面化粧台の下に隠蔽することが多く、スペースの確保が必要となる

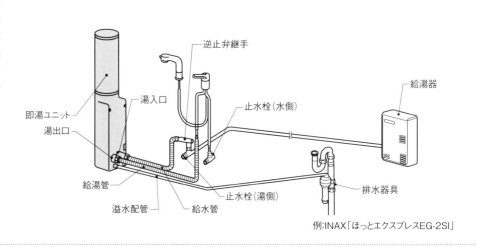

例:INAX「ほっとエクスプレスEG-2SI」

潜熱回収給湯器の仕組み

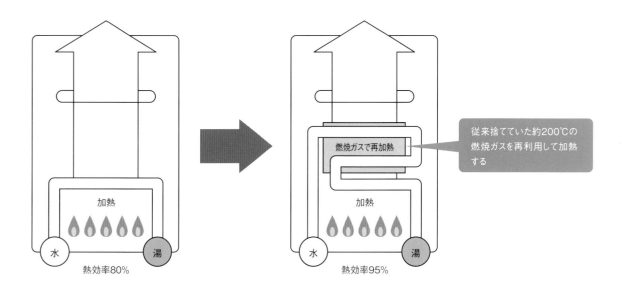

従来型のガス給湯器

従来は約200℃の燃焼ガスを捨てていた
排気熱:約200℃

潜熱回収型ガス給湯器

潜熱回収型ガス給湯器では排熱が有効利用される
排気熱:約50℃

従来捨てていた約200℃の燃焼ガスを再利用して加熱する

加熱

水　湯

熱効率80%

燃焼ガスで再加熱

加熱

水　湯

熱効率95%

ガス瞬間給湯器の設置（屋内設置の場合）

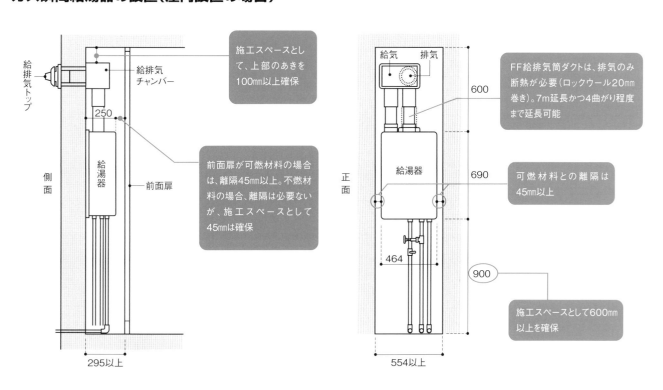

給排気トップ

給排気チャンバー

250

給湯器

側面

前面扉

295以上

施工スペースとして、上部のあきを100mm以上確保

前面扉が可燃材料の場合は、離隔45mm以上。不燃材料の場合、離隔は必要ないが、施工スペースとして45mmは確保

給気　排気

給湯器

正面

464

600

690

900

554以上

FF給排気筒ダクトは、排気のみ断熱が必要（ロックウール20mm巻き）。7m延長かつ4曲がり程度まで延長可能

可燃材料との離隔は45mm以上

施工スペースとして600mm以上を確保

設備計画を始める前に

給排水・給湯のキホン

換気・空調のキホン

電気・通信のキホン

事務所ビルに必要な設備

環境にやさしい省エネ設計

参考設備図と関連資料

ガス供給のしくみ

①ガスの供給には、都市ガスとLPガスがある。
②ガス機器は、適合するガスの種類を確認して使用する。
③ガスメーターは、安全装置付きマイコンメーターが幅広く使用されている

ガスの供給方法

ガスの供給方法には、都市ガスとLPガスの2種類がある。ガス機器のラベルには適合するガスの種類が明示されているので、必ず確認してから使用する。確認できない場合は、利用しているガス事業者に問い合わせる。

また、2009年4月1日に経済産業省による「長期使用製品安全点検制度」がスタートし、ガス機器などの火災や事故を防ぐため、消費者がメーカーなどに所有者登録し、適切な時期に点検できるようになった。

都市ガスとLPガス

ライフラインとして都市ガス本管が道路に埋設されている地域では、ガス本管を経て各住戸に引込まれる。全国で13種類に分かれているが、その中で12A・13Aガスの2種類が全国の8割を占める。そのほかのガス事業者も、12A・13Aガスへの切り替えを進めており、近い将来、都市ガスは1つの種類となり、

全国どこに行っても同じガス機器を使用できるようになる予定である。

LPガスは、一般的にプロパンガスと呼ばれ、都市ガス供給がないエリアで広く使用されている。天然ガスを冷却液化したもので、常温でも加圧することで簡単に液化できるため、一般にボンベに詰めて供給される。

設置する際は、ガス使用のピークとなる冬期の1日使用量と交換の周期を想定したうえで、ボンベの大きさや本数を決める。ボンベは、風通しのよい屋外で、メンテナンスの容易な箇所に設置する。また、液化石油ガス規則により、火気と2m以上の離隔をとらなければならない。2m以内に火気がある場合は、火気を遮るための不燃性の離壁を設ける必要がある（ガスメーターも含む）。

なお、都市ガス、LPガスを問わず、現在のガスメーターは、ガス漏れや地震を感知すると自動でガスを遮断し、復旧操作もボタンひとつでできる安全装置付きマイコンメーターが幅広く使用されている。

長期使用製品安全点検制度
長期間の使用による劣化（経年劣化）により安全上支障が生じ特に重大な危害を及ぼすおそれがあるものについて、事故を防止するための制度

都市ガス本管
ガスの輸送を目的として、道路に埋設されているガス管のうち、口径100mm以上を本管、80mm以下を支管という

液化石油ガス規則
液化石油ガス法に基づき、液化石油ガスによる災害を防止するとともに、取引を適正にするための規制

安全装置付きマイコンメーター
ガス漏れや地震による振動など、ガスメーターが異常を感知し、自動的にガス栓を閉める仕組みが備わったガスメーター

長期使用製品安全点検制度

ガスや石油、電気などを使用する製品による火災や事故を防ぎ、より長く安全に使うために制定された制度

●点検の流れ

製品を購入した消費者が、メーカーに所有者登録を行う	→	適切な時期に点検通知が届く	→	メーカーの点検を受ける

●対象製品（特定保守製品）

ガス	石油	電気
●屋内式ガス瞬間湯沸器　（都市ガス用、LPガス用） ●屋内式ガス風呂釜　（都市ガス用、LPガス用）	●石油給湯機 ●石油風呂釜 ●FF式石油温風暖房器	●ビルトイン式電気食器洗機 ●浴室用電気乾燥機

都市ガスとLPガスの仕組み

●都市ガス

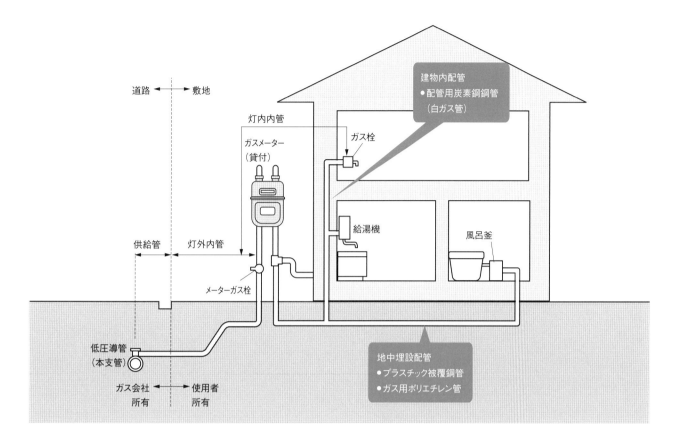

建物内配管
●配管用炭素鋼鋼管（白ガス管）

道路 ← → 敷地

灯内内管

ガスメーター（貸付）

ガス栓

給湯機

風呂釜

供給管　灯外内管

メーターガス栓

低圧導管（本支管）

ガス会社所有 ← → 使用者所有

地中埋設配管
●プラスチック被覆鋼管
●ガス用ポリエチレン管

●LPガス（ボンベ供給方式）

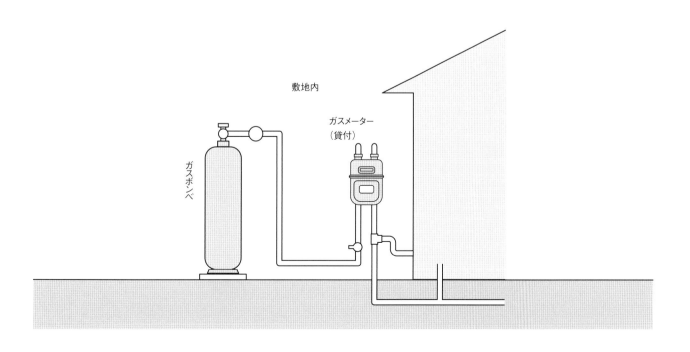

敷地内

ガスメーター（貸付）

ガスボンベ

設備計画を始める前に

給排水・給湯のキホン

換気・空調のキホン

電気・通信のキホン

事務所ビルに必要な設備

環境にやさしい省エネ設計

参考設備図と関連資料

配管の種類と工法

① 配管材料は金属製と非金属製がある
② さや管ヘッダー工法は、メンテナンス性や更新の対応性に優れている
③ 排水管の継手は大曲なので配管スペースに留意

配管の材質

配管材料は、大きく金属と非金属に区分される。肉厚や接続方法も多様で、用途に適したものを耐用年数やメンテナンス性などを考慮して選定しなければならない。

給水・給湯管の選び方と工法

給水配管は、一般的に水道用硬質塩化ビニルライニング鋼管、ステンレス鋼管、硬質塩化ビニル管、耐衝撃性硬質塩化ビニル管、架橋ポリエチレン管、ポリブデン管が使用されている。

給湯配管は、主に配管用銅管、耐熱性硬質塩化ビニルライニング鋼管、耐熱性硬質塩化ビニル管が用いられ、必要箇所に応じて組み合わせる。また、熱による管の膨張・収縮を吸収するため伸縮継手を設ける。

ステンレス製のフレキシブル管は可とう性に優れ、手で曲げられる施工性のよさから、狭いスペースで給水・給湯両方に使用される。

水中の溶存酸素により、鋼製の配管や継手から赤さびが発生しやすいので、高耐久の材料を選ぶことが重要になる。特に給湯管は高温のため、給水管より腐食しやすい。

配管工法として、従来の分岐工法のほかに、さや管ヘッダー工法がある。途中で分岐せずに、ヘッダーから各種の器具へ直接配管する方法で、メンテナンス性に優れ、将来の更新にも対応しやすい。

排水管の選び方と工法

排水管には、汚水・雑排水・雨水・特殊排水管があり、排水流体の種類により管材料を選択する。耐食性があり、軽量、低価格な硬質塩化ビニル管や耐火二層管が広く使用されているが、公共工事では、配管用炭素鋼鋼管、排水用鋳鉄管、排水用硬質塩化ビニルライニング鋼管が多く用いられる。

流速の低下を避けるため、曲部は大きなカーブを必要とし、継手、異形管も大曲のものを使用するので、スペースの確保に注意する。

伸縮継手
配管中の長手方向の伸び縮みを吸収する役目を果たす継手

可とう性
物体が力を受けたとき、材料の性質による変形あるいは湾曲しやすさのこと

溶存酸素
水中に溶解している酸素の量。温度に影響される

分岐工法
給水や給湯する場所に応じて自由に配管をつなぎ合わせる工法

耐食性
腐食作用に対する抵抗性。耐食性の目安は、1年間の平均腐食速度が0.1㎜以内としている

異形管
形状が直管以外の管。曲管、枝付き管、十字管などがある

さや管ヘッダー工法の仕組み

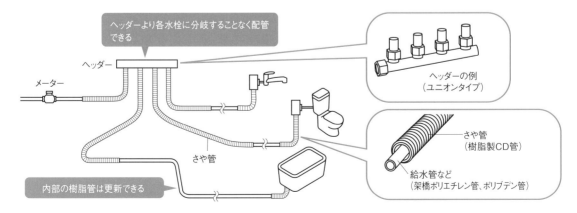

ヘッダーより各水栓に分岐することなく配管できる

ヘッダー

メーター

ヘッダーの例
（ユニオンタイプ）

内部の樹脂管は更新できる

さや管

さや管
（樹脂製CD管）

給水管など
（架橋ポリエチレン管、ポリブデン管）

さや管とは、給水管などを一回り大きな樹脂製の管に通し、二重構造としたもの。ヘッダーから各々の蛇口や器具に直接つなぐことで、同時に使用しても一定の流量を得られる。

配管材料の種類と特徴

給水配管材

材　料	特　徴
水道用硬質塩化ビニルライニング鋼管	配管用炭素鋼鋼管(SGP)の黒管または水道用亜鉛メッキ鋼管に、硬質塩化ビニルを腐食防止としてライニングしたもので、5℃～60℃の範囲で使用できる。管端部のみ腐食のおそれがある。管の内外にライニングしたものは地中埋設に用いられる。鋼管の耐圧性、耐衝撃性、持続性と、硬質塩化ビニルの耐食性を併せ持つ
水道用ステンレス鋼管	ほかの金属管に比べ軽量、耐食性に優れる。高価
水道用硬質ポリ塩化ビニル管	塩化ビニル重合体が主体の非金属管の代表的なもの。塩ビ管と略称される。低価格、耐食性がよく、軽量
水道用耐衝撃性硬質ポリ塩化ビニル管	塩化ビニル管より衝撃に強い。コンクリート内配管、屋外配管に用いる
架橋ポリエチレン管	エチレン主体の重合体のポリエチレン製。塩化ビニル管より軽量、柔軟性があり衝撃に強い。約90℃で軟化するが、−60℃でも脆化しないため寒冷地で使用される
ポリブデン管	軽量、柔軟性、耐熱性があり、施工性がよい。さや管ヘッダー工法で採用されていたが、近年では分岐工法でも採用される

給湯配管材

材　料	特　徴
配管用銅管	CPと呼ばれ、銅および銅合金性。引張りに強く、耐食性があり、軽量、安価で加工が容易。水中のカルシウムなど(スケール)が付きにくく、温水配管に適している。異種金属と併用すると電気腐食を起こすため、防食管継手を使用する必要がある。湯中の銅イオンがほかの金属と接触しても電気腐食が進む
配管用ステンレス鋼管	耐食性、耐熱性、耐摩耗性に優れるが、高価。リサイクル率がよいため、公共建物で使用されることが多い
耐熱性硬質塩化ビニルライニング鋼管	鋼管の内面に耐熱性硬質塩化ビニルをライニングしたもの。耐熱、耐食、強度に優れ、85℃以下の給湯配管として使用される。管接続部は防食管継手とする。屋内、宅地内に使用される
耐熱性硬質ポリ塩化ビニル管	HTVPと呼ばれ、耐食性があり、施工が容易。比較的安価な配管。外圧や衝撃に弱く、管内の圧力により供給する湯の温度(90℃以下)に制限がある。屋内、宅地内に使用される
架橋ポリエチレン管	XPN (PEX)と呼ばれ、ポリエチレン製(高耐熱性樹脂)で、最高使用温度95℃で耐熱性があり、耐寒、耐食、耐久性に優れ、スケールも付着しにくい。柔軟性があり、曲げに強く、配管接続も容易で加工、施工性が非常によい。さや管ヘッダー工法でも採用される

排水配管材

材　料	特　徴
排水用鋳鉄管	鋼管より耐食性に優れる。水道用鋳鉄管より肉厚が薄く、べら管と呼ばれる。地中埋設用の屋外配管として使用される。主に地中に埋設して用いる継手を異形管と呼ぶ
配管用炭素鋼鋼管	ガス管(SGP)とも呼ばれ、黒管と、防食として亜鉛めっきを施した白管がある。通気管にも使用される。耐熱性に優れるが、酸性に弱く、腐食しやすい
塩化ビニルライニング鋼管	黒管の内外面に塩化ビニルを貼り付けたもの。耐食性、耐熱性に優れる
硬質ポリ塩化ビニル管	水道用と材質が同じで、塩ビ管と呼ばれる。耐食性があり、軽量、安価、継手が豊富で、接着剤で容易に接続できる。熱、衝撃には弱い。厚肉管をVP管(一般配管用)、薄肉管をVU管(排水・通気用)という。VU管は使用圧力に制限があり、管径は細いものから太いものまである。屋外配管には、耐衝撃性硬質塩化ビニル管(HIVP)が使用される
耐火二層管	繊維混入セメントモルタル被覆の外管に硬質ポリ塩化ビニル管を内在させた管で、軽量、耐薬品性、耐食性がある。断熱性、防露性、遮音性にも優れる。防火区画を貫通する配管にも適している

設備計画を始める前に

給排水・給湯のキホン

換気・空調のキホン

電気・通信のキホン

事務所ビルに必要な設備

環境にやさしい省エネ設計

安全設備と関連資料

多様化するキッチンの設備計画

① IH クッキングヒーターには、単相 200V を専用回路で設ける
② 火気を使用するキッチンは建築基準法により内装制限を受ける。
③ 加熱機器の設置には消防法により離隔距離が定められている

多様化するビルトイン機器

キッチンで採用するビルトイン機器は種類が多く、給排水設備やガス、電気などの配管・配線の取り合いを細かく計画する必要がある。

加熱調理機器にはガスコンロのほか、IHクッキングヒーターがあり、電源は単相200Vを専用回路で設ける。

食器洗浄機は、カウンターの荷重が機器にかからないようにし、メンテナンスのため本体を引き出すスペースを設ける。輸入機器の多くは単相200V専用回路が必要。給湯機接続の場合、給排水ともに耐熱配管とする。

水中の不純物を除去する浄水器は、シンク下に設置して専用水栓や一体型混合栓で使用するタイプのほか、水栓内にカートリッジを収めるオールインワン水栓タイプもある。

ディスポーザーは、下水放流型の浄化槽タイプや、ごみを有機肥料に変える乾燥処理減量型のコンポストタイプがあるが、いずれも処理水を排水管に流すため、禁止している自治体もあるので確認が必要になる。

キッチンの安全対策

火を使うキッチンの内装は、コンロまわりの壁面を加熱機器から150㎜以上離し、厚さ9㎜以上の不燃仕上げとして、コンロトップからレンジフードのグリスフィルターまでの離隔距離を800㎜以上離すことが消防法で定められている。

また、火を使用する設備や器具を設けた部屋(最上階を除く)は、建築基準法の内装制限の規制を受ける。IHクッキングヒーターを使用する場合は、内装制限規制を受けないが、消防法による離隔距離は必要。ダイニングキッチンなどでは、火源から一定距離以上の場所に不燃材料で50㎝以上の垂れ壁を設けると、キッチン側だけが内装制限の対象となる。さらに、戸建住宅においてはコンロからの一定の距離を特定不燃材料とすることで、垂れ壁を設けなくても、キッチン全体の内装制限が緩和される。

● ビルトイン機器
建物や家具・設備などの中に組み込んで利用する機器。自由に組み合わせができ、デザイン的にもすっきり収まることが特徴である

● ディスポーザー
家庭の排水設備に設置する生ゴミ処理機。台所の流し台の下に設置し、水と一緒に生ゴミを流し粉砕させ、下水道に流下させる仕組み

● レンジフード
ガスコンロやIHクッキングヒーターの上に覆い被さるように設置される換気装置のこと

● グリスフィルター
レンジフードに取り付け、排煙中の油脂分を取り除くフィルター

● 建築基準法の内装制限の規制
建築物の初期火災の成長を妨げ、延焼が一気に進む時間を引き伸ばすため、室内の壁や天井の仕上げを不燃性または難燃性のものにして、建物内にいる人が安全避難するための制限

● 垂れ壁
開口部などの上にある天井から垂れ下がったような形の壁

● 特定不燃材料
国土交通省告示第225号で定義される不燃材料。コンクリート、レンガ、瓦、陶磁器質タイル、繊維強化セメント板、厚さが3㎜以上のガラス繊維混入セメント板、厚さが5㎜以上の繊維混入ケイ酸カルシウム板、鉄鋼、金属板、モルタル、しっくい、石、厚さが12㎜以上のせっこうボード(ボード用原紙の厚さが0.6㎜以下のものに限る)、ロックウール、グラスウール板をいう

IHクッキングヒーター設置時の壁からの距離

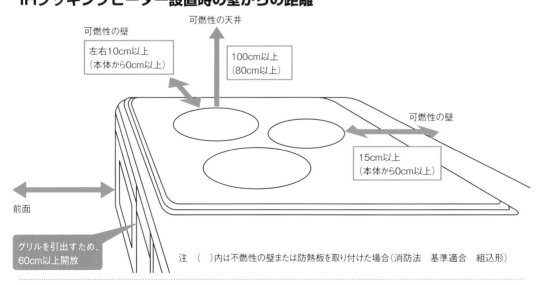

可燃性の壁
左右10cm以上
(本体から0cm以上)

可燃性の天井
100cm以上
(80cm以上)

可燃性の壁
15cm以上
(本体から0cm以上)

前面
グリルを引出すため、60cm以上開放

注 ( )内は不燃性の壁または防熱板を取り付けた場合(消防法 基準適合 組込形)

キッチンの設備機器

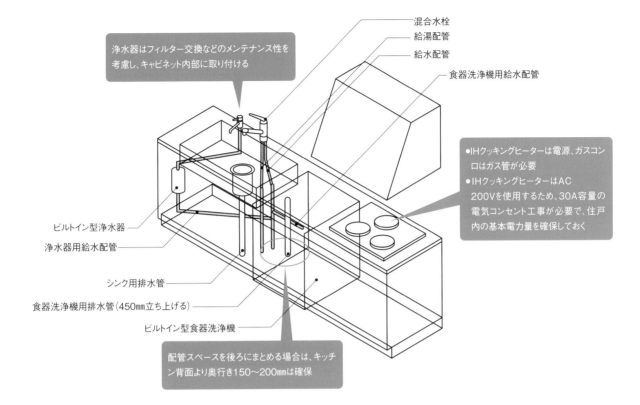

浄水器はフィルター交換などのメンテナンス性を考慮し、キャビネット内部に取り付ける

混合水栓
給湯配管
給水配管
食器洗浄機用給水配管

●IHクッキングヒーターは電源、ガスコンロはガス管が必要
●IHクッキングヒーターはAC200Vを使用するため、30A容量の電気コンセント工事が必要で、住戸内の基本電力量を確保しておく

ビルトイン型浄水器
浄水器用給水配管
シンク用排水管
食器洗浄機用排水管（450mm立ち上げる）
ビルトイン型食器洗浄機

配管スペースを後ろにまとめる場合は、キッチン背面より奥行き150〜200mmは確保

キッチンの安全対策

●ダイニングキッチンなどの内装制限範囲

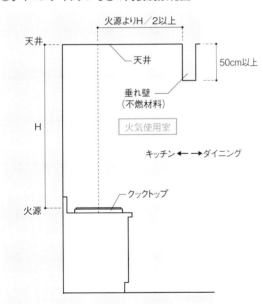

火源よりH／2以上
天井
天井
50cm以上
垂れ壁（不燃材料）
H
火気使用室
キッチン ←→ ダイニング
クックトップ
火源

●ガス調理機器とグリスフィルターの離隔距離

機 器	レンジフードファン付属のグリスフィルター	左記以外
ガス調理機器	800mm以上	1,000mm以上
特定の安全装置を備えた調理油加熱防止装置付きコンロなど[※]	600mm以上	800mm以上

※ガス機器防火性能評定を受けたもの。当該装置が全口に付いていなければ600mm以上の離隔距離にはできない

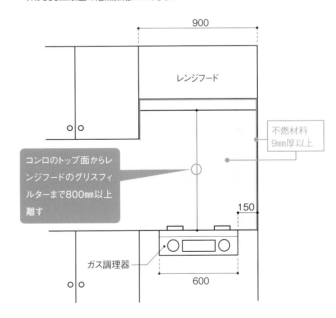

900
レンジフード
不燃材料9mm厚以上

コンロのトップ面からレンジフードのグリスフィルターまで800mm以上離す

150
ガス調理器
600

設備計画を始める前に

給排水・給湯のキホン

換気・空調のキホン

電気・通信のキホン

事務所ビルに必要な設備

環境にやさしい省エネ設計

建築設備図と関連資料

浴室の設備計画は安全・快適に

①湿式の在来工法とユニットシステムの乾式工法がある
②メンテナンス性、更新のしやすさは、ユニットバスが優れる
③２階以上に浴室を設ける場合は、水圧をチェック

在来工法とユニットバス

浴室には、湿式の在来工法と、工場で成形した部材を現場で組み立てるユニットバス(システムバス)による乾式の工法がある。

在来工法は、広さや形状、開口部の設け方、内装や機器類の選択など自由度が高いが、防水や配管の計画、施工には技術を要する。反対にユニットバスは、内装や機器類の選択の自由度は低いが、施工のしやすさ、防水性、メンテナンス性、工期短縮のメリットがある。

２階以上に浴室を設ける場合、まず水道の圧力が0.3Kgf／㎝（0.03Mpa）以上確保できるか地域の水道局に確認する。多機能シャワーやタンクレストイレを併設する場合などは、さらに十分な圧力が必要なため、増圧ポンプを設置することも検討する。

そのほか、浴槽に水を張るとかなりの重量となるため、床の補強を行う。在来工法であればFRP防水とするなど防水対策を検討する。音対策として、壁間はグラスウールを充填し、排水管は耐火二層管や、防音材一体型の配管を利用し、出来るだけ屋外配置とするのが望ましい。

また浴室は、高齢者が安全に使用できるよう、出入口に段差解消用の排水溝を設けたり、浴槽背後に「座りまたぎ」の移乗スペースを設けるなどの配慮を行う。浴室暖房乾燥機は冬場の寒い浴室を暖め、入浴前の寒さ対策に有効である。

浴槽とシャワー水栓の種類

浴槽には和風、洋風、和洋折衷があり、それぞれ床に直接設置する据え置き型と、埋込み型がある。据え置き型は清掃、メンテナンススペースを確保し、床にアンカーボルトなどで固定する。埋め込み型は、またぎ込み高さ400〜450㎜、浴槽深さ500〜550㎜を目安とする。シャワーの混合栓には、2バルブ式、ミキシングバルブ式、シングルレバー式、サーモスタット式があり、外国製の大型シャワーは、大水量・高圧力を要するので水圧に注意する。

FRP防水
液状の不飽和ポリエステル樹脂に硬化剤を加えて混合し、ガラス繊維などの補強材と組み合わせて一体とする塗膜防水工法

グラスウール
ガラス繊維を綿状に加工したもの。断熱材や吸音材として用いられる

2バルブ式
水と湯が別々のハンドルとなっていて、それぞれのハンドルで水量を調節しながら温度調節をする方式

ミキシングバルブ式
水と湯の量を弁(バルブ)により適温(使用温度)に混合する方式で、配管に取り付けられるものと、水栓と一体になったものとがある

シングルレバー式
水と湯を1つのハンドルを上下左右に動かすことによって水量や温度調節をする方式

浴槽の種類

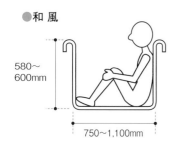

●和 風
580〜600mm
750〜1,100mm

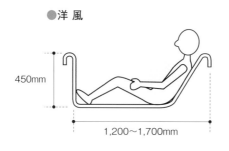

●洋 風
450mm
1,200〜1,700mm

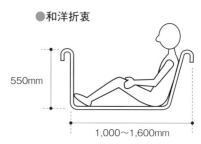

●和洋折衷
550mm
1,000〜1,600mm

●浴槽の主な材質と特徴

材質	FRP	人造大理石	ステンレス	ホーロー	木
主な特徴	ガラス繊維強化プラスチックのこと。強度が高く軽量。肌触りがなめらかで色味も豊富。清掃性に優れる	保温性が高く、耐熱性もあり、硬度も高い。透明感や光沢があるのも特徴	耐久性が高く、汚れにくい。手入れもしやすい	耐久性が高く、汚れにくい。重量は重い。丈夫だが、表面が傷付くと錆びるおそれがある	一般にヒノキ風呂といわれるが、樹種はさまざま。十分な換気とこまめなメンテナンスが必要

浴室計画のポイント

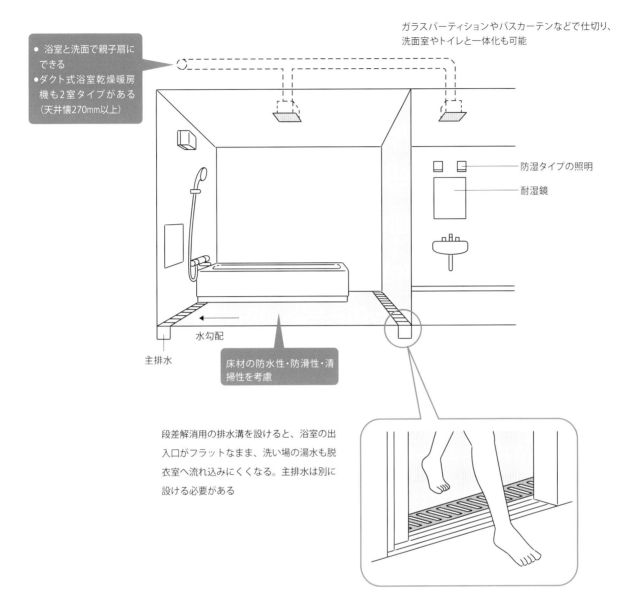

ガラスパーティションやバスカーテンなどで仕切り、洗面室やトイレと一体化も可能

- 浴室と洗面で親子扇にできる
- ダクト式浴室乾燥暖房機も2室タイプがある（天井懐270mm以上）

防湿タイプの照明

耐湿鏡

水勾配

主排水

床材の防水性・防滑性・清掃性を考慮

段差解消用の排水溝を設けると、浴室の出入口がフラットなまま、洗い場の湯水も脱衣室へ流れ込みにくくなる。主排水は別に設ける必要がある

高齢者に配慮した浴室計画

浴槽背後に移乗台を設けると座りまたぎが可能

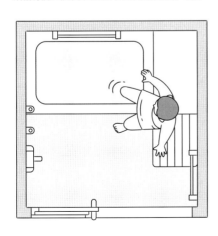

浴槽のまわり2方向以上をオープンにすると、介護者のサポートが可能

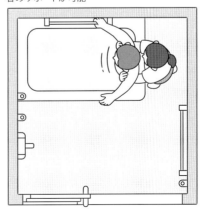

設備計画を始める前に

給排水・給湯のキホン

換気・空調のキホン

電気・通信のキホン

事務所ビルに必要な設備

環境にやさしい省エネ設計

参考設備図と関連資料

衛生器具選びのポイント

①水栓類や衛生陶器と合わせて止水栓やトラップも選ぶ
②タンクレストイレは、最低作動水圧と給水管径に注意
③汚れにくさ・掃除のしやすさは選定の大きなポイント

衛生器具とは

衛生器具とは、水栓類・便器・洗面器などの衛生陶器、排水金物のほか、付属品としてペーパーホルダー・タオルバー・石鹸受け・鏡なども含まれる。

水栓類や衛生陶器を選ぶときは、本体以外の止水栓やトラップも同時に選択する。見えない器具まで含め、洗面・排泄に関する一連の動作を1組の衛生器具としてとらえればよい。

衛生器具は、意匠的に選定されることが多いため、建築工事に含める場合もある。見積りや現場監理の際には工事区分を明確にし、重複や見落としのないようにする。

タンクレストイレ

近年、限られた空間を有効利用できるタンクレストイレが増えてきている。タンクがないため、奥行きが短く、スペースが広く取れ、掃除もしやすい。

タンクレストイレは、給水直圧洗浄方式で、必要給水圧力が不足していると汚物を洗浄できない場合がある。そのため、導入するには最低作動水圧と給水管径に制限があるので、事前に確認しておく。特に3階建て以上の建物や配管の古い住宅に導入する際には注意したい。

必要な水圧を満たさない場合でも、水道メーターからトイレまでの給水配管に15A（13㎜径）以上を使用したり、古い配管を更新したりすることで条件を満たすことがある。

選定のポイント

大便器の汚れにくさ・掃除のしやすさ・節水効果の大小は各メーカーが競って開発しており、従来のサイホン式・サイホンボルテックス（渦巻き）式などとは別の洗浄方式が増えている。

便器底から洗浄水を出すのが従来の方式だが、便器内上部から水流を起こしながら吐水し、効率よく少ない水量で洗浄する節水型方式が主力となっている。

給水直圧洗浄方式
水道の水圧を利用して便器洗浄する方式

最低作動水圧
機器の作動を保証できる最低の水圧。タンクレスタイプの場合は、0.05MPa以上必要となる

サイホン式
圧力差により高い水面の水が、水面より高い位置で繋がれた管を伝って低い水面へと移動する作用（サイホン作用）を利用し、汚物を吸い込むように排出する方式

サイホンボルテックス（渦巻き）式
サイホン作用と渦巻き作用を併用して水を回流させながら吸い込むように排出する方式。洗浄時に空気の混入がほとんどないため、洗浄音が静かな特徴がある

関連事項

衛生器具には、水を受ける容器として洗面器、手洗い器、浴槽、便器などが含まれるが、用途や目的に応じてさまざまな材質のものが使われている。衛生器具に求められる条件は、常に清潔に保てること、吸水性がないこと、耐久性に優れることなどであるが、さらにそれぞれの材料の特徴をよくつかんでおくことも、衛生器具選びのポイントである。

● 陶器
耐食・耐久・耐薬品性に優れるが、弾性・熱膨張性・熱伝導率が極めて小さく、衝撃に弱く、割れやすい。主な用途は便器・洗面器・手洗い器など。

● ステンレス
軽量で弾力性があり、耐久性に優れる、また加工性がよく錆びにくいが、高価である。主な用途は浴槽・流しなど。

● 強化プラスチック（FRP）
軽量で耐久性に優れ、加工性がよく、保温性がよいが、傷がつきやすく色あせしやすい。また強アルカリや高温の熱に弱い。主な用途は浴槽。

● ホウロウ
鉄、アルミニウムなどの金属材料表面にシリカ（二酸化ケイ素）を主成分とするガラス質の釉薬を高温で焼き付けたもので、軽量で堅牢であるが、表面に焼き付けたガラス質の釉薬がはく離する恐れがある。主な用途は浴槽・流し・洗面など。

タンクレストイレ

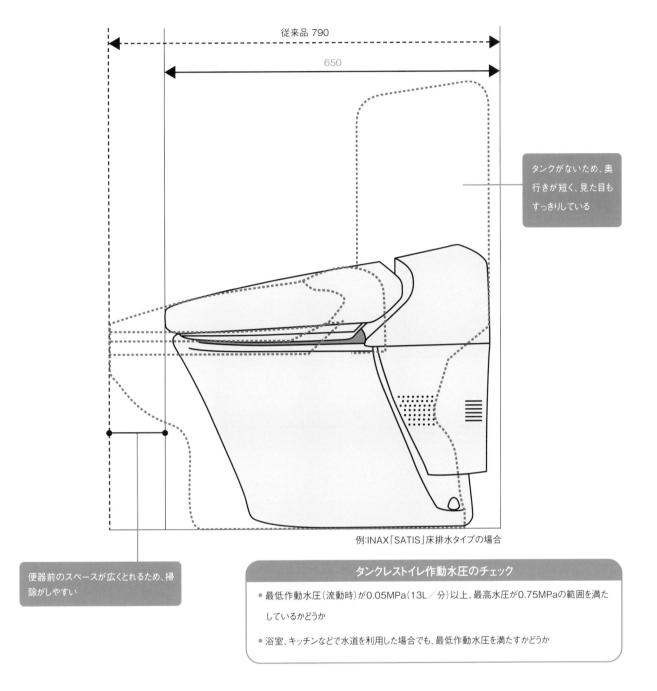

従来品 790

650

タンクがないため、奥行きが短く、見た目もすっきりしている

例:INAX「SATIS」床排水タイプの場合

便器前のスペースが広くとれるため、掃除がしやすい

タンクレストイレ作動水圧のチェック

- 最低作動水圧（流動時）が0.05MPa（13L／分）以上、最高水圧が0.75MPaの範囲を満たしているかどうか
- 浴室、キッチンなどで水道を利用した場合でも、最低作動水圧を満たすかどうか

大便器の洗浄方式

●ゼット口から吐水（従来型）

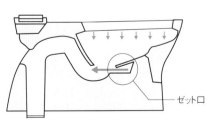

ゼット口

約30%上部から吐水
約70%ゼット口から吐水

●上部から吐水（節水型）

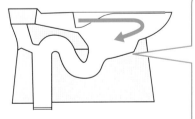

100%上部から吐水

上部から流す強力な洗浄により、水流が勢いよく回って、節水しても汚れを残さず排出

設備計画を始める前に

給排水・給湯のキホン

換気・空調のキホン

電気・通信のキホン

事務所ビルに必要な設備

環境にやさしい省エネ設計

参考設備関連資料

義務化された住宅用火災警報器

①すべての住宅に火災警報器の設置が義務づけられる
②火災の早期発見は煙式感知器が有効
③ガス漏れ火災報知設備の設置はマイコンメーターが台頭

住宅用火災警報器とは

住宅用火災警報器は、火災により発生する煙や熱を感知器で自動的に感知し、警報音や音声で火災を早期に知らせる。

2000年6月より消防法及び市町村条例により、すべての住宅に設置が義務化された。また、2011年6月より既存住宅についても設置が義務化された。

設置場所は、寝室、階段室は全国一律で義務付けられており、台所等は地域によって定められる。

天井・壁にねじや引掛けフックなどで取り付けることができ、電池タイプと配線接続タイプがある。耳の不自由な人には、光や振動で火災を知らせるタイプもあり、また、連動型を採用すると、連動設定したすべての火災報知器が信号を受け、警報を発するので、耳の遠い人の部屋での火災も、他の部屋にいる人が気付いて救出してくれるメリットがある。

連動型にはワイヤレスタイプもラインナップされている。

感知器には煙式と熱式があり、火災の発見をいち早く知るには、煙式が有効である。台所も原則では煙式を選ぶが、台所が狭く、煙や蒸気が滞留しやすい場合は、誤報を防ぐために熱式にする。

ガス漏れ火災報知設備

ガス漏れ火災報知設備は、ガス漏れ検知器、中継器、受信機、警報装置で構成される。ガス事業法やLPガス法により、設置義務のある建物や設置基準が定められている。

検知器の設置位置は、都市ガスは空気より軽いため天井付近、LPガスは空気より重いため床付近とする。

近年は、安全装置付きのマイコンメーターの普及により、ガス漏れ火災報知器の設置はほとんど必要なくなっている。

● 煙式
煙の侵入により送光部から受光部へ到達する光量の減少を測定し感知するタイプや、光が煙により錯乱するのを検出するタイプがある

● 熱式
火災の熱を感知して作動する

● ガス事業法
料金の安定性や、公平性の確保など消費者の利益を保護するとともに、安全かつ安定的な供給ができるように供給設備の維持管理や更新、また、ガス用品の製造及び販売について規制するための法律

● LPガス法
一般消費者等に対する液化石油ガスの販売、器具等の製造及び販売等を規制することにより、液化石油ガスによる災害を防止するとともに液化石油ガスの取引を適正にするための法律

住宅用火災警報器の取り付け位置（天井）

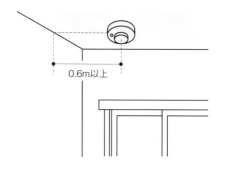

0.6m以上

警報器の中心を壁から
0.6m以上離す

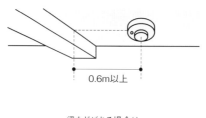

0.6m以上

梁などがある場合は、
梁から0.6m以上離す

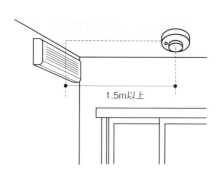

1.5m以上

エアコンなどの吹出し口がある場合は、
吹出し口から1.5m以上離す

注　熱を感知するものは0.4m以上離す

CHAPTER **3**

換気・空調のキホン

換気の種類と換気方式

①効率的な換気は給気と排気のバランスが大事
②給気口や排気ファンの目詰まりに注意
③住宅では一般的に第3種換気が採用される

換気の目的と種類

　換気の目的は、空気の入れ替えと同時に、脱臭・除塵・排湿・室温調整などを行うことである。排除したい汚染物質や換気目的によって、必要な換気量と換気方式が異なるので、適切な換気計画が重要になる。換気方法によって自然換気と機械換気に、換気範囲によって全般換気と局所換気に分けられる。

自然換気

　窓などの開口部によって、室内外の温度差(換気)や外風圧(風力換気)で換気する。最も省エネな手法の1つ。ただし、機械換気のように常に安定した効果を求めるのは難しい。

機械換気

　給気と排気をファンで行う。給気と排気の両方、またはどちらかにファンが必要で、その組み合わせによって第1~3種の方法に分かれる。また、機械換気にはダクト方式とダクトレス方式がある。

●**第1種換気**　給気と排気の両方をファンで行う。必要な給気量と排気量を確保するのに最も適しており、換気計画が立てやすい。室内の圧力を常に一定に保つことができる。

●**第2種換気**　給気をファンで行い、排気は自然排気とする。強制的に外気を取り入れることで、室内の空気を押出し、室内を正圧に保つ。

●**第3種換気**　給気を自然給気とし、排気はファンで行う。第2種とは逆に、強制的に空気を排出することで室内を負圧とし、外気を取り入れる。トイレや浴室、台所などの局所換気がこれにあたるが、給気口を各部屋にバランスよく配置し、全般換気に応用することもできるため、一般的な住宅で最も多く採用されている。

　特に第2種と第3種は、気密性能が低いと給気量と排気量のバランスが崩れ、効率的な換気ができなくなってしまうため、住宅の気密性能の確保が前提となる。

局所換気
局部的に発生する臭気・煙などを排気処理するために、排気の吸込み口に個別のフードやファンなどを取り付けて捕集・排出させる方法

ダクト方式
機械換気の方法で、一箇所または各室に換気ファンを設け、ダクトで外部に排気する方法

ダクトレス方式
機械換気の方法で、ダクトを設けず、建物に設置した換気扇で直接外部に排気する方法

換気は必ず、空気の入口と出口が必要。能力の大きい換気扇を設置しても、必要な面積の空気の出入口がない空間では、換気扇の機能が生かされない

間欠運転	連続運転
一時的な汚染発生源を換気	24時間換気システム

機械換気の種類

設備計画を始める前に

給排水・給湯のキホン

換気・空調のキホン

電気・通信のキホン

事務所ビルに必要な設備

環境にやさしい省エネ設計

参考設備図と関連資料

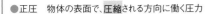 ●正圧　物体の表面で、圧縮される方向に働く圧力　　●負圧　物体の表面で、吸引される方向に働く圧力

	局所換気の使用箇所	全般換気の種類

●第1種換気

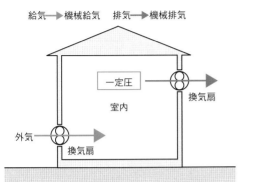

給気 ➡ 機械給気　排気 ➡ 機械排気

一定圧

室内

換気扇

外気 ➡

換気扇

- 主寝室
- オーディオルーム
- 機械室　など

- セントラル換気
システム
（熱交換型、給排気型）
- ダクトレス換気
システム

●第2種換気

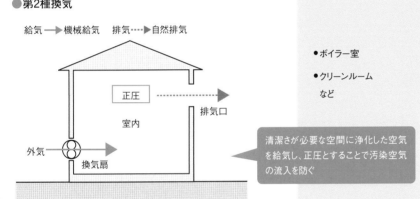

給気 ➡ 機械給気　排気 ┅➡ 自然排気

正圧 ┄┄┄┄➡

室内

排気口

外気 ➡

換気扇

- ボイラー室
- クリーンルーム
　など

清潔さが必要な空間に浄化した空気を給気し、正圧とすることで汚染空気の流入を防ぐ

●第3種換気

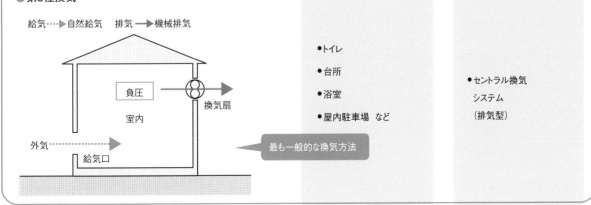

給気 ┅➡ 自然給気　排気 ➡ 機械排気

負圧

室内

換気扇

外気 ┄┄┄➡

給気口

- トイレ
- 台所
- 浴室
- 屋内駐車場　など

- セントラル換気
システム
（排気型）

最も一般的な換気方法

居室・水廻りの換気計画のポイント

①換気経路は、単純明快に
②給気口は排気口からできるだけ離す
③トイレや浴室の給気は、屋内からとし、常に負圧に保つ

換気経路と必要な給気口面積

居室・水廻りの換気計画は、換気が必要な部屋の中で、空気が停滞する部分がないように計画することがポイントである。計画時は、まず排気口(換気扇)の設置場所を決める。

給気口は、排気口からできるだけ離れた位置に設け、ショートサーキットが起こらないようにする。また、給気口が、家具などで塞がれないように注意する。トイレや浴室での給気は、屋内からとし、ガラリやアンダーカットのあるドアなどの使用により、汚れた空気が他の部屋に流入しないよう常に負圧とする。換気経路を検討するときは、できるだけ複雑にせず、風上・風下のように単純明快にするとよい。

第3種換気の場合、給気口の大きさが十分でないと必要な風量が得られず、換気扇の機能が生かされない。給気口の有効開口面積は、150mm径の給気口を2ヶ所以上を最低面積とする。

水廻りの換気

キッチンの必要換気量は、最低基準が建築基準法の「火気使用室の換気量基準」で定められているが、この基準は開放型燃焼機器(ガスコンロ)を使用したときの、室内酸素濃度を20.5%以上に保つ必要換気量であり、臭いや煙、水蒸気などは含まれていない。そのため、この基準だけで換気扇(レンジフード)を選んだ場合、十分に換気されているとはいえないので、常に能力に余裕をもった機種を選ぶことが大切である。

一般的なレンジフードの捕集効率は60〜70%程度なので、約30〜40%の汚染空気は漏れ、他の部屋に漂っていくと考えられる。

浴室から発生した水蒸気は、建物全体の湿度を一瞬で上げてしまう。

また、換気が充分でない浴室はいつまでも乾燥することなく濡れた状態となり、カビの原因にもなる。

一般的な浴室(1〜1.5坪)では、換気扇を運転させて3〜4時間で乾燥できる機種を選ぶ。風量は120㎡／h以上が目安。タイマー付きの換気扇スイッチだと、省エネルギーや消し忘れ防止に役立つ。

● **ショートサーキット**
給気口と排気口が近すぎて、狭い範囲で空気が循環してしまう現象

● **ガラリ**
複数の羽板を平行に取り付けた開口部。通風・換気・日照調整・目隠しなどの目的で、戸・窓・欄間・空気抜き・空気調和器の吹き出し口・吸い込み口・その他に用いられる

● **アンダーカット**
トイレなど小部屋換気のため、開き扉の下端を床面より上げて隙間を取ること

● **必要換気量**
ガス器具より発生する廃ガス(二酸化炭素等)を排出するための換気量

● **建築基準法の「火気使用室の換気量基準」**
開放型燃焼機器を使用する室内に設ける必要換気量の基準

● **レンジフードの捕集効率**
調理によって発生する熱、煙、臭気を吸引して排出できる割合

換気口の位置

全体換気では、給気口を分散させ、できるだけ遠くに設けて均一に換気する

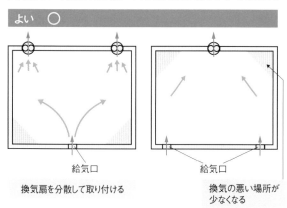

よい ○

給気口
換気扇を分散して取り付ける

給気口
換気の悪い場所が少なくなる

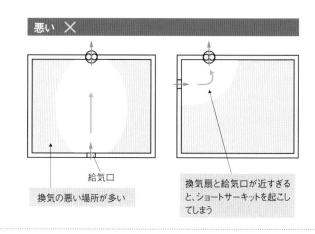

悪い ✕

給気口
換気の悪い場所が多い

換気扇と給気口が近すぎると、ショートサーキットを起こしてしまう

レンジフードによる換気

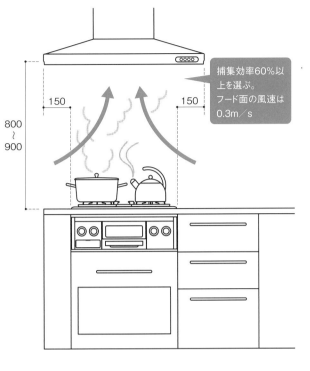

800〜900
150　150

捕集効率60%以上を選ぶ。フード面の風速は0.3m／s

建物全体での換気計画

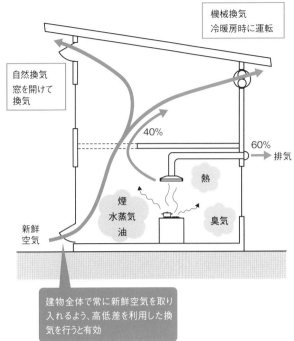

機械換気
冷暖房時に運転

自然換気
窓を開けて
換気

40%

60% → 排気

熱
煙
水蒸気
油
臭気

新鮮
空気

建物全体で常に新鮮空気を取り入れるよう、高低差を利用した換気を行うと有効

火気使用室の換気量基準

$V = nKQ$

V：有効換気量
n：捕集のフード形態による係数
Q：器具などの燃料消費量
K：理論廃ガス量（0.93）

係数	フード	
30	排気フードI型	← 一般のレンジフード
40	フードなし	← 一般の換気扇

浴室乾燥・暖房・換気システム5つの機能

●浴室乾燥

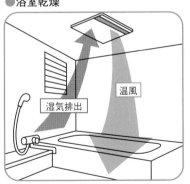

温風
湿気排出

●衣類乾燥

湿気排出
温風

●予備暖房（温風）

温風

●換気

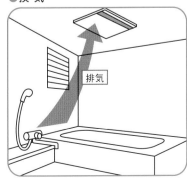

排気

●涼風

涼風
湿気排出

設備計画を始める前に

給排水・給湯のキホン

換気・空調のキホン

電気・通信のキホン

事務所ビルに必要な設備

環境にやさしい省エネ設計

参考設備図と関連資料

換気扇の種類と特徴

①設置場所や換気目的などに適した換気扇を使う
②換気扇の能力は送る空気の量「風量」と圧力「静圧」で決まる
③換気能力に比例して、運転音も大きくなるので使用場所に注意する

換気扇の種類

　一般的な換気扇には次の種類があり、設置場所や換気目的などに適したものを選ぶ。

●一般用換気扇　四角形の筐体にプロペラファンを取り付けた換気扇。引きひも式と電源スイッチ式があり、また逆風防止用シャッターの方式によって「連動シャッター式」「電気シャッター式」「風圧シャッター式」がある。

●天井埋込型換気扇と中間ダクトファン　外部に面していない部屋に換気扇を設ける場合に使用される。天井内に換気扇を埋込設置し、ダクトによって外部に排気する。小風量から大風量まで対応できる。天井内でダクトが他の設備や構造体と接触しないように注意する。

●パイプ用ファン　トイレや浴室などの小空間で使用。主にプロペラファンやシロッコファンが用いられ、トイレや洗面にはφ100㎜、浴室など若干広めの空間にはφ150㎜が使用されることが多い。最近では温度・湿度・人感などのセンサーが付いた機種もある。

●レンジフードファン　コンロ上のフードとファンが一体化した換気扇。フードの構造や形状、フィルタの掃除のしやすさなどによって、さまざまなバリエーションがある。

●有圧換気扇　一言でいうと「強力なプロペラファン換気扇」のこと。一般住宅では使われないが、屋内駐車場などで強力な換気が必要な場合に選択する。

換気扇のスペック

　換気扇の能力は、送る空気の量「風量」と圧力「静圧」で決まり、その数値は「P-Q曲線図」で表される。機種を選ぶ際は、この図を確認し、必要換気量と、計画した換気経路の圧力損失を求める。圧力損失とは「新鮮な空気が外部から取り入れられ、換気扇から外部へ排出されるまでに、給気口や建具、ダクト、フィルタ・排気フードなどを空気が通る際に受けた抵抗値の合計」のこと。一般的にカタログに記載されている換気風量は、静圧がゼロ時の風量であることが多いので注意する。

筐体(きょうたい)
何らかの機能を有する、機械・電気機器を中に収め、機器を保護する箱。フレームを含めた外装を指す

プロペラファン
回転翼にプロペラを用いた送風機

逆風防止用シャッター
外部からの雨風の侵入を防ぎ、風を一定の方向に流すために換気口に羽状の金具をつけたダクト方式

連動シャッター式
給気シャッター等と連動させて、換気扇のON/OFFに合わせて作動させる仕組み

電気シャッター式
スイッチにより換気扇を作動させて、同時にシャッターが開閉する仕組み

風圧シャッター式
換気扇の逆風防止シャッターが、風の圧力を受けて閉まる仕組み

シロッコファン
多数の短い羽根が取り付けられた筒状の送風機

換気扇の能力の調べ方(60Hz地域の場合)

●P-Q曲線図

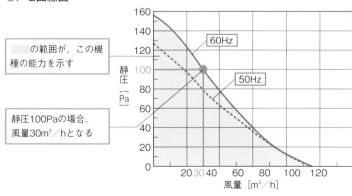

■■■の範囲が、この機種の能力を示す

静圧100Paの場合、風量30m³/hとなる

60Hz
50Hz

静圧 [Pa]
風量 [m³/h]

換気扇は大風量・高静圧のほうが換気能力が高いが、能力が高すぎると、運転音が大きかったりするため、適度な能力を選ぶ。特に24時間換気機能を併用させる場合は、終始運転させるため、運転音には注意したい。また、居室内や居室近くに配置する換気扇は、24時間換気でなくてもできるだけ低騒音タイプを選ぶ

換気扇のカタログには、P-Q曲線図が必ず記載されている

換気扇の種類

一般用換気扇

 プロペラファン

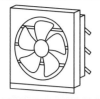

- 外部に面する壁に直接取り付ける
- 風量は出るが圧力が少ないため、高気密住宅、外風の強い場所、中高層階では能力を十分に発揮できない

天井埋込型換気扇

 シロッコファン

- プロペラファンより圧力が高いが、風量は少ない
- 居室、バス、サニタリーなど応用範囲が広い

パイプ用ファン

 プロペラファン

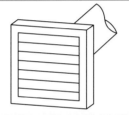

- ダクトによる延長ができないので外部に面する壁に取り付ける
- 小風量のものが多い

レンジフードファン

 シロッコファン

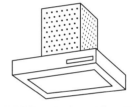

- 調理によって発生する油煙や蒸気を効率的に捕集
- フードの形状、照明、メンテナンス性などにさまざまな特徴がある

有圧換気扇

 プロペラファン

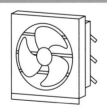

- 一般用換気扇と似た形状だが、プロペラファンの羽根形状に工夫が施され、風量と圧力が大きい
- 工場、業務用厨房などに使用

中間ダクトファン

シロッコファン

- ファン本体と給排気ガラリを離して設置するため、内装設計の自由度が高く、低騒音化が図れる

 風量が多く、静圧が低い

 風量が少なく、静圧が高い。騒音が低い

設備計画を始める前に
給排水・給湯のキホン
換気・空調のキホン
電気・通信のキホン
事務所ビルに必要な設備
環境にやさしい省エネ設計
参考設備図と関連資料

熱交換型換気システム

①換気による室内温度への影響を減らし、空調の熱負荷を低減する
②顕熱交換型と全熱交換型がある
③全熱交換型は熱エネルギーだけでなく、湿気（に含まれる潜熱）も回収・交換する

2003年施行のシックハウス法(改正建築基準法)により、機械換気による24時間換気システムの設置が義務付けられたが、冷暖房の効率低下という課題が発生した。その課題を克服するために熱交換型換気システムが、普及してきている。

熱交換型換気システムとは

24時間換気によって、常に新鮮な外気を室内に取り込むことが義務付けられたが、それは適温となった室内空気を外に捨て、新たに外気を冷暖房し直すことになる。そこで排気（室内空気）によって放出される熱エネルギーを回収し、給気(外気)と熱交換することで、換気による室内温度への影響を減らそうと考え出されたのが、熱交換型換気システムである。

熱交換型換気システムには、顕熱だけを交換する顕熱交換型換気扇と、顕熱と潜熱の両方を交換する全熱交換型換気扇があり、日本では全熱交換型が主流である。主にオフィスビルや商業施設などに使用されているが、最近では、24時間換気の義務付けにより、住宅用全熱交換器が普及してきている。

全熱交換型の仕組み

全熱交換型の換気システムは、熱エネルギーのほか湿気(に含まれる潜熱)も回収・交換する。熱交換する装置(熱交換素子)は、給気と排気の通路が分けられており、取り入れた空気と室内の汚れた空気が混合しないようになっている。湿気は、水蒸気の分圧差で高圧側から低圧側へ移動する。

この構造により、排気路を通る室内空気が、給気路を通る外気を暖め(冷やし)、熱の移動が行われる。

冷房時に室内よりも外気のほうが温度の低い場合などは、熱交換を行わず、そのまま取り入れられる。バイパス制御の方式もある。

また、給気口にはフィルタが配され、外気の埃や花粉などの除去にも有効である。このほか遮音性が高く、外部の騒音のひどい場所などでは騒音防止用としても使用されている。

● シックハウス法(改正建築基準法)
2003年7月1日施行された改正建築基準法のことで、シックハウス対策を法的に規制、義務付けた

● 熱交換素子
換気装置に組み込み、外気と屋内空気を入れ替える際に熱交換を行うための部材。所定の間隔を設けて積層された複数枚の伝熱板からなる

熱交換型換気システムの概念図

全熱交換型の熱交換の仕組み

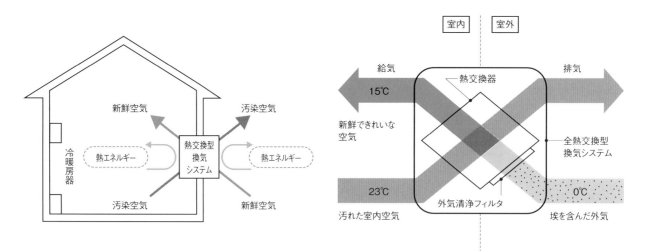

3つのシックハウス対策

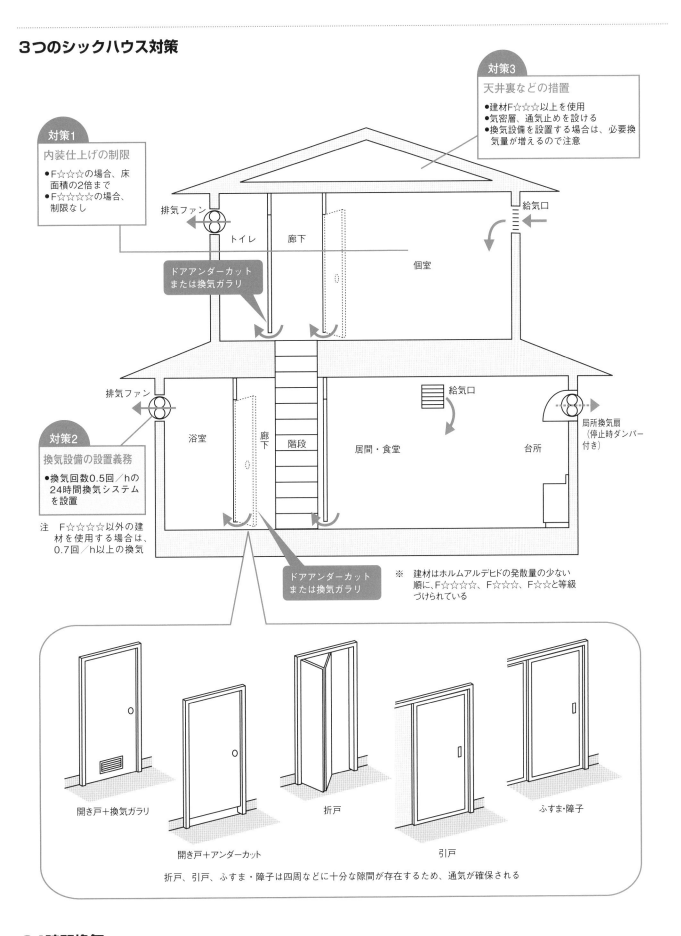

対策1
内装仕上げの制限
- F☆☆☆の場合、床面積の2倍まで
- F☆☆☆☆の場合、制限なし

対策3
天井裏などの措置
- 建材F☆☆☆以上を使用
- 気密層、通気止めを設ける
- 換気設備を設置する場合は、必要換気量が増えるので注意

排気ファン
トイレ　廊下
個室
給気口

ドアアンダーカットまたは換気ガラリ

排気ファン
浴室　廊下　階段　居間・食堂　台所
給気口
局所換気扇（停止時ダンパー付き）

対策2
換気設備の設置義務
- 換気回数0.5回／hの24時間換気システムを設置

注　F☆☆☆☆以外の建材を使用する場合は、0.7回／h以上の換気

ドアアンダーカットまたは換気ガラリ

※　建材はホルムアルデヒドの発散量の少ない順に、F☆☆☆☆、F☆☆☆、F☆☆と等級づけられている

開き戸＋換気ガラリ

開き戸＋アンダーカット

折戸

引戸

ふすま・障子

折戸、引戸、ふすま・障子は四周などに十分な隙間が存在するため、通気が確保される

24時間換気

建物の高気密化により、新築の建物に入居後めまい、吐き気、頭痛等の症状（シックハウス症候群）がおき、2003年7月にシックハウス法が施行された。これにより、機械換気による24時間換気システムの設置が義務付けられている。住宅居室は0.5回／h以上必要。

セントラル換気システム

①機種の選定には、システム全体の圧力損失を考慮する
②セントラル換気には第1種換気によるものと第3種換気によるものがある
③曲げたり、長い経路を取ったりすると所定の風量が得られないので注意する

セントラル換気とは

各居室に給気口を設置し、ダクトによって空気をセントラルファンに集め、屋外に排出するシステムを「セントラル換気」という。

ダクトのほかに、ガラリ、フィルタなどシステム全体の圧力損失（空気抵抗）を考慮しないと換気量が確保できないため、しっかりした換気設計と機種の選定が重要になる。また、建物全体または複数の居室の換気ファンを1台にまとめるので、振動・騒音にも配慮し、寝室や隣家の居室などから離してファンを設置する。

セントラル換気の種類

セントラル換気には、大きく分けて機械給排気式の第1種換気によるものと、自然給気・機械排気式の第3種換気によるものがある。

第1種換気によるものは、ほとんどが熱交換システムを装備している。冷暖房の機能まで兼ねるシステムもあるが、室内温度をムラなく空調するには、必要換気量以上に空気を循環させなければならない。

そのため汚染物質が速やかに排気されず、しばらく室内で対流するという問題が起きるので、なるべく空調と換気は別に計画するほうがよい。

第3種換気では、給気は各居室の自然給気口から行い、排気をセントラルファンとする。各居室に給気口を設けるため、より確実な換気ができる。また、建物の気密が不十分だと、排気の効果が十分に得られないことがある。

ダクトルートの注意点

ダクトを用いた換気は、確実に空気を送ることができる反面、ダクトの延長や曲がり、分岐などの部分に大きな抵抗力が発生し、圧力損失が生じる。

一般的にダクトは天井裏などのスペースに設けるが、納まり上の都合で曲げたり、長い経路をとったりすると圧力損失が大きくなり、所定の風量が得られないので注意する。

● ダクト
空気調和および換気において、空気を所定の場所に導く長方形または円形の管路。風洞ともいう

● セントラルファン
セントラル換気システムにおける天井裏に取り付けた換気ユニット

● 熱交換システム
空気などの流体を、加熱または冷却しようとするとき、高温の流体から低温の流体に熱を伝える仕組み

主にダクトの圧力損失が発生する部位

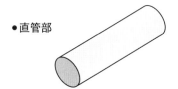

●直管部

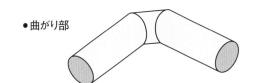

●曲がり部

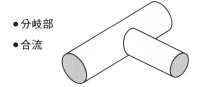

●分岐部
●合流

●室内端末

（吹出し口、吸込み口グリルなど）

●屋外端末

（パイプフードなど）

セントラル換気

設備計画を始める前に

給排水・給湯のキホン

換気・空調のキホン

電気・通信のキホン

事務所ビルに必要な設備

環境にやさしい省エネ設計

参考設備図と関連資料

●第1種換気によるセントラル換気（熱交換型）

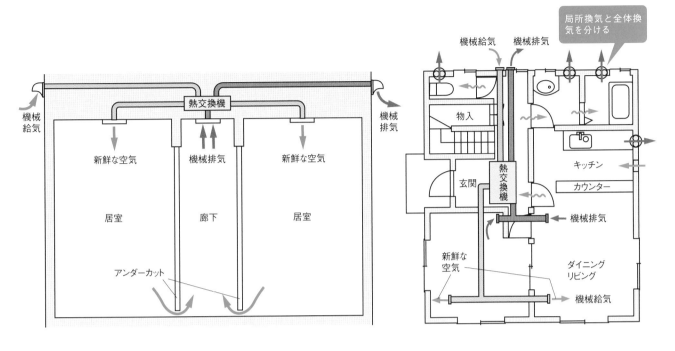

●第3種換気によるセントラル換気

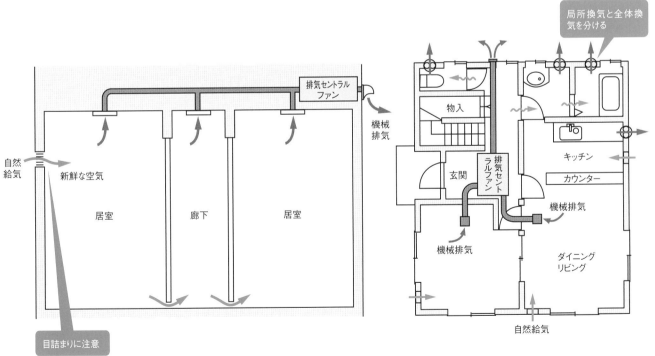

空気調和の種類と特徴

①空気調和には対流式、伝導式、放射（輻射）式の3種類がある
②放射（輻射）式はクリーンな空調環境をつくる
③セントラル方式により、エリアごとの温度差が少ない建物とする

3種の空気調和方式と特徴

空気調和（空調）方式は、対流式、伝導式、放射（輻射）式の3つに分かれる。

対流式は、エアコンやファンヒーターなどのように、温風や冷風を直接放出し、強制的に空気の対流を起こして部屋の温度を上下させる。急速に冷暖房が効くが、暖房時には天井付近ばかりが暖まり、足元に冷えを感じたり、温風や冷風が直接身体に当たって不快感を与えることがある。また、空気の対流により室内の埃やアレルギー成分を一緒に巻き上げてしまう問題もあるが、施工性のよさやコスト面で最も採用されやすい方式である。アレルギーや花粉対策に力を入れたい場合は、伝導式・放射式を採用する。

伝導式は、ホットカーペットのように、部分的な暖房機器でも直接身体に触れることで暖かさを感じる方式である。空間を暖めるには、部屋面積の7割以上に放熱体を敷設し、放射効果を利用する。

放射式の「放射」とは、「空気を介さず、温度の高い方から低い方へ熱が伝わる現象」である。この自然の性質を利用し、室内に暖かい面や冷たい面を設けることで、温風や冷風が直接身体に当たることなく、心地よい暖かさや涼しさを体感できる。また、エアコンのように風を放出しないので、埃やアレルギー成分を巻き上げることもない。短所は、部屋全体が暖まるまでに時間がかかることである。

個別方式とセントラル方式

各居室やエリアごとに空調機器を設けるのが個別方式、建物全体を1つの熱源機器（システム）で空調するのがセントラル方式である。セントラル方式は、廊下・トイレなどでも温度ムラが少なく、高齢者の健康に配慮する建物に向いているが、人が常駐しない部分まで暖める（冷やす）ので、小規模な建物には不経済である。個別方式とセントラル方式の中間的なものにマルチエアコンがあり、1台の室外機に複数の室内機が接続できる。

● **セントラル方式**
熱源機器を専用の機械室に集中させ、機械室で作った熱や温冷水を送風機や配管を通して、建物全体を空調する方式

● **マルチエアコン**
室外機1台に対して、室内機が複数台接続されるエアコンのこと

関連事項

●輻射式冷暖房システムはエコロジー

高温から低温に移動する熱の性質を利用した輻射式冷暖房は、冷風や温風が吹きつけるエアコンと違い、室内温度のムラができずに均一な温度環境を造り出す。また、空気の対流がないので、チリ、ほこりなどを巻き上げることもなく衛生面でも優れている。現在は壁に取り付けるものや天井パネル式のものなど、さまざまな形のものが出回っており、住宅をはじめ、病院、オフィスなど幅広い用途で採用されている。

冷水、温水を作り出す熱源はヒートポンプが一般的だが、その温度は冷水で15℃前後、温水で33℃前後である。温度だけでみると、決して低温でも、高温でもない。では、なぜこの温度で涼しさや温かさを感じるのか。それは体感温度という感覚による。夏、15℃前後の冷水が輻射パネル内を流れると、体の表面温度（約32℃）から輻射パネルへ熱

の放射が起こる。反対に冬、33℃の温水が輻射パネル内を流れると、体の表面からの熱放射は抑えられる。この体感温度によって涼しさや温かさを感じているので、低温高温に設定しなくても少ないエネルギーで快適な涼しさ、温かさを得られるということである。

ただ、欠点もある。イニシャルコストが高いということと、体感温度を感じるまでに時間が掛かるということ。一般的には長時間継続して利用する、オフィスや店舗または24時間空調が必要な病院などでの利用が有効である。現在は、冷水に雨水を利用したものや、輻射パネルの表面にセラミック加工したものなど、開発が進んでおり、今後のエコロジーな空気調和システムとして期待される。

空調方式の決め方

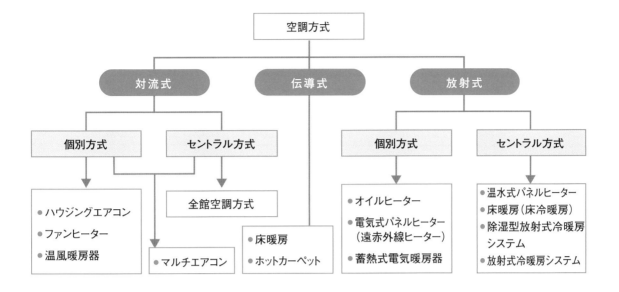

空調方式
- 対流式
  - 個別方式
    - ハウジングエアコン
    - ファンヒーター
    - 温風暖房器
    - マルチエアコン
  - セントラル方式
    - 全館空調方式
- 伝導式
  - 床暖房
  - ホットカーペット
- 放射式
  - 個別方式
    - オイルヒーター
    - 電気式パネルヒーター（遠赤外線ヒーター）
    - 蓄熱式電気暖房器
  - セントラル方式
    - 温水式パネルヒーター
    - 床暖房（床冷暖房）
    - 除湿型放射式冷暖房システム
    - 放射式冷暖房システム

空調方式の種類

設備計画を始める前に

給排水・給湯のキホン

換気・空調のキホン

電気・通信のキホン

事務所ビルに必要な設備

環境にやさしい省エネ設計

参考設備図と関連資料

対流式

特徴

エアコンやファンヒーターなど、温風や冷風を直接放出し、強制的に空気の対流を起こさせることで部屋の温度を上げ下げする

メリットと注意点

- 急速に冷暖房が効く
- ▲ 天井付近ばかり暖まり、頭がボーッとしたり、逆に床付近の足元に冷えを感じる
- ▲ 温風や冷風が直接身体に当たり、不快に感じる場合がある

伝導式

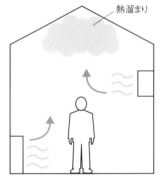

特徴

床暖房などのように、直接熱媒体に接触することで、温度が高いほうから低いほうへ伝わる熱の性質を利用

メリットと注意点

- 温風や冷風が直接身体に当たることなく、体感的に心地よい暖かさや涼しさを感じる
- ▲ 対流式に比べ、部屋全体が暖まるまでの時間が必要

放射式

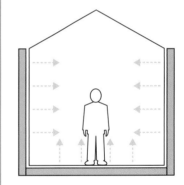

特徴

暖房は機器・躯体からの放射熱により、人間の体表面の熱放射量を少なくして暖かさを伝える。温度の低い場所にも熱が伝わり、室内空気も均一に暖まる

▲ イニシャルコストがほかの方式より割高

凡例
- ●：メリット　▲：注意点

57

省エネ性能が向上した
ヒートポンプ式エアコン

①一般的に暖房より冷房能力が劣るので、冷房能力を優先して選ぶ
②冷暖房能力で選定する際は、部屋（窓）の向き、天井高さなどの条件を考慮する
③ランニングコストを考慮し、熱効率・省エネ性もチェック

エアコンの能力とは

　メーカーのカタログには、エアコンの対応畳数が記載されている。たとえば、対応畳数が6～9畳の場合、木造和室南向き6畳～鉄筋コンクリート南向き9畳ということになり、まずはこの畳数の目安を確認する。このとき、同じ部屋の広さであっても、窓の向きや気積によって対応能力が変わるので注意する。特に西に大開口のある部屋や天井の高い部屋など、熱負荷のかかりやすい部屋には少し余裕をもたせた畳数設定をする。

　次に能力を確認する。エアコンの定格能力はkWで表され、冷房が「2.2」の場合、このエアコンは2.2kWのパワーで標準条件下の部屋を冷やすことができる。

　最近はインバータエアコンが主流で、能力を制御できるため、部屋がある程度冷えてくると、エアコンが能力を落とし、設定温度を維持するようにして運転する。

　また、一般的に暖房より冷房の能力が劣るので、冷房の能力から選定するとよい。寒冷地では冷房用とし、暖房機は別に設置する。

省エネ性を基準に選ぶ

　エアコンを選ぶ際には、省エネ性も考慮したい。目安として、省エネ型の家電製品に表示されている省エネラベルをチェックするとよいだろう。省エネラベルは、国の定める通年エネルギー消費効率(APF)および建築物省エネ法の目標基準値に対する達成率を表示したもの。国が2000年8月にJISで標準化した表示制度である。

　APFを確認し、6.0以上のものであれば、十分に効率がよいといえる

　建築物省エネ法では、対象となる家電ごとにクリアすべきAPFの目標値が定められており、達成率100%以上であれば緑、100%未満であればオレンジのマークになる。近年のエアコンは電力消費量が格段に少なく性能も向上しているので、リフォームなどの際は古い機種を早めに更新したい。

関連事項

● 省エネラベル
2000年8月にJIS規格として導入された表示制度により、エネルギー消費機器の省エネ性能や、その機器が国の定める目標値をどの程度達成しているか、その達成度合い(%)を表示するもの。また2006年10月には省エネ法により、小売事業者に対し商品の省エネ性能を情報提供する事が定められ、エアコンディショナー、テレビジョン受信機及び電気冷蔵庫の3機器を対象として統一省エネラベルの貼付が始まった。

● JIS規格
日本工業規格(Japanese Industrial Standards)の略。日本の鉱工業品および建築物その他の構築物に関し、工業標準化のための基準を示す国家規格。工業標準化法により日本工業標準調査会の調査、審議とその議決を経て経済産業大臣が制定、確認、改正または廃止する。なお、工業標準化法施行以前には戦前制定の日本標準規格(旧JES)、戦時中の臨時日本標準規格(臨JES)、戦後両者を整理統合した日本規格(JES建築)、などがあったが、いずれも日本工業規格

に切り替えられるか、あるいは廃止され、農林物資については日本農林規格(JAS)が制定された。

● 通年エネルギー消費効率(APF)
1年間を通して、ある一定条件のもとにエアコンを運転したときの、消費電力1kW当りの冷房・暖房能力を表わす値(Annual Performance Factor)。冷房期間および暖房期間を通じて室内側空気から除去する熱量および室内空気に加えられた熱量の総和と同期間内に消費された総電力との比で表わされる。APF＝(冷房＋暖房期間総合負荷(kWh)) / (冷房＋暖房期間消費電力量(kWh))

● 建築物省エネ法
正式名称を「建築物のエネルギー消費性能の向上に関する法律」という。2015年に公布された。従来は建築物の規模に応じ、省エネ基準の届出・説明・適合性判定のいずれかが義務付けられていたが、2022年6月17日に公布された改正建築物省エネ法により、2025年4月(予定)からすべての新築住宅・非住宅が省エネ基準適合義務の対象となった。

● 気積
部屋の容積から室内の家具などの占める容積および在室者容積を差し引いた容積。また単に部屋の容積ともいう

● 定格能力
予め決められた条件下での機械の能力。条件には日本工業規格(JIS)や、製造業者で作る工業会等の規格が用いられる

● 標準条件
定格能力を定める際の、日本工業規格によって決められた条件。冷房時は室内温度27℃、室外温度35℃、相対湿度45%、暖房時は室内温度20℃、室外温度は冬の使用を想定して7℃(暖房標準能力)と2℃(暖房低温能力)の2つの条件があり、いずれも相対湿度で約85%

● インバータエアコン
起動時には回転数を上げ大きな電力を要し、一定の温度に保つ場合は回転数を下げ、少ない電力で稼動させる仕組み

● APF
Annual Performance Factorの略。1年を通して、ある一定の条件のもとにエアコンを使用した時の消費電力1kWh当たりの冷房・暖房能力(kWh)を表示したもの

エアコンのカタログはここをチェック

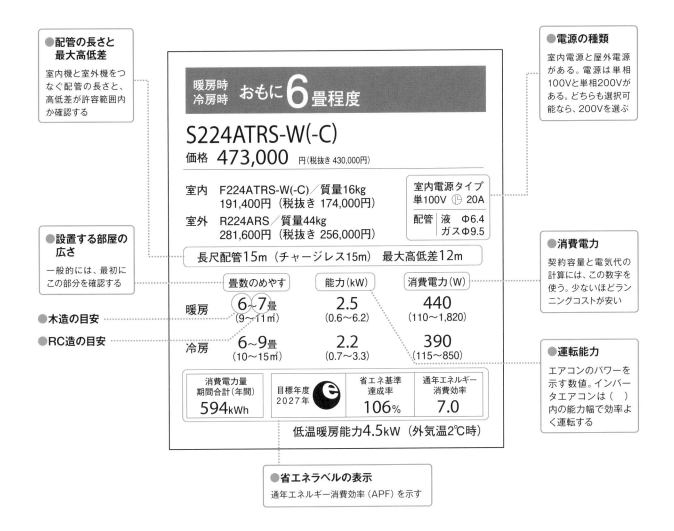

●配管の長さと最大高低差
室内機と室外機をつなぐ配管の長さと、高低差が許容範囲内か確認する

●電源の種類
室内電源と屋外電源がある。電源は単相100Vと単相200Vがある。どちらも選択可能なら、200Vを選ぶ

●設置する部屋の広さ
一般的には、最初にこの部分を確認する

●木造の目安

●RC造の目安

●消費電力
契約容量と電気代の計算には、この数字を使う。少ないほどランニングコストが安い

●運転能力
エアコンのパワーを示す数値。インバータエアコンは（ ）内の能力幅で効率よく運転する

暖房時冷房時 おもに**6**畳程度

S224ATRS-W(-C)
価格 **473,000** 円（税抜き 430,000円）

室内　F224ATRS-W(-C)／質量16kg
191,400円（税抜き 174,000円）

室外　R224ARS／質量44kg
281,600円（税抜き 256,000円）

室内電源タイプ 単100V 20A
配管 液 Φ6.4 ガス Φ9.5

長尺配管15m（チャージレス15m）　最大高低差12m

畳数のめやす	能力(kW)	消費電力(W)
暖房 6〜7畳 (9〜11㎡)	2.5 (0.6〜6.2)	440 (110〜1,820)
冷房 6〜9畳 (10〜15㎡)	2.2 (0.7〜3.3)	390 (115〜850)

消費電力量期間合計（年間）**594kWh**　目標年度2027年　省エネ基準達成率**106%**　通年エネルギー消費効率**7.0**

低温暖房能力4.5kW（外気温2℃時）

●省エネラベルの表示
通年エネルギー消費効率（APF）を示す

効率のよいエアコンの配置計画

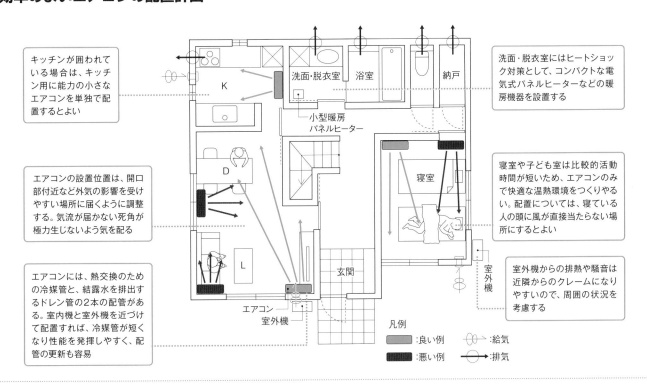

キッチンが囲われている場合は、キッチン用に能力の小さなエアコンを単独で配置するとよい

エアコンの設置位置は、開口部付近など外気の影響を受けやすい場所に届くように調整する。気流が届かない死角が極力生じないよう気を配る

エアコンには、熱交換のための冷媒管と、結露水を排出するドレン管の2本の配管がある。室内機と室外機を近づけて配置すれば、冷媒管が短くなり性能を発揮しやすく、配管の更新も容易

洗面・脱衣室にはヒートショック対策として、コンパクトな電気式パネルヒーターなどの暖房機器を設置する

寝室や子ども室は比較的活動時間が短いため、エアコンのみで快適な温熱環境をつくりやすい。配置については、寝ている人の頭に風が直接当たらない場所にするとよい

室外機からの排熱や騒音は近隣からのクレームになりやすいので、周囲の状況を考慮する

凡例　■:良い例　■:悪い例　給気　排気

結露の原理と不快指数

①表面結露を防ぐには、複層ガラスや壁面に断熱材を施す
②内部結露を防ぐには、防湿シートや外装側に通気層を設ける
③結露対策は住宅の寿命を左右する

結露の原理

　空気は、高温になるほど多くの水蒸気を含むことができ、低温になると含む量が減る特性がある。室内の乾球温度が25℃、相対湿度が50%の空気を、絶対湿度を保ったまま温度を下げていくと、相対湿度が上昇する。そして約14℃（露点温度）で100%の飽和状態となり、さらに温度が下がっていくと空気の余剰水分が発生する。この現象が「結露」である。

　暖かな空気が、冷えた窓ガラスやサッシに触れて急激に冷やされると、空気に含まれていた水蒸気が水滴となって現れる現象を表面結露という。

　表面結露を防ぐには、複層ガラスや断熱サッシ、各種断熱材を用いて、外部の低温を内部に伝えないようにする。

目に見えない内部結露に注意

　表面結露に対し壁の内側で発生する現象を内部結露という。冬期に室内の水蒸気が壁内に侵入すると、この水蒸気が壁内を進み、外気に近い低温部分で露点以下に冷やされて結露が発生する。反対に夏期には、外気の湿気が冷房で冷えた室内の影響を受けて結露する。壁内の結露は、木材を腐らせたり、断熱材の性能低下を引き起こし、建物そのものの機能低下により寿命を短くする。防止策には、内装側に防湿シートを張ったり、外装側に通気層を設ける。

不快指数とは

　不快指数は、気温と湿度の組み合わせによる「蒸し暑さ」の指標である。日本人の場合は、不快指数が86以上でほとんどの人が「暑さによる不快」を感じるといわれている。

　一般的に、快適な湿度は40〜60%程度で、冷暖房と同時に加湿・除湿により快適な湿度を保つことも重要である。加湿機にはスチームファン式（加熱式）、ヒーターレスファン式（気化式）、除湿機にはコンプレッサー式、デシカント式などの種類がある。

乾球温度
温度計の種類による温度表示の1つ。一般にはガラス管封入の液体温度計によって測った温度をいい、球部に湿った布を巻いて測った湿球温度と区別する

相対湿度
単位体積に含まれている水蒸気の量と、その温度で含むことのできる飽和水蒸気量との比。単位は%

複層ガラス
2枚の板ガラスを一定の間隔を保って組み合わせ、その周辺を金属で密閉し、内部の空気を乾燥空気で置換したガラス

断熱サッシ
一般に熱貫流率が3.5（W/㎡・K）以下のもの。二重サッシの他、複層ガラス（ペアガラス）を用いたものがある

通気層
建物の耐久性の低下につながる内部結露などを防ぐために、壁内部の湿気や熱気を外部へ排出するために壁内部に設けられた空間

加湿器と除湿器の方式

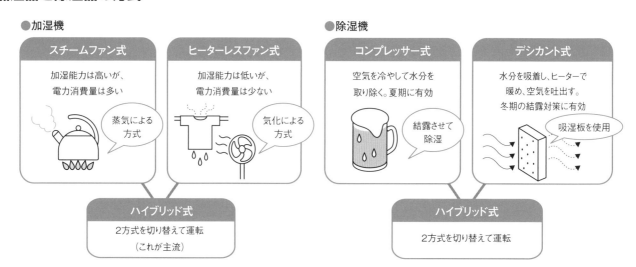

空気線図

空気線図とは、乾球温度・湿球温度・露点温度・エンタルピーなどが、ひとつの二次元座標に表記されたもの。いずれか2つの値が定まれば、その空気の状態がわかる。

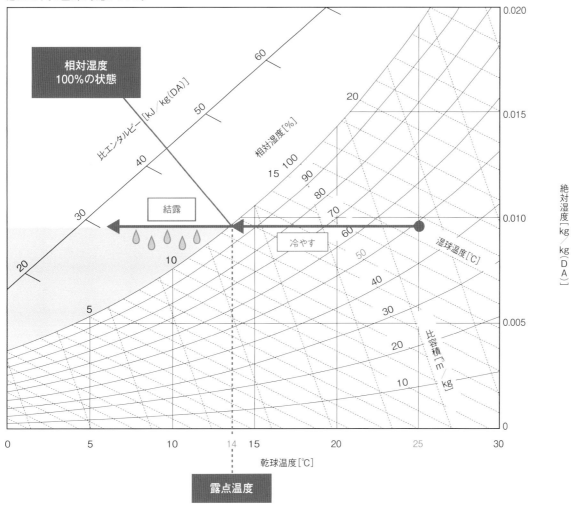

乾球温度[℃]	一般的な「温度」や「気温」のこと
相対湿度[%]	空気中に含まれる水蒸気量(水分量)を割合で表したもの。一般的な「湿度」のこと
湿球温度[℃]	水が自然に蒸発していくとき(気化)の温度。湿球温度計(球部分を濡れた布で包んだ温度計)が示す温度
絶対湿度[kg / kg]	空気に含まれている水分の量と乾き空気の量との重量割合
比エンタルピー [kJ / kg]	ある状態における、湿り空気の保有する全エネルギーを熱量単位で表したもの。熱を放熱すると下がり、熱を受け取ると上がる
比容積[㎥ / kg]	乾き空気1kgを含む、湿り空気の容積。比重量の逆数のこと

内部結露

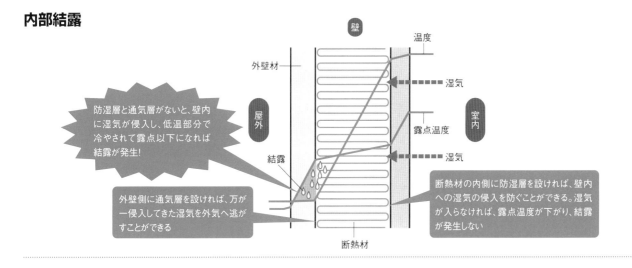

防湿層と通気層がないと、壁内に湿気が侵入し、低温部分で冷やされて露点以下になれば結露が発生!

外壁側に通気層を設ければ、万が一侵入してきた湿気を外気へ逃がすことができる

断熱材の内側に防湿層を設ければ、壁内への湿気の侵入を防ぐことができる。湿気が入らなければ、露点温度が下がり、結露が発生しない

設備計画を始める前に

給排水・給湯のキホン

換気・空調のキホン

電気・通信のキホン

事務所ビルに必要な設備

環境にやさしい省エネ設計

参考設備図と関連資料

質の高い温熱環境をつくる 放射（輻射）冷暖房

①放射冷暖房とは温度の高い方から低い方へ移動する熱の性質を利用
②24時間連続運転が前提
③冷暖房効果は躯体の断熱・気密性に影響される

放射冷暖房とは

　熱は高い方から低い方に移動する性質があり、この特性を利用した冷暖房方式が放射（輻射）冷暖房である。イニシャルコストはほかの方式と比べて高額だが、得られる温熱環境の質が高いことが特徴である。ただしその効果は、躯体の断熱性能に影響されるため、少なくとも次世代省エネルギー基準レベルの断熱・気密性能を確保することが必要である。

放射冷暖房パネル

　熱源でつくった冷温水をラジエータのなかに送水して、冷暖房を行う。暖房時は体温程度の中温水、冷房時は冷水を循環させ、放射によって空間全体に安定した温熱環境をつくり出す。

　夏はラジエータ表面に結露を起こすことで自然除湿を行い、体感的にだけでなく、見た目にも爽やかな涼しさをつくる。ラジエータの素材や、表面に触媒を施すことによって、より大きな放射効果を得られる。

　小さな熱源によって24時間連続運転させることが前提で、省エネ効果も高い。

天井放射冷暖房

　天井の放射パネルに、夏は冷水を流し、冷やされた天井からの放射によって、人の身体からの熱や室内壁の熱を吸収することで涼しさを感じる。冬は、天井の放射パネルに温水を流して天井面を暖めると、人の体表面からの熱放射量が少なくなり、暖かさを感じる。

　また、床や壁などにも放射熱が伝わるので、低い室温でも快適に感じ、部屋のどこにいても均一の暖かさが味わえる。

床放射冷暖房

　床内に空調機からの冷温風を通し、窓際の床吹出し口から室内に送風することによって、床面を冷やしたり暖めたりする。効果は天井放射冷暖房と同様だが、放射と対流を併用した方式であることが他の方式との違いである。

● 放射
電磁波および粒子線の形でエネルギーが放出されること。または放出された電磁波、粒子線が伝搬されていく過程

● 断熱・気密性能
断熱とは、熱が伝導・対流・放射を防ぐこと。気密とは、密閉した気体が外部に洩れない、または減圧した内部に気体が流入しないこと

● ラジエータ
放熱器ともいわれ、温水、蒸気を用いる暖房用機器。また冷却用放熱部

● 中温水
空調機で使われる場合は、室温に近い温度の水で、冷水は16〜20℃、温水は30〜35℃を想定。使用する機器により該当する温度が違う

● 放射パネル
放射熱を放熱するために温水管や蒸気器を埋め込んだパネル。床や壁に組み込んで空調を行う

放射冷暖房の特徴

空調機からの送風による空気対流がないので、場所によっての温度ムラが起こらない

放射の効果で室内の温度分布が均一になる

機械からの送風音がなく、静かな室内環境ができる

冷房時は設定温度を高く、暖房時は低くしても快適に感じ、省エネルギーに有効

放射冷暖房パネルシステムの仕組み

設備計画を始める前に

給排水・給湯のキホン

換気・空調のキホン

電気・通信のキホン

事務所ビルに必要な設備

環境にやさしい省エネ設計

参考設備図と関連資料

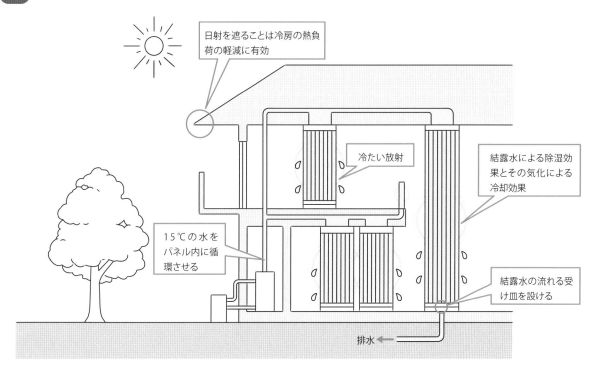

夏

日射を遮ることは冷房の熱負荷の軽減に有効

冷たい放射

結露水による除湿効果とその気化による冷却効果

15℃の水をパネル内に循環させる

結露水の流れる受け皿を設ける

排水

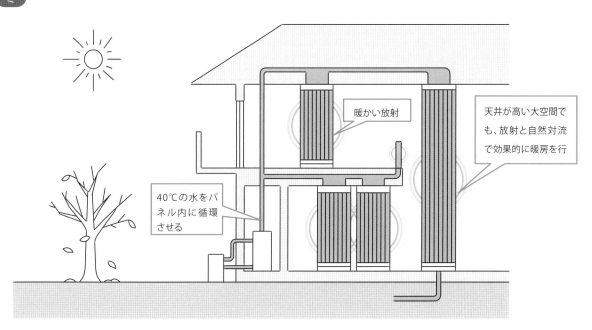

冬

暖かい放射

天井が高い大空間でも、放射と自然対流で効果的に暖房を行

40℃の水をパネル内に循環させる

そのほかの暖房方式

①床暖房は電気ヒーター式と温水循環式があり、使い方に合わせて選ぶ
②「蓄熱暖房」とは夜間に蓄熱し、その放熱を昼間に暖房として使う
③薪ストーブの使用には給気計画を念入りに

床暖房

床暖房には、電気ヒーター式と温水循環式の2種類ある。電気ヒーター式は、通電によって発熱するヒーターを床に敷き込む方式で、施工しやすく、既存住宅などに導入しやすい。また、立上りが早いため、短時間の使用に適している。温水循環式は、温水パイプが組み込まれたパネルを敷き込む方式で、広い面積や長時間使用する場合に適している。熱源は電気・ガス・灯油いずれも可能で、床暖房に対応した給湯機を選ぶ。

床暖房を主暖房として利用する場合には、建物自体の高断熱・高気密性能が必要である。

また、床の仕上材は床暖房により暖められ伸縮したり、変形したりする可能性があるため、床暖房対応のものを選ぶ。

蓄熱暖房

レンガやコンクリートなどの蓄熱体に熱を蓄え、その放熱で部屋を暖める暖房方式を「蓄熱暖房」という。割安な深夜の電気を利用することで、ランニングコストを大幅に低減できることも特徴である。

蓄熱式電気暖房器は、オール電化の住宅に適しており、24時間暖房を前提とする。

蓄熱式床暖房には、温水パイプや電熱線などの発熱体を直接床スラブに埋込む湿式と、ヒーターと蓄熱材のユニットを敷き詰める乾式がある。

蓄熱式床暖房は、床下に蓄熱材を敷き込む方法や、蓄熱ユニットを設置する方法がある。床からの放射熱と、床ガラリからの暖気による対流熱を併用できる。

薪ストーブ

薪ストーブの設置には、床や壁をレンガ・石・鉄の遮熱板で囲う炉台を必要とする。炉台も蓄熱するので、放射による二次的な暖房効果が得られる。

なお、燃焼に大量の空気が必要なので、給気計画を念入りに行う。

● 高断熱・高気密性能
断熱性とは外部と内部の熱を通しにくくする性能。気密性とは室内の空気が外部に漏れない性能。または室内に外部の空気が流入しない性能を意味し、その性能が高いもの

● 蓄熱体
自らは発熱せずに外部より与えられた熱のみを蓄える材料。単位容積当たりの熱交換面積・ガス通過面積が大きく、流体通過時の圧力損失の小さい材質が適している

● 発熱体
エネルギーを得て熱を発する源となる物質、または材料

● 床スラブ
床面に使用されるコンクリートの板

● 放射熱
離れている2つの物体間で、高温の物体から低温の物体に放出される熱

● 対流熱
流体の一部分の温度が上がると膨張により密度が小さくなって上昇し、そこへ周囲の低温度の流体が流入する現象が繰り返されることによって伝わる熱

● 遮熱板
輻射熱から壁や床を守るために、ストーブの背面や底面に取り付けられた部材

● 炉台
薪ストーブを設置する台。壁際に設置する場合は、壁に沿って立ち上げた壁面までを併せていう

関連事項

● 暖房のランニングコスト

暖房器具には、エアコン、電気ストーブ、石油ファンヒーター、ガスストーブなど数多くの種類がある。では、そのランニングコストはどのくらいなのだろう? 誰しも暖房器具を選ぶ際に気になるところである。

結論からいうと、最近の目覚しい技術進歩を見せる「エアコン」が一番エネルギー効率がよい。ただし、最新の省エネタイプのものを選んだ場合である。一昔前まではエアコンによる暖房は、冷たい風が出る、足もとが冷えるなど決して性能がよいとは言えなかった。しかも、空気が乾燥し、燃費も悪い。しかしながら最近は各メーカーが競って性能を上げ、換気機能や加湿機能がついていたり、またセンサーでスポット的に人のいる場所を暖めたりと、まるでロボットのようである。

同じエネルギーの熱量を発生させるのに掛かるコストを比較すると、石油ストーブはエアコンの1.7倍、ガスストーブは2.8倍、電気ストーブにいたっては6.4倍である。このエアコンの効率のよさは、ヒートポンプ技術による。1のエネルギーで約5倍のエネルギーを取り出すことができる優れものである。しかし、注意しておきたいのは、このエネルギー効率は当然ながら外気温に左右されるということである。東京都以南の地域と北海道、東北などの寒冷地とは同じというわけではなく、外気温が低いとエネルギー効率も下がる。よって、寒冷地などでの主要な暖房器具としては、むしろ石油ファンヒーターやガスストーブのほうが適している場合もある。熱の発生元は高温であるので、直接的に温かさを感じることができ、また視覚的な効果もある。暖房器具を選ぶときは、その性能とランニングコストに加え、その器具を使う場所、地域を考慮する必要がある。

床暖房の種類と特徴

ヒーター式

熱源 電力

- 電気を流すと発熱するヒーターパネルで床を暖める
- 熱源機器を別途設置する必要がない
- 施工しやすく、イニシャルコストが割安

● 電熱線式

電気カーペットなどに使用されている電熱線を発熱体として使用。サーモスタットや温度ヒューズを内蔵したパネルを敷く

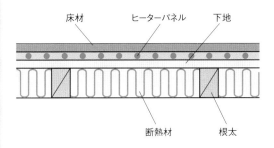

床材　ヒーターパネル　下地

断熱材　根太

● PTC［※］ヒーター式

ヒーター自体が周囲の温度によって発熱量をコントロールする。温度が高い部分は電気が流れにくくなるため、部分的な過度の温度上昇を抑える

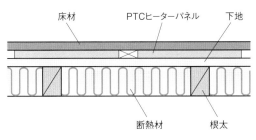

床材　PTCヒーターパネル　下地

断熱材　根太

※ ヒーター温度が上がると、電気抵抗値が上昇すること。Positive Temperature Coefficientの略

● 蓄熱式

割安な夜間の電気を使ってヒーターを運転し、昼間はその放熱で暖める。温度コントロールはしづらいが、24時間暖房を低ランニングコストで実現する

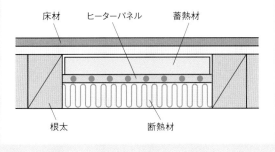

床材　ヒーターパネル　蓄熱材

根太　断熱材

温水循環式

- 温水パイプに不凍液を循環させて暖める
- 暖房能力が高く、ランニングコストが割安

熱源 ガス(灯油)

- ボイラーの設置スペースを確保
- ボイラーの交換・メンテナンスが必要

注　灯油の場合は、燃料タンクやパイプの設置が別途必要

● 暖房専用型

床暖房専用の熱源器を設けて、温水をつくり循環させる。エアコン兼用タイプもある

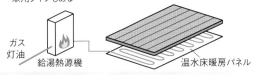

ガス灯油　給湯熱源機　温水床暖房パネル

● 給湯兼用型

高効率給湯機で温水をつくり循環させる。給湯兼用の多機能タイプである

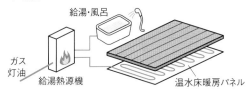

給湯・風呂

ガス灯油　給湯熱源機　温水床暖房パネル

発電しながら、排熱を利用してお湯をつくる家庭用コージェネレーションを利用することもできる

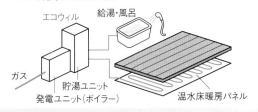

エコウィル　給湯・風呂

ガス　貯湯ユニット　発電ユニット(ボイラー)　温水床暖房パネル

熱源 電力

- 空気の熱を利用するヒートポンプを利用するため、消費電力が少ない
- 夜間の割安な電気を使うことでランニングコストを抑えられる

● 暖房専用型

床暖房専用のヒートポンプユニット(室外機)を設置して、温水をつくり暖める。エアコン兼用タイプもある

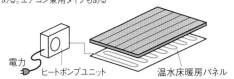

電力　ヒートポンプユニット　温水床暖房パネル

● 給湯兼用型

エコキュートなどの高効率ヒートポンプ給湯機で温水をつくり、循環させる。給湯兼用の多機能タイプである。割安な夜間の電気を使用

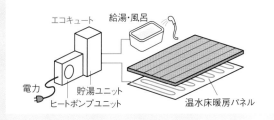

エコキュート　給湯・風呂

電力　貯湯ユニット　ヒートポンプユニット　温水床暖房パネル

設備計画を始める前に

給排水・給湯のキホン

換気・空調のキホン

電気・通信のキホン

事務所ビルに必要な設備

環境にやさしい省エネ設計

空調設備図と関連資料

蓄熱式電気暖房機の仕組み

●ファンタイプ

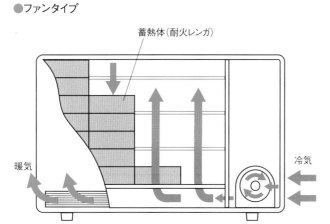

蓄熱体（耐火レンガ）

暖気

冷気

●ファンレスタイプ

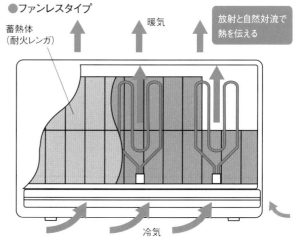

蓄熱体（耐火レンガ）

暖気

放射と自然対流で熱を伝える

冷気

蓄熱式床暖房の仕組み

●湿 式

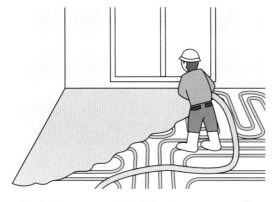

床に敷き込んだモルタルなどに温水パネルやヒーターを埋設し、直接蓄熱

●乾 式

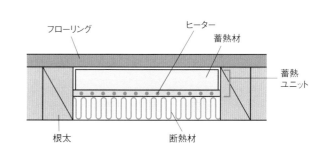

フローリング

ヒーター

蓄熱材

蓄熱ユニット

根太

断熱材

床暖房に適した蓄熱材・蓄熱ユニットを敷き込む

蓄熱式床暖房の仕組み

●蓄熱ユニットを設置するシステム

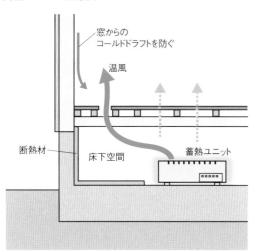

窓からのコールドドラフトを防ぐ

温風

断熱材

床下空間

蓄熱ユニット

●土間スラブに蓄熱させるシステム

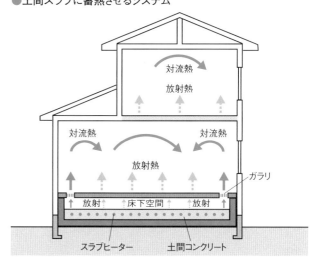

対流熱

放射熱

対流熱

対流熱

放射熱

放射

床下空間

放射

ガラリ

スラブヒーター

土間コンクリート

薪ストーブの種類

●放射式

蓄熱性の高さから、主に使われる素材は鋳鉄。火室の熱が直接外板に伝わり、遠赤外線効果で身体の芯から暖まる

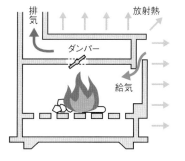

排気　放射熱
ダンパー
給気

●対流式

火室のまわりに空気層を設け、その外側に外板がある。火室と外板の間で暖められた空気が排気され、部屋を暖める

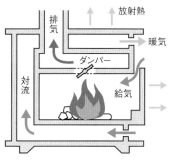

排気　放射熱
暖気
ダンパー
対流　給気

●暖炉式

火室を密閉する扉がなく、煙突が火室に直結されている。暖炉と同じく、常に酸素が供給されて燃焼状態になる

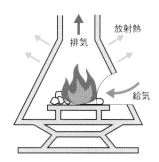

排気　放射熱
給気

二次燃焼の方式

二次燃焼とは、薪を燃やす際に発生する煙とそれに含まれるガスを再度燃やして、熱に変えるしくみ。環境問題へ対応するために開発された。

●非触媒方式（クリーンバーン）

火室を耐火レンガで覆い、二次燃焼用の空気を送り込むパイプを配置し、タールと空気を高温で混合して燃焼させる

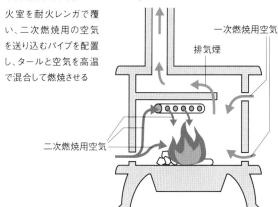

一次燃焼用空気
排気煙
二次燃焼用空気

●触媒方式

セラミックや金属でできた触媒を煙が通ったときに、煙に含まれるタールや一酸化炭素が二次燃焼し、煙がクリーンになる

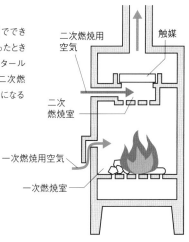

二次燃焼用空気　触媒
二次燃焼室
一次燃焼用空気
一次燃焼室

効率のよいストーブと煙突の位置

煙突は高いほど効果が上がるが、高すぎると掃除が大変になるので注意する

煙突の位置

●チムニー付き煙突

煙突の周囲に囲いを設置。寒冷地では煙突内部の排気が冷えず、煤も付きにくいので非常に有効

●壁出し煙突

効率はよくないが、施工が簡単なので、後から薪ストーブを設置するときによく用いられる

●屋根出し煙突

ストーブからまっすぐに煙突を出し、屋根を貫通させる。最も上昇気流が生じやすく、熱効率もよい

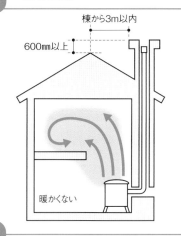

棟から3m以内
600mm以上
暖かくない

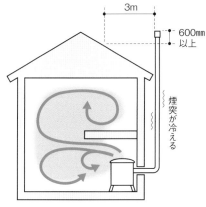

3m
600mm以上
煙突が冷える

煙突からも放射効果がある

ストーブの位置

吹抜け部に設置すると、暖気が室内を循環せず、階上に流れる

吹抜けを避けて設置すると、全体を暖気が循環しやすい

吹抜けに設置する場合は、反対側に空気が対流する開口を設けると、暖房の効果が高まる

設備計画を始める前に

給排水・給湯のキホン

換気・空調のキホン

電気・通信のキホン

事務所ビルに必要な設備

環境にやさしい省エネ設計

参考設備図と関連資料

Column

エアコンを上手に隠す

■ 上手に隠す3つのポイント

設備機器類は、できるだけ隠したいと考える意匠設計者は多い。

設備機器を隠すとき、寸法や位置の決め方にちょっとした気遣いがあるかないかが、十分な性能を得られるかに大きく影響してくる。

エアコンを化粧ガラリで上手に隠すポイントとして、次の3つを押さえておく。

①化粧ガラリの開口率を70％以上とする

②ショートサーキットを防ぐ

③メンテナンスのしやすさを考える

メーカーによっては、隠蔽型のヒートポンプユニットを空調用のガラリと組み合わせて使うものもある。建築主の要望や居室の条件に合わせ、うまく活用するとよい。

エアコンの上手な隠し方

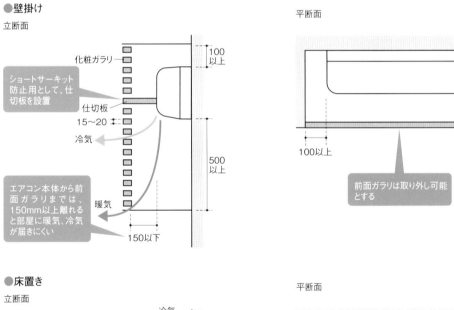

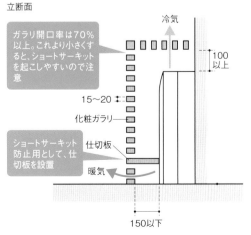

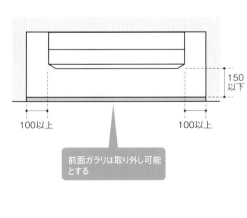

CHAPTER **4**

電気・通信のキホン

電気を引込むには

① 50kVA 未満が低圧引込み、50kVA 以上が高圧引込み
②単相３線式は 100V と 200V の使い分けが可能
③三相３線式は動力用

低圧引込みと高圧引込み

電気設備には「電力（強電）」と、電話やテレビ、光ケーブルなどの通信設備である「弱電」がある。

引込み方式には、契約容量が50kVA未満の低圧引込みと、50kVA以上の高圧引込みがある。ただし、50kVAを超えても低圧引込みが可能となる場合があるので、管轄の電力会社と早めに協議する。

低圧引込みは、電柱の上にある変圧器（トランス）で電圧を下げて敷地内に引込み、電力量計（メーター）を通って住戸内に導く。集合住宅では引込み盤で各住戸に電源が分けられる。

契約容量が25kVA以上の場合は、計器用変流器（CT）を設ける。また、引込み位置から分電盤まで7m以上の場合は、引込み直後に開閉器盤を設置する。

高圧引込みは、敷地内に引込んでからキュービクルや集合住宅用変圧器（パットマウント）などで低圧に下げ、幹線、分電盤へ配電する。受変電設備の設置は、屋内では換気設備や防火区画、メンテナンススペースなどに規制があるため、管轄の電力会社と協議して決める。

配電方式

引込まれた電気の配電方式には、単相３線式200／100Vと、三相３線式200V（動力）がある。

単相３線式は、２本の電圧線と１本の中性線を使い分けることで100Vと200Vの両方の電圧を利用できる。よって一般の住宅では単相３線式が主流で、100Vは照明やコンセント、200Vはエアコンや電磁調理器、食洗機などに使用される。また、回路を多くつくり、将来的に契約アンペアを大きくすることも可能である。

三相３線式は、主に大型空調機やポンプ、昇降機などの動力機器に使用される。計画段階で動力機器の要・不要を確認しておく。

日本の周波数

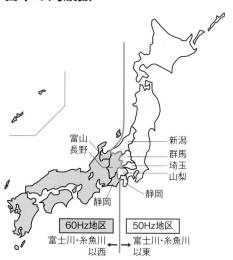

富山
長野
新潟
群馬
埼玉
山梨
静岡
静岡

60Hz地区	50Hz地区
富士川・糸魚川以西	富士川・糸魚川以東

電力と電圧と電流の関係

VA 電力 ＝ V 電圧 × A 電流

W 電力 ＝ V 電圧 × A 電流 × 力率（＊）

（＊）電力をどれだけ有効に使用できるかを示す数値

● 強電
動力（エネルギー）として利用される電気

● 弱電
通信・制御・情報に利用される電気

● 変圧器（トランス）
電磁誘導作用（電流・磁界・力が互いに影響し、コイルに電流を流す作用）により交流電圧を変換する機器

● 電力量計（メーター）
電力を積算し計量する電気計器

● 計器用変流器（CT）
高電圧や大電流を低電圧や小電流に変換する機器

● 分電盤
電気を安全に使用するために必要な漏電遮断器（漏電ブレーカー）や配線用遮断器（安全ブレーカー）を1つにまとめた箱

● 開閉器盤
マンションなどの建物に電源を供給するための分電盤で、ここから各住宅のホーム分電盤や、共用盤などへ振り分けを行っている。電灯回路だけでなく、動力回路も内蔵している場合が多い

● 中性線
単相3線式配線において、一次側電力と二次側電力の中間でアース（接地）してある線

低圧引込み

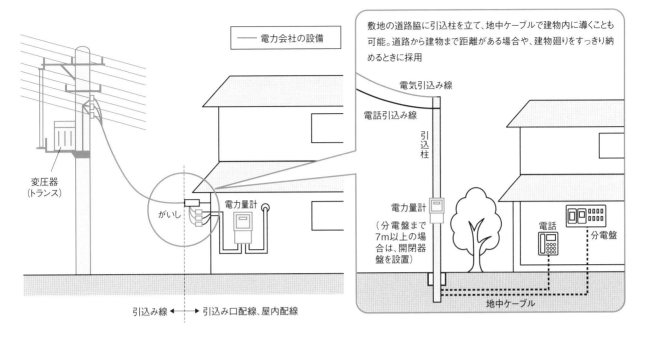

電力会社の設備

敷地の道路脇に引込柱を立て、地中ケーブルで建物内に導くことも可能。道路から建物まで距離がある場合や、建物廻りをすっきり納めるときに採用

電気引込み線

電話引込み線

引込柱

電力量計
（分電盤まで7m以上の場合は、開閉器盤を設置）

電話

分電盤

地中ケーブル

変圧器（トランス）

がいし

電力量計

引込み線 ←→ 引込み口配線、屋内配線

高圧引込み

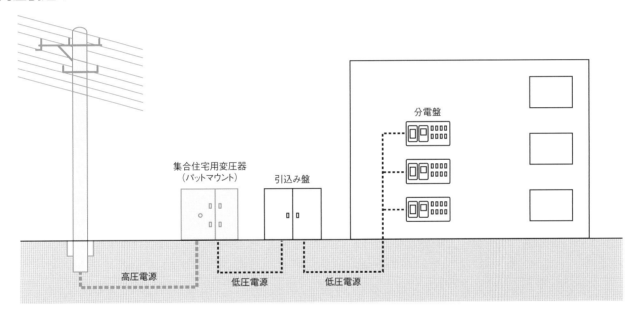

集合住宅用変圧器（パットマウント）

引込み盤

分電盤

高圧電源

低圧電源

低圧電源

単相3線式の配電方式

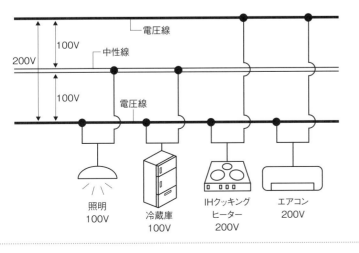

電圧線

100V

200V

中性線

100V

電圧線

照明
100V

冷蔵庫
100V

IHクッキングヒーター
200V

エアコン
200V

200Vは100Vに比べ、消費電力量は同じでも時間が短縮でき、配線や機器に流れる電流が1／2、損失が1／4と効率的

設備計画を始める前に

給排水・給湯のキホン

換気・空調のキホン

電気・通信のキホン

事務所ビルに必要な設備

環境にやさしい省エネ設計

参考設備図と関連資料

分電盤の役割と回路数

①消費電力が大きい機器を使用する場合は、専用回路とする
②スマートメーターの登場によってアンペアブレーカーは不要となる
③1回路で同時に使える目安は12〜15A

分電盤の大事な役割

分電盤にはアンペアブレーカー（電流制限器）や漏電遮断器、配線用遮断器（回路ブレーカー）が納めてあり、安全に電気が流れる見張り番の役割を担っている。

アンペアブレーカーは電力会社の所有物で、契約容量以上の電流が流れると自動的にスイッチが切れる（電力会社によって異なる）。

漏電遮断器は、万一漏電したときに、自動的に電気が切れる安全装置である。単相3線式では、中性線欠相保護機能付きのものを取り付け、100Vの機器に200Vの電圧がかからないようにする。配線用遮断器は、電気の各部屋への通り道（回路）を安全に保ち、特定の回路の電流が大きくなった場合は、この遮断器の1つが作動してその回路だけ電気を止める仕組みである。

回路数の目安

回路とは、分電盤から各部屋へ電気を流す配線のことで、通常は1部屋に1回路、もしくは複数の部屋で1回路、照明用回路などに分けられている。

一般的に1回路で同時に使える電気は12〜15A程度（1,200〜1,500W）が目安となっている。配線用遮断器は、通常20A定格のブレーカーが用いられるが、定格の80%に負荷を抑えている。エアコンや食器洗い乾燥機、電子レンジなどは1つの機器で消費電力量が1,000Wを超えるため、同時に2つを使うことができない。特に機器が集中するキッチンは、電子レンジに専用回路を1つ、そのほかの用途に1回路といった具合に複数の回路を設けるほうがよい。

また、200Vと100Vはそれぞれ別の回路が必要なので、IHクッキングヒーターなど200Vの機器を導入する場合は、それだけで1回路を使うことになる。回路数は部屋数や家族構成に応じて余裕をもたせて決定し、回路は予備として2〜3回路用意しておくと安心だ。

● 中性線欠相保護機能
中性線が何らかの原因で、切断したり溶断したりすると、軽負荷側の電圧線と中性線間の電圧が上昇し、100V機器に200V近い電圧がかかって焼損する恐れがある。これを防ぐため、過電圧を検出すると漏電遮断器を動作させ100V用電気製品に200Vの電圧が加わることを防止する機能

関連事項

● 単相3線式　中性線の重要性

近年、一般家庭の電気使用量は増えつづけ、高出力のルームエアコン、電熱利用の衣類乾燥機や床暖房、IH調理器、電気温水器など200Vの電気機器が設置されることが多くなった。これは、一般住宅向けに単相3線式が普及したためである。

単相3線式とは、単相交流電力を白、黒、赤の3本の電線を用いて供給する低圧配電方式で、中性線と呼ばれる白線は電柱上のトランス部分で対地アースされている。黒−白間で100V、赤−白間で100V、赤−黒間で200Vとなる。低容量の配電方式で従来の100Vに加え200Vを容易に取り出すことができるため、一般住宅用として普及した。ここで重要な役目を果たすのが、白色の中性線である。この中性線が何らかの原因で切断されると、黒−白間100Vの回路で使用していた電気機器に瞬間的に200Vの電圧がかかり、電気製品の破壊、ひどいときには火災に繋がる。現在の単相3線式の分電盤は、中性線欠相の時に自動的に回路を遮断する中性線保護機能付のものが出ている。中性線が欠相すると、100V側の回路を自動的に遮断する仕組みである。ところが、近年になっても中性線の欠相による事故が多発しているのは、電気工事士によらないで分電盤を取り付けて、大事な中性線をどこにも接続しないでそのままにしておいたことが原因だったりする。電気事故は一歩間違えると大きな火災に繋がる場合もあるので、充分気をつけたいところである。

分電盤の構成（単相3線式）

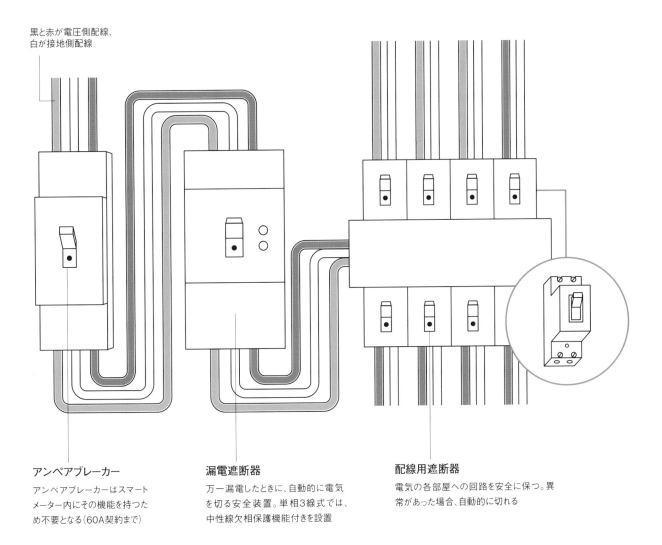

黒と赤が電圧側配線、
白が接地側配線

アンペアブレーカー

アンペアブレーカーはスマート
メーター内にその機能を持つた
め不要となる（60A契約まで）

漏電遮断器

万一漏電したときに、自動的に電気
を切る安全装置。単相3線式では、
中性線欠相保護機能付きを設置

配線用遮断器

電気の各部屋への回路を安全に保つ。異
常があった場合、自動的に切れる

回路数の目安

住宅面積[㎡]	一般回路			専用回路	合計
	コンセント回路		照明回路		
	キッチン	キッチン以外			
50（15坪）以下	2	2	1	a	5+a
70（20坪）以下	2	3	2	a	7+a
100（30坪）以下	2	4	2	a	8+a
130（40坪）以下	2	5	3	a	10+a
170（50坪）以下	2	7	4	a	13+a

設備計画を始める前に

給排水・給湯のキホン

換気・空調のキホン

電気・通信のキホン

事務所ビルに必要な設備

環境にやさしい省エネ設計

参考設備図と関連資料

分電盤の設置要領と多機能型分電盤

①設置する高さは1,800mm以下の高さが望ましい
②分電盤周囲と前面に100mm程度の施工スペースを確保する
③省エネルギー対応なら、ピークカット機能付きが有効

設置するときの注意点

分電盤の設置場所は、水気や湿気が少なく、ブレーカーを操作しやすい1,800mm以下の高さが望ましい。玄関付近や納戸内に設置することが一般的で、できるだけ停電時に操作しやすい場所を選ぶ。また、分電盤のサイズは、高さ325mmを目安とし、幅は回路数によって決まる。

設置の際は、分電盤を収納棚などに組み込み、普段目立たなくすることも多い。その場合、上下、左右、前面に100mm程度の施工スペースを確保する。カバー付きの分電盤は、カバーと収納の扉が干渉しないように納める。

また、分電盤の前面が収納物などでふさがれ、ブレーカー操作の妨げにならないよう、取り付け位置の奥行きを浅くするなどの工夫も必要だ。背面にはケーブルや配管が集中するので、奥行き100mm以上の配線スペースを見込み、ＲＣ壁に直付けする場合は、配管や裏ボックスによって躯体が構造欠損とならないように注意する。

多機能型分電盤

近年、さまざまな機能を搭載した多機能型の分電盤が開発されている。

ピークカット機能は、電気の使いすぎで、契約容量をオーバーしそうなとき、停止しても支障の少ない電気機器を自動的に停止させ、不意の停電を未然に防ぐことができる。同様の機能として、アラームによって使いすぎを知らせる装置は、既存の分電盤に取り付けが可能である。

ＩＨクッキングヒーター専用ブレーカーや電気温水器用ブレーカーを内蔵した、オール電化対応の分電盤もある。

このほか、電話やテレビなどの通信配線用機器をひとまとめにした、マルチメディア分電盤(弱電盤)、内蔵の感震装置で地震波を感知し、ブレーカーを強制的に遮断する分電盤、太陽光発電システムに対応しているもの、避雷器付きのものなどがある。

● 裏ボックス
コンセントが壁に埋め込まれている場合に、電源差込口の裏側で、電線と電源差込口とが繋がれる部分

● 構造欠損
構造物の断面が剥離・剥落などによって欠けること。設備機器などを壁に埋め込む場合にその割合が大きくなりすぎると、構造体の強度に影響を与える

● マルチメディア分電盤(弱電盤)
LAN配線・テレビ配線・電話配線・防犯設備などの情報通信機器や端子台を格納した分電盤

● 感震装置
地震による一定以上の揺れを感じると、自動的に電気回路を遮断する仕組み

分電盤の回路数と幅の目安

回路数	幅寸法[mm]
6以下	416
7〜10	450
11〜16	484
17〜20	518
21〜24	552

注 リミッタースペース(アンペアブレーカーを取り付け可能なスペース)付き分電盤の場合

分電盤の設置

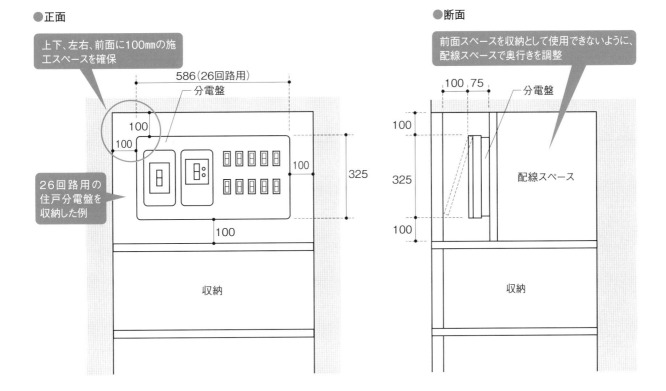

●正面

上下、左右、前面に100mmの施工スペースを確保

586（26回路用）

分電盤

100
100

100

325

100

26回路用の住戸分電盤を収納した例

収納

●断面

前面スペースを収納として使用できないように、配線スペースで奥行きを調整

100 75

分電盤

100

325

配線スペース

100

収納

設備計画を始める前に

給排水・給湯のキホン

換気・空調のキホン

電気・通信のキホン

事務所ビルに必要な設備

環境にやさしい省エネ設計

参考設備図と関連資料

ピークカット機能付き分電盤

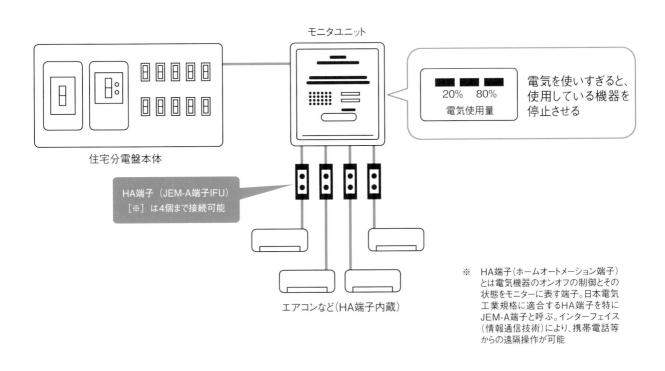

モニタユニット

20%　80%
電気使用量

電気を使いすぎると、使用している機器を停止させる

住宅分電盤本体

HA端子（JEM-A端子IFU）
［※］は4個まで接続可能

エアコンなど（HA端子内蔵）

※　HA端子（ホームオートメーション端子）とは電気機器のオンオフの制御とその状態をモニターに表す端子。日本電気工業規格に適合するHA端子を特にJEM-A端子と呼ぶ。インターフェイス（情報通信技術）により、携帯電話等からの遠隔操作が可能

コンセント配置計画のポイント

①居室には2畳当たりに1ヵ所、廊下には10〜15mごとに1ヵ所を目安に設置
②消費電力1,000W以上の機器は、専用回路とする
③アース付きの家電が増えることを考慮し、接地付きコンセントを採用

コンセント配置計画

分電盤から分岐した電気は、各部屋のコンセントへ供給される。コンセント6〜8個で1回路が目安となり、1回路で同時使用できる容量は1,200〜1,500W程度である。エアコン、電気衣類乾燥機、食器洗い乾燥機、キッチン・洗面所廻りのコンセントなどは、機器の消費電力が1,000W以上になることが多いので、コンセント1個で1回路(専用回路)とする。

計画時のポイントは、コンセントの用途を具体的に確認することである。消費電力が大きい家電製品を使用するコンセントはすべて専用回路とし、各居室、キッチン、洗面脱衣室には200V用コンセントを1カ所設けると望ましい。

また、コンセントの数は、居室には2畳当たりに2口以上が1カ所、廊下には10〜15mごとに1カ所を目安に設置する。部屋の用途、広さ、使用器具を調べ、将来の機器増も考慮して決定する。

アース(接地)

2005年に改訂された内線規程により、住宅用の配線器具について、接地付きのコンセントの敷設が強化された。この取り組みは、感電を防止する安全な電気保安に向けて歩み出したものであり、多くの家電製品は接地付きコンセントの形状となる。今後、家電機器用のコンセントを予定している箇所は、接地付きコンセントまたは接地極付きコンセントを採用する。

コンセントの種類

コンセントには、水廻りの家電製品に使う接地付き、屋外で使用する防水型のほか、壁が遠い場所やテーブルの下などに設置し、使用時に飛び出させて使用するフロア型、プラグを差込み、ひねると抜けなくなる抜止め式、コードにつまずいたとき外れやすいマグネット式などがある。使用する場所と目的に合わせて適したものを選ぶ。

● 内線規程
日本電気協会が制定しており、電気設備技術基準の解釈を更に具体化し、補完するもの。電気工作物の接地・許容電流・電圧降下や電気管・不平衡率・絶縁抵抗などの法令で規定できない細部を規定している

コンセント設置数の目安

回路容量	キッチン	ダイニング	個室・リビング				トイレ	玄関	洗面室	廊下
			7.5〜10㎡ (4.5〜6畳)	10〜13㎡ (6〜8畳)	13〜17㎡ (8〜10畳)	17〜20㎡ (10〜13畳)				
100V	6	4	3	4	5	6	2	1	2	1
200V	1	1	1	1	1	1	—	—	1	—

接地付コンセント

●接地付きコンセント（100V）

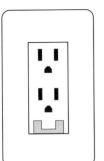

●接地極付きコンセント（200V）

100V用と200V用コンセントは誤使用を避けるため、差込口の形状が異なる

アースが必要な機器・箇所

- 洗濯機
- 食洗機
- 洗濯乾燥機
- エアコン
- 電子レンジ
- 温水洗浄式便座
- 冷蔵庫
- 電気温水器
- コンベック
- 給湯器
- 外部照明、外部コンセント　など

コンセントの種類

●フロア型コンセント

使うときだけ飛び出す

●防水型コンセント

庭やベランダなどで電気製品を使うときに便利

●抜止め式コンセント

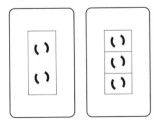

パソコンやAV機器などに有効

●マグネット式コンセント

高齢者がコードにつまずいたときなどに外れやすい

コンセントの高さ

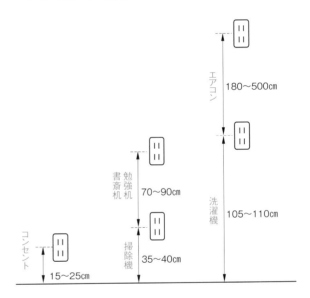

エアコン　180〜500cm

書斎机　勉強机　70〜90cm

掃除機　35〜40cm

洗濯機　105〜110cm

コンセント　15〜25cm

- コンセントの高さは、床面から15cm程度が基本
- 使用機器が一定の場合は、操作しやすい場所に設ける
- しゃがみながらの作業が困難な高齢者には、高めの設置も検討

設備計画を始める前に

給排水・給湯のキホン

換気・空調のキホン

電気・通信のキホン

事務所ビルに必要な設備

環境にやさしい省エネ設計

参考設備図と関連資料

オール電化住宅

①火気を使用しないので、クリーンな室内空間が保てる
②ヒートポンプ熱源機器を使うことで、環境負荷を軽減
③夜間の割安な電気を使うことで、ランニングコストを軽減

オール電化住宅とは

すべてのエネルギーを電気でまかなう住宅のことをオール電化住宅という。以前と比べてイニシャルコストが抑えられ、近年では、キッチンにIHクッキングヒーターを、給湯に高効率ヒートポンプ給湯機のエコキュートを導入するという組み合わせで、オール電化住宅が定着しつつある。

冷暖房では、高効率エアコンのほか、ヒートポンプ式床暖房や電気式蓄熱暖房機など、オール電化住宅向けの暖房機器を選ぶこともできる。これらは、燃焼による室内への水蒸気やCO_2の排出が少ないため、室内の空気をクリーンに保つ。

暖房と給湯にヒートポンプ

家庭で消費されるエネルギー量のうち、暖房と給湯が全体の半分以上を占めている。これらの消費量をどれだけ減らせるかが、住宅の環境対策ともいえる。オール電化住宅は、暖房と給湯にヒートポンプが使われており、使用する電気エネルギーの約3〜6倍の熱をつくり出すため、一般住宅と比べて消費エネルギー量が削減される。

お得な電力料金プランで契約

2016年（平成28年）4月1日より、一般住宅等でも**電力自由化**により、契約する電力会社や料金メニューを自由に選べるようになった。いろいろな会社が、独自の料金プランを用意しているため、十分に検討したうえで、導入する設備機器やそれぞれのライフスタイルに合った契約を選択することにより、よりランニングコストメリットが大きくなる。

また、建物自体も、断熱性を**HEAT20（断熱等級6）**レベルまで高めたり、自然光を取り込み、昼光を利用したりすることによって、より冷暖房の効率を上げ、経済的な効率の良い住宅となる。

● ヒートポンプ
二酸化炭素などの冷媒を圧縮・膨張させ、取り込んだ大気を加熱・冷却する仕組み

● エコキュート
ヒートポンプ技術を利用し空気の熱で湯を沸かすことができる電気給湯機のうち、冷媒として二酸化炭素を使用している機種の総称

● 高効率エアコン
COP（エネルギー消費効率）やAPF（通年エネルギー消費効率）などのエネルギー効率が高いエアコン

● 電気式蓄熱暖房機
割安な夜間電力を利用して、暖房に必要な熱量を蓄熱し、輻射熱により室内をムラなく暖めることができる暖房器具

● 季節別時間帯別電灯
電気料金の課金の仕組みを、季節ごと時間帯ごとに設定した料金プラン

● 次世代省エネルギー基準
平成11年3月に改正された住宅の暖冷房エネルギーに関する省エネ性について示し、断熱・気密・日射遮蔽などを定めた基準。熱損失係数や断熱性能基準の強化が図られ、地域の気候条件の特性や省エネ措置の手法を公平に評価するなどの合理化を図ったもの

関連事項

● **電気契約**
電気を利用するにあたり、電気事業法にもとづき電気供給会社と利用者が取り交わす契約。利用条件や料金は「電気供給約款」による。

● **電気料金体系**
電気料金が課金される仕組み。
基本的に、電気料金は基本料金に使用した電力量に応じて課金される電力使用量料金が加算され、さらに燃料価格の変動に応じた燃料費調整額と消費税を合算した額であるが、契約内容、また電気供給会社ごとに、基本料金、使用量単価は変わってくる。
携帯電話の料金メニューのように、電気供給会社はそれぞれ契約（料金）メニューをそろえており、夜間に安くなるタイプのものや、時間帯ごとや季節ごとに使用量単価が変わるタイプのものがあり、利用者は自分の生活スタイルや、電気の利用状況にあった契約を選ぶことができる。

オール電化住宅の設備

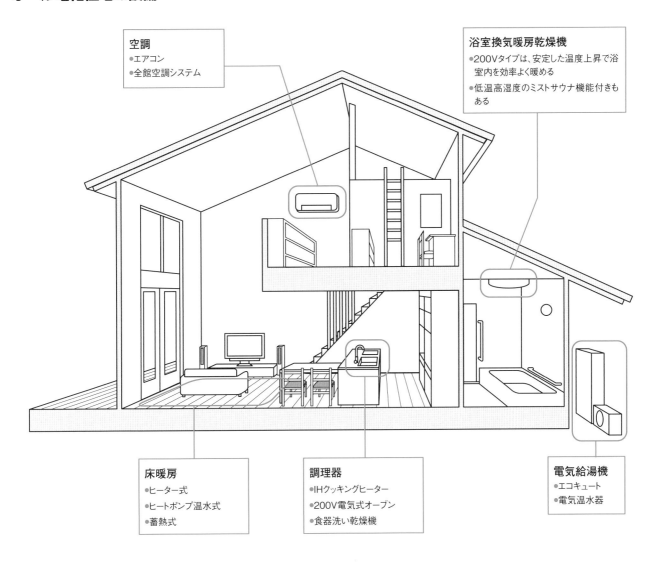

空調
- エアコン
- 全館空調システム

浴室換気暖房乾燥機
- 200Vタイプは、安定した温度上昇で浴室内を効率よく暖める
- 低温高湿度のミストサウナ機能付きもある

床暖房
- ヒーター式
- ヒートポンプ温水式
- 蓄熱式

調理器
- IHクッキングヒーター
- 200V電気式オーブン
- 食器洗い乾燥機

電気給湯機
- エコキュート
- 電気温水器

オール電化住宅の配線例（単相3線式）

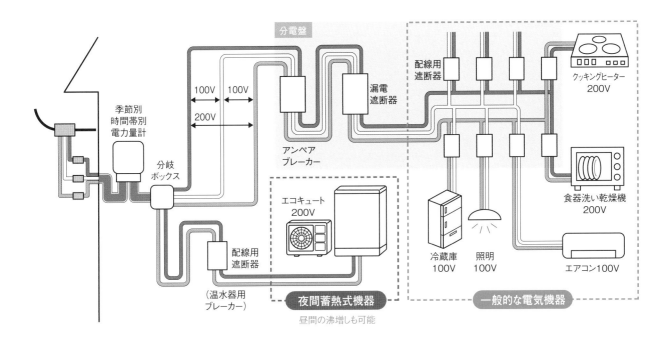

分電盤

季節別時間帯別電力量計

分岐ボックス

100V 100V
200V

漏電遮断器

アンペアブレーカー

配線用遮断器

エコキュート 200V

（温水器用ブレーカー）

夜間蓄熱式機器
昼間の沸増しも可能

配線用遮断器

クッキングヒーター 200V

食器洗い乾燥機 200V

冷蔵庫 100V

照明 100V

エアコン100V

一般的な電気機器

設備計画を始める前に

給排水・給湯のキホン

換気・空調のキホン

電気・通信のキホン

事務所ビルに必要な設備

環境にやさしい省エネ設計

参考設備図と関連資料

あかりの基礎知識

①白熱灯は、原則2012年を目処に製造中止
②蛍光灯は、色温度によってあかりの色に違いがある
③LED照明は低消費電力・長寿命・演色性に優れる

光源の種類とあかりの特徴

●白熱灯

　赤みを帯びた、柔らかく温かみのある光色で、昼光での見え方に近い。瞬時に点灯し、調光が容易にできるなどの特徴があり、頻繁に点灯・消灯する部屋に向いている。しかし電力消費が多いため、地球温暖化対策の一環として、経済産業省により2012年を目処に、原則製造を中止とする方針が立てられた。

●蛍光灯

　色温度によって、昼光色(青白い光色)、昼白色(白っぽい光色)、電球色(やや赤みを帯びた光色)などの種類がある。広い範囲を明るく均一に照らすことができ、白熱灯に比べて電球の寿命が長く、消費電力も少ない。ちらつく、点灯までに時間がかかる、調光ができないなどの欠点も、高周波安定器(インバータ)照明によって解消された。専用のHfランプと併用することにより、高い省エネルギー効果がある。

●LED(発光ダイオード)

　半導体技術を応用し、電圧を加えることで発光する半導体素子(LED)が、低消費電力、長寿命の照明として実用化されている。

　蛍光灯と比べて消費電力は約1／2となり、通常使用で約40,000時間の寿命である。設置の際は、従来の器具向けにE26・E17の口金タイプがあるほか、点や線、面など多彩な形状があり、演色性に優れ、建材に埋込むこともできる。最近の技術革新により、従来からのまぶしさ、ちらつきなどの欠点もほとんどなくなった。

生活に必要な明るさ

　生活に必要な照明器具の明るさは、蛍光灯で1畳当たり約10～15W、白熱灯で1畳当たり約30～40Wが目安となる。ただし、このワット数は光源の消費電力を表したもので、実際の明るさとは異なる。必要照度のみならず、空間全体の「明るさ感」を工夫して照明計画することも大切である。

> **Hfランプ**
> 高周波安定器と組み合わせることにより、始動性や放電不安定を解決し、従来形の蛍光灯より高効率な省エネルギー化を実現した高周波蛍光灯

> **E26・E17の口金タイプ**
> 口金は、ランプをソケットにはめ込んで、電流に接続する部分のこと。使用するランプによって様々な形状のものがあり、ねじ込み形のものをEと表し、26・17はそれぞれその直径(㎜)を表す

> **必要照度**
> 空間別・作業別によって必要とされる明るさ

白熱灯、蛍光灯、LED電球の構造

●白熱灯

クリアやホワイトタイプ、球自体に反射光が装着されたレフ球、寿命・効率をよくし、小型化したハロゲン電球などもある

●蛍光灯

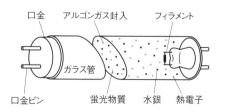

安定器、点灯管が必要なスタータ式(FL、FCL)、即時点灯が可能な磁気漏れ変圧器で始動するラピッドスタート式(FLR)、インバータ回路で始動するインバータ式がある

●LED電球

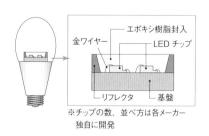

※チップの数、並べ方は各メーカー独自に開発

LEDチップが発光する。LEDチップは、P型半導体とN型半導体で構成される

照明の基本用語

照度 [lx：ルクスまたはlm／㎡]	光に照らされる面の明るさ。面に入射する光束のこと
光束 [lm：ルーメン]	光源から発せられる光の量。光の基本単位
光度 [cd：カンデラまたはlm／sr]	光源のもつ光の強さの程度。点光源からの光が空間を通過する場合、空間の大小により光束の密度が異なる
輝度 [cd／㎡]	輝きの度合い。光源面をある角度から見た場合の明るさ
色温度 [K：ケルビン]	光源の色。色温度が高くなるにつれ、赤→黄→白→青と変化する
演色性	物体の色の見え方を決める光源の性質。昼間の自然光（昼光）での見え方に近いほど、演色性がよいとされる
グレア	まぶしさ。見ようとする対象が見えにくくなったり、不快感を与える現象のこと
ランプ効率 [lm／W]	ランプの全光束と消費電力の比。発光効率ともいう。照明機器が一定のエネルギーでどれだけ明るくできるかを表す
光束発散度 [lm／㎡]	単位面積当たりの発散光束。面に入射した光は吸収、反射、透過する。実際に見える明るさは反射する光の量で決まる
均等拡散面	すべての方向からの輝度が同じとなる、理想的な面
照度分布	一度に作業面で測定し、照明による明るさの広がりを求めるもの
配光	光源が放つ空間への光の分布
寿命	一般的に光束が初期の70%程度に減衰する時間で表される

●同じ明るさに対するワット数比較

蛍光灯	白熱灯
9W	40W相当
13W	60W相当
18W	80W相当
27W	100W相当

照度の目安

照度 [lx]	居間	書斎・子供室	和室・座敷	ダイニングキッチン	寝室	浴室・脱衣室	トイレ	廊下・階段	納戸・物置	玄関（内部）	エントランス（外部）	車庫	庭
2,000 1,500 1,000	手芸 裁縫												
750	読書 化粧 電話	勉強 読書			読書 化粧					鍵			
500				食卓 調理台 流し台		ひげそり 化粧 洗面				靴脱ぎ 飾り棚		掃除 点検	
300 200	団らん 娯楽	遊び	床の間										
						洗濯							
150 100		全般				全般				全般			パーティ 食事
75 50	全般		全般	全般			全般	全般	全般	表札 郵便受け インターホン		全般	テラス 全般
30 20					全般								
10 5 2											通路		通路
1					深夜		深夜	深夜			防犯		防犯

出展：JIS Z 9110-1979より抜粋

設備計画を始める前に

給排水・給湯のキホン

換気・空調のキホン

電気・通信のキホン

事務所ビルに必要な設備

環境にやさしい省エネ設計

参考設備図と関連資料

空間を演出する照明計画

①補助照明や間接照明を取り入れて空間を演出する
②明るさは内装仕上材の色や質感によっても影響される
③空間をどのように見せたいかにより、効果的な間接照明を取り入れる

空間全体のあかり

一般的に住宅の照明は、天井に主照明を1灯だけ取り付けることが多い。しかし単一の光では、単調でどこか貧相な印象になるため、全体を明るくする主照明と、部屋の雰囲気を演出する補助照明(スタンドライト、スポットライト、ブラケット照明など)や間接照明を組み合わせるとよい。

また、スイッチによる調光やシーン記憶調光器によって照明の明るさを変化させる演出方法もある。照明による見た目の明るさは、ランプの明るさによって決まるのではなく、光を反射する床、壁、天井の仕上材の色や質感に影響される。特に白色系の仕上げは反射率が高く、明るさを重視する場合には適している。

間接照明の手法

空間をどのように見せたいかによって、効果的な間接照明の手法を取り入れる。

関連事項

● 適光適所

光の明るさを示す単位は「全光束(ルーメン)」「光度(カンデラ)」「照度(ルクス)」など、さまざまな単位がある。一般的に照明によく用いるのは「照度(ルクス)」で、単位面積当たりに照射する光の量を意味する。

また、LED電球などのカタログで表記されている全光束(ルーメン)は光源からある方向に放射されたすべての光の明るさを表す心理的な物理量である。

「明るさ」と一言で言っても、いろいろな表現方法があるわけである。しかしながら、「明るさ」というものは人の心理的な感覚によるところが大きく、同じ照度で照られた物体でも、明るく見えたり、暗く見えたりする。それを「明るさ感」といい、色温度や光源の演色性で表現する。

色温度はランプ(白色光源)の色を物理的な数字で表したもので、色温度が高いと青白く見え、低いと赤みがかった色

●コーブ照明 天井面への光を照射する間接照明の一種。天井面に柔らかな光を拡散させる。天井が高い場合や、天井高が急に変化する場所に使用すると、高さがより強調される。上部からの視線を考慮する場合はカバーを設置する。

●バランス照明 天井、壁面、カーテンなどへの間接照明の一種。窓の上などに取り付け、上下両方を照らす。天井との間隔が25㎝以内のときは輝度が高くなりすぎるので上部にふたをする。

●コーニス照明 壁への間接照明の一種。壁面の上部から下へ光を照射させる。下からランプが見えやすい場合は、透光性のある素材で目隠しするとよい。光源が直接見えないよう遮光板はランプ高さと合わせる。内側に光板を取り付けると明るさが得られる。

間接照明では、照明ボックスをカーテンボックスと兼用したり、内装材と一体化させ、光の拡散を調整することで一体感のある空間演出ができる。

に見える。演色性は照明があたることでどれだけ自然光に近い見え方なのかを示す指標で、自然光で見た場合を100として数値が近いほど演色性がよいとされる。

照明は明るければよい、というものではなく、照らす目的や見せ方、また人の視覚や生活にあった明るさを作ることが大切である。例えば、同じ照度であっても昼光色の蛍光灯(色温度6500K)よりも電球色(色温度3000K)で照らされた空間のほうが、ゆったりとした気分になれたり、気持ちが休まったりする。日中のオフィスや店舗などの明るさの中で多くの時間を過ごしたあとは、住宅の中にちょっとした「暗がり」の部分をつくることで、目の疲れやストレスから開放されたりする。「場所と目的にあった明かり」が快適な空間をつくるといえる。

主照明
部屋全体を均一に照らす照明。または照明器具

補助照明
作業に必要な明るさを得たり、室内を演出したりする役割を担う照明

シーン記憶調光器
点灯パターンを記憶して、簡単なスイッチ操作だけで照明シーンを再生させることができる機器

反射率
物体表面に入射した光に対する反射する光の割合

透光性のある素材
光が透過する性質を有した素材。ガラスやポリカーボネイトなど

照明ボックス
光源を露出させないで明かりを得る手法(間接照明)や、電気製品に組み込まれている照明を収納している箱

カーテンボックス
カーテンレールやブラインドの上部を隠すため、取り付ける箱状のもの、または天井部分を凹ませた部分

間接照明の種類

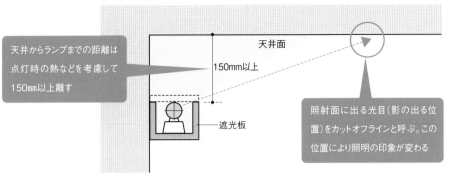

●コーブ照明

天井面

150mm以上

天井からランプまでの距離は点灯時の熱などを考慮して150mm以上離す

遮光板

照射面に出る光目(影の出る位置)をカットオフラインと呼ぶ。この位置により照明の印象が変わる

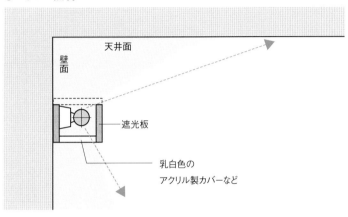

●バランス照明

天井面

壁面

遮光板

乳白色の
アクリル製カバーなど

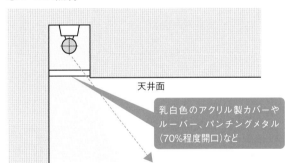

●コーニス照明

天井面

乳白色のアクリル製カバーやルーバー、パンチングメタル(70%程度開口)など

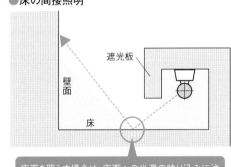

●床の間接照明

遮光板

壁面

床

床面を照らす場合は、床面への光源の映り込みに注意。床面は淡色系の艶消し仕上げとするなど、映り込みにくい仕様が望ましい

蛍光灯の光を連続させる方法

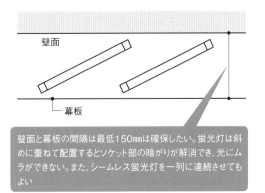

壁面

幕板

壁面と幕板の間隔は最低150mmは確保したい。蛍光灯は斜めに重ねて配置するとソケット部の暗がりが解消でき、光にムラができない。また、シームレス蛍光灯を一列に連続させてもよい

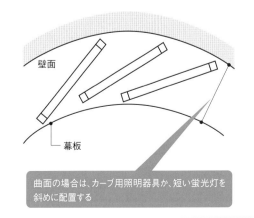

壁面

幕板

曲面の場合は、カーブ用照明器具か、短い蛍光灯を斜めに配置する

設備計画を始める前に

給排水・給湯のキホン

換気・空調のキホン

電気・通信のキホン

事務所ビルに必要な設備

環境にやさしい省エネ設計

参考設備図と関連資料

テレビ共聴と地上デジタル放送

①地上波は2011年7月にアナログからデジタルへ移行
②地上デジタルを受信するには専用のチューナー（内蔵テレビ）が必要
③地上デジタルテレビ放送は受信障害に強い方式

テレビの受信方法

現在、テレビ放送を見るには、地上の電波塔からの地上波をアンテナで受けて見る方法、放送局から衛星を介して衛星放送用アンテナで見る方法(衛星放送)、建物にTVケーブルを引込んで見る方法(ケーブルテレビ：CATV)、これと同様に光ケーブルを引込んで見る方法などがある。

地上波はVHF・UHFアンテナにより、また、衛星放送はCS・110°CS・BSアンテナにより受信する。アンテナは衛星の方向へ向けて設置する。110°CSとBSのアンテナは共有できるが、CSは単独のアンテナが必要となる。

地上デジタル放送の開始

地上波は、従来の**アナログ放送**が2011年7月24日に終了し、**デジタル放送**に完全移行する。地上デジタル放送は、UHF帯の電波を使って放送され、高画質・高音質、双方向

機能、データ放送、携帯電話向けの**ワンセグ放送**など付加価値が高まる。

地上デジタル放送の受信方法

戸建住宅で地上デジタル放送を受信するには、地上デジタル放送用のチューナー内蔵テレビや、別置チューナーが必要となる。アンテナは、現在UHFアンテナが設置されていない建物は新たに設置する。すでに設置され、地上デジタル放送と現行のアナログ放送で受信方向が同じ場合は、そのままで受信が可能。受信方向が違う場合は、新たにUHFアンテナを増設する。また、現在ブースター（増幅器）を使用している場合は、再調整を行うか、地上デジタル放送対応のものに交換する。

地上デジタルテレビ放送は受信障害に強い方式を採用しているため、都市部の受信障害は大幅に改善されることが見込まれている。詳細は、家電販売店や**総務省地上デジタルテレビジョン放送受信相談センター**に問い合わせるとよい。

ブースター（増幅器）
アンテナで受信した電波を増幅する機器。アンテナで受信した信号レベルは混合器や分配器を通過した場合や、配線ケーブルの長さによって減衰(信号レベルが下がる)する

受信障害
建造物や空港を離着陸する航空機などにより直接的に電波が遮られたり電波が散乱（又は乱反射）して、受信電波が乱れること

関連事項

● **アナログ放送**

連続的に変化する信号をそのまま電波に乗せて送る放送。VHF，UHFと呼ばれる周波数帯を使って受信する。2011年7月に放送終了。

● **デジタル放送**

信号を数値化して送る放送。UHFの周波数帯のうち470MHzから770MHzの周波数がテレビ放送に使われる。1つの放送局では、周波数を1つだけ使っても良いことになっているので、複数の放送局が同時に電波を出すことができるが、同じ周波数は同時に使うことができない。近年、放送局や携帯電話の数が増え、使う周波数も増えたことにより、既に周波数が足りなくなってきていることへの対策としてアナログ放送から、デジタル放送への移行が決まった。アナログ放送では12MHzおきに周波数を使っていたのに対し、デジタル放送では、信号は圧縮して送られるので、

6MHzおきに使え、同じ周波数帯を密に使うことで、使える周波数が増える。

● **ワンセグ放送**

1つの放送波は13に分けて使用することができ、地上デジタル波1チャンネルを13の区画(セグメント)に分けて使用している。ハイビジョン画質(HDTV)の映像には12セグメントが必要なので、1つの放送波のほとんどのセグメントを使用し、DVD相当の標準画質(SDTV)では4セグメントを使用する。携帯画質では1セグメントを使用することから、ワン(One)セグ放送といわれる。

● **総務省地上デジタルテレビジョン放送受信相談センター**

テレビを視聴している住民のデジタル化に関する相談や支援等に対応するために各自治体に創設された拠点

テレビ共聴の種別

種　別		要　点
地上波	VHF	1～12ch地上波
	UHF	13～62ch地上波。地上波のUHF帯などを使用。2011年7月25日以降地上デジタル放送に移行予定
衛星放送	BS	NHKBS1、NHKBSP、WOWOW、ハイビジョンch、BS日テレ、BS-i、BS-FUJI、BS朝日など
	110°CS	e2byスカパー！110°CS（約70ch）
	CS	スカパー！（約290ch）
有線放送	ケーブルテレビ（CATV）	全国各地域のCATV会社
	光ケーブル	スカパー！光（約280ch）、ひかりTV

アンテナ設置の留意点

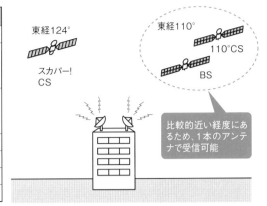

受信の仕組み

●地上デジタル放送

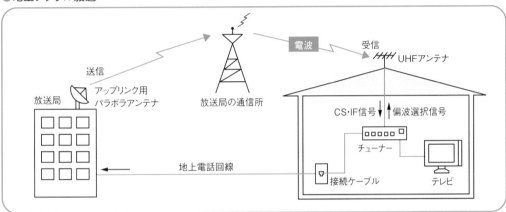

●CS

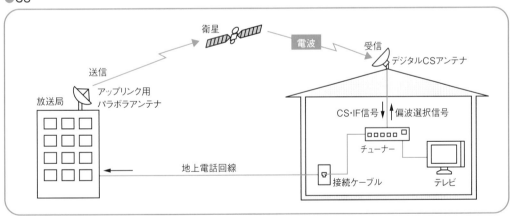

●CATV

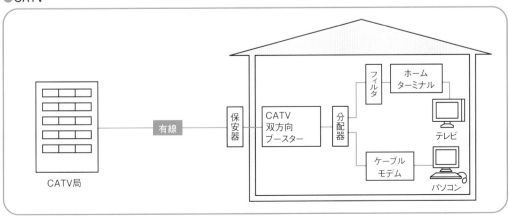

設備計画を始める前に

給排水・給湯のキホン

換気・空調のキホン

電気・通信のキホン

事務所ビルに必要な設備

環境にやさしい省エネ設計

参考設備図と関連資料

宅内LANの構築とホームオートメーション

①速度、安全性、セキュリティなど性能的には有線LANが優れる
②弱電盤を利用して、施工上のミスをなくす
③ホームオートメーションの異常は、警備会社ではなく、住まい手が対応する

宅内LANとは

　LANとはLocal Area Networkの頭文字で、複数のパソコンやプリンタなどの機器を接続するためのネットワークのこと。LANを住戸内で構築することを「宅内LAN」と呼ぶ。

　構築する方法はさまざまだが、基本的には引込み位置からLANにつなぐ機器を設置する部屋まで、モデムとルーター、ハブを通して、LANケーブルを配線していく。

　接続方法には、有線LAN、無線LANのほか、最近は電力線をLANケーブルとして利用するPLC（電力線通信）がある。この方式では、PLCモデムを電気コンセントに差し込むだけで手軽に利用できるが、漏洩電磁波や電気ノイズの発生によって、ほかの機器に影響を与えるおそれがある。

弱電盤の仕組み

　弱電盤（情報分電盤）は、LAN端子台やハブ、テレビを視聴するためのブースター、電話端子台などを1つにまとめたユニットで、個別に取り付けも可能だが、あらかじめユニット化されていれば、複雑な配線や施工上のミスも少なく、見た目もすっきりと美しく納まる。

　また、各部屋には用途に応じてマルチメディアコンセントを取り付け、パソコンやテレビ、電話をコンセントとつなげばインターネットと接続できる。

ホームオートメーション

　ホームオートメーションは、宅内LANと外部サーバーの連携によって、住戸内の家電機器の管理や遠隔操作などを行うシステムであり、セキュリティ機能として、外出先からの施錠操作、各警報器からの異常発信を受けることができる。

　また、便利機能として家電機器の遠隔操作ができる。例えば帰宅前に床暖房の電源を入れておくことなどが可能である。

モデム
コンピュータから送られてくるデジタルデータを音声信号に変換して電話回線に流したり、電話回線を通じて聞こえてくる音声信号をデジタルデータに変換したりするデータ通信端末機器

ルーター
ネットワーク上を流れるデータを他のネットワークに中継する機器

ハブ
複数のネットワーク機器をケーブルで接続する際の中継を行う装置

PLC（電力線通信）
電力を送るだけに使われていた電気配線に、情報信号を載せて送る通信技術

LAN端子台
機械本体の通電を維持しながらLAN端子を固定しておく部品

マルチメディアコンセント
テレビ・電話・FAX・ネットワーク用の端子差込口を1つにまとめたもの

配電盤の仕組み

配管
スイッチングハブ
電話端子台（スター配線端子台）
LAN端子台
電源コンセント
2衛星用デジタルCS信号切り替え器
VHF、UHF、BS、110°CSブースターまたは双方向用CATV、BS、110°CSブースター

マルチメディアコンセント

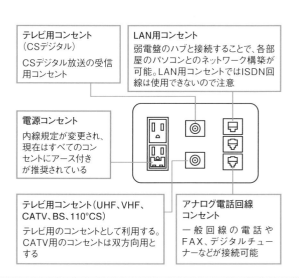

テレビ用コンセント（CSデジタル）
CSデジタル放送の受信用コンセント

LAN用コンセント
弱電盤のハブと接続することで、各部屋のパソコンとのネットワーク構築が可能。LAN用コンセントではISDN回線は使用できないので注意

電源コンセント
内線規定が変更され、現在はすべてのコンセントにアース付きが推奨されている

テレビ用コンセント（UHF、VHF、CATV、BS、110°CS）
テレビ用のコンセントとして利用する。CATV用のコンセントは双方向用とする

アナログ電話回線コンセント
一般回線の電話やFAX、デジタルチューナーなどが接続可能

宅内LANの仕組み

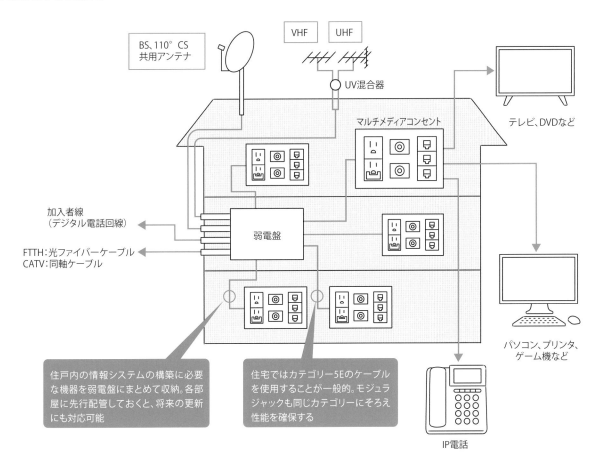

VHF UHF

BS、110° CS
共用アンテナ

UV混合器

マルチメディアコンセント

テレビ、DVDなど

加入者線
（デジタル電話回線）

FTTH：光ファイバーケーブル
CATV：同軸ケーブル

弱電盤

住戸内の情報システムの構築に必要な機器を弱電盤にまとめて収納。各部屋に先行配管しておくと、将来の更新にも対応可能

住宅ではカテゴリー5Eのケーブルを使用することが一般的。モジュラジャックも同じカテゴリーにそろえ性能を確保する

パソコン、プリンタ、ゲーム機など

IP電話

オートメーションシステムの仕組み

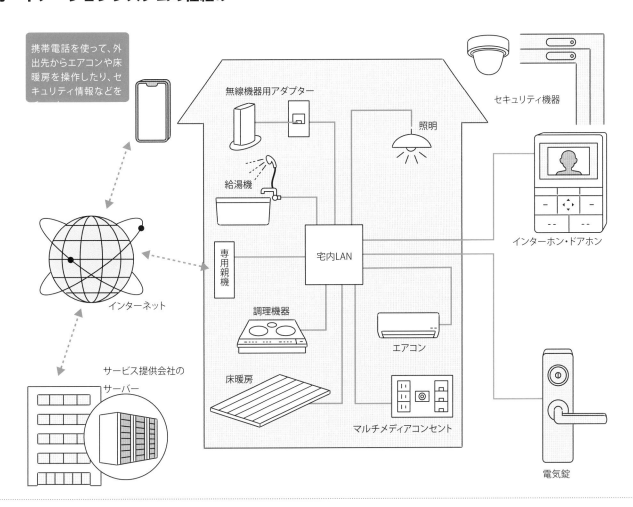

携帯電話を使って、外出先からエアコンや床暖房を操作したり、セキュリティ情報などを

無線機器用アダプター

照明

セキュリティ機器

給湯機

インターネット

専用親機

宅内LAN

インターホン・ドアホン

調理機器

エアコン

サービス提供会社のサーバー

床暖房

マルチメディアコンセント

電気錠

設備計画を始める前に

給排水・給湯のキホン

換気・空調のキホン

電気・通信のキホン

事務所ビルに必要な設備

環境にやさしい省エネ設計

参考設備図と関連資料

インターホンとセキュリティ

①火災警報器、異常通報などセキュリティ機能とインターホンとの連動が可能
②インターホンと電気錠の連携は、可否をメーカーに確認する
③ホームセキュリティ導入時は、センサー類の先行配管を行う

インターホンの機能

インターホンは、玄関外に取り付ける呼出用の玄関子機と、室内側に取り付ける親機で構成される。親機はリビングダイニングなど、常に人がいる部屋に設置し、増設することもできる。

設置の際は、操作しやすい位置に取り付け、カメラ付き玄関子機の場合は、逆光になる場所を避ける。子機に映った映像は親機のモニターで確認できる。その他、画面で操作するタッチパネル式モニター機能、来客者とのやりとりを録音・録画できる機能、家族同士の伝言メモを録音できる機能などがある。

通話方法には、ボタンを押して手放しで通話するハンズフリータイプや、持ち運びができるワイヤレスタイプ、従来からの受話器タイプなどがある。

また、オプションとして、住宅用火災警報器と連動して警報音を鳴らせる機能や、ガス漏れ検知器と連動した警報発信、玄関扉・門扉の電気錠の開閉など、セキュリティ面での多機能化が進んでいる。なお、電気錠と連携させる際は、連動の可否をメーカーに確認する。

ホームセキュリティ（機械警備）

日本人の防犯に対する意識は年々向上しており、特に近年では自宅を泥棒などから守る「ホームセキュリティ」への関心が高まっている。

ホームセキュリティは、一般的には警備会社によって住宅内外に防犯、火災・ガス漏れ監視、緊急通報ボタンなど、さまざまなセンサーが設置される。取り付けたセンサーが異常を感知すると、すぐに警備会社のコントロールセンターに異常信号が送られる。コントロールセンターでは、住宅に状況確認の電話を入れると同時に、緊急対処員が現場に駆けつけ、適切に対処する仕組みだ。

新築時に導入する際は、有線となるセンサー類の配線が露出とならないように、先行配管することが重要である。

> ● ガス漏れ検知器
> 漏れた燃料用ガスや、不完全燃焼によって生じた一酸化炭素(CO)を検知する機器

電気錠の種類

●暗証番号式

最も一般的な電気錠。4〜12桁程度の暗証番号を設定でき、鍵やICカードとも併用できる。数字の配列が変わり、解錠番号が判読しにくいタイプもある

●ICカード式

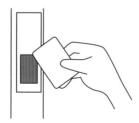

ICカードを近づけるだけで開錠可能な非接触タイプ。専用のICカード以外のカードを登録できるタイプもある

●ICタグ式

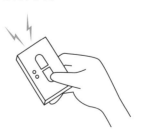

ICタグを近づけるだけで解錠できる。リモコンタイプもある

●生体認証式

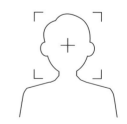

指紋認証、光彩認証、顔認証（輪郭や口元の動きなどで識別）などがある。利用者の生体情報を登録するため、居住者が変わる賃貸住宅には向かない

インターホンの仕組み

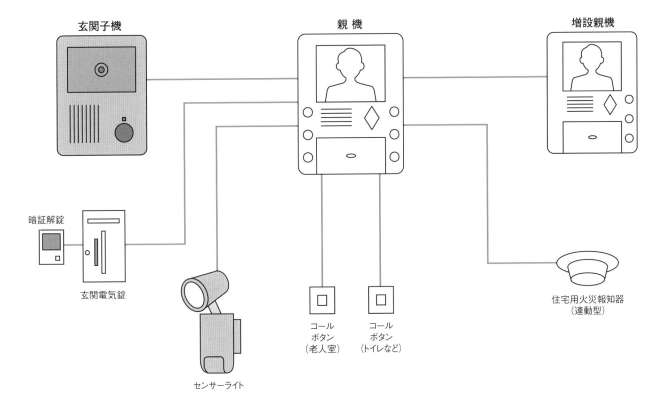

玄関子機 親 機 増設親機

暗証解錠
玄関電気錠
センサーライト

コール
ボタン
（老人室）

コール
ボタン
（トイレなど）

住宅用火災報知器
（連動型）

カメラ付き玄関子機の取り付け位置

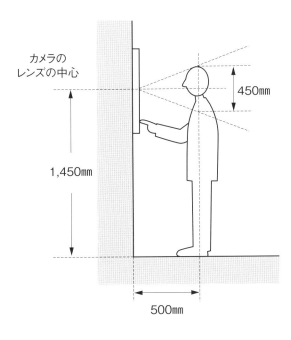

カメラの
レンズの中心

450mm

1,450mm

500mm

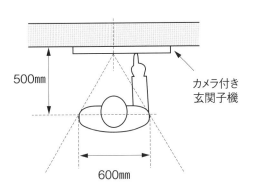

500mm

カメラ付き
玄関子機

600mm

操作のしやすさと、カメラで映せる範囲を考慮して
取り付ける

設備計画を始める前に

給排水・給湯のキホン

換気・空調のキホン

電気・通信のキホン

事務所ビルに必要な設備

環境にやさしい省エネ設計

参考設備図と関連資料

ホームエレベーター

①一住戸内専用で使用することが原則
②規模によって、竪穴区画が必要
③エレベーター用の確認申請（設備）と完了検査が必要

ホームエレベーターの基本条件

ホームエレベーターは、戸建住宅に設置する2～3人乗りの家庭用エレベーターのことで、高齢化、バリアフリー対策などに利用される。

エレベーターの走行する最下階床から最上階床までの昇降行程10m以下、昇降速度30m／分以下、積載荷重200kg以下、内部床面積1.1㎡以下という規制があり、業務用と区別される。店舗など併用住宅への設置も可能だが、一住戸内で使用することが原則なので、不特定の人が利用しないよう、エレベーターホールを施錠などによって区画しなければならない。

駆動方式は、ワイヤーロープを巻き上げてかごを上昇させるロープ式、かごを下から支えるジャッキを油圧で動かし上昇させる油圧式がある。

また、昇降路は畳1枚分のスペースに設置できる小型タイプや、間口の広い横長タイプ

もある。

計画上の留意点

計画にあたっては、スペースの確保や構造検討のほかに、防火区画（竪穴区画）の確認を要する。階数が3を超えるもの、延床面積が200㎡を超えるものは、昇降路を準耐火構造の床もしくは壁、乗場前付近を「遮炎性能」と「遮煙性能」の両性能をもつ防火設備で区画（竪穴区画）しなければならない。

また、エレベーターかご内部には、緊急時の連絡用として電話線の引込みに加え、万が一閉じ込められた場合などのために、エレベーター駆動用の電源として単相200V、照明用として単相100Vの電源引込みを行う。

なお、**エレベーター用の確認申請（設備）**と**完了検査**が必要となり、建築基準法によって所有者には**法定点検**が義務付けられている。

エレベーターは後からでも設置できるため、新築時に吹抜けや収納として設置スペースを確保しておくのもよい。

関連事項

● エレベーター用の確認申請（設備）

建築基準法第6条に定めるように、建築主は一定規模以上の建築物を新築、増築、または大規模修繕、大規模の模様替え等を行う場合に、その計画が法律、その他規定に適合するものであることについて、事前に建築主事または指定確認検査機関の確認を受けなければならない。ここで、建築物とは同法2条に定めるところにより、建築設備も含まれる。エレベーターにおいては、日本工業規格に適合するものであること、その他建築基準法施行例第129条の3から11に、かごや昇降路の構造など、細かく規定されており、申請時には、エレベーター仕様書や平面図、断面図などを添付し、確認を受ける。

● 完了検査

建物が完成したときに、その建物が建築基準法と関連規定

に適合しているかどうかを調べる検査で、建築基準法第7条に定めるように、工事が完了した日から4日以内に、建築主は建築主事または指定確認検査機関に完了検査申請書を提出し、建築主事または指定確認検査機関は、完了検査申請書を受理した日から7日以内に、建物が建築基準法や関連規定に適合しているか検査しなければならない。適合している場合は建築主に検査済証を交付する。

● 法定点検

建築基準法第12条で定めるように、一定規模の建築物の所有者または管理者は、一級建築士もしくは二級建築士または国土交通大臣が認める資格を有するものに、当該建築物の敷地、構造、建築設備について、おおむね6ヶ月から3年の間隔で点検を行い、特定行政庁に報告しなければならないとしており、昇降機については、その期間をおおむね6ヶ月から1年としている。

● 防火区画
建築基準法施行令第112条により、火災時に延焼の拡大を防ぎ、火災を一定の範囲内に抑えるとともに、避難を容易にするための区画

● 竪穴区画
火災時に延焼が広がりやすい吹抜けや階段など、縦につながる部分から、横への延焼を抑えるための区画

● 準耐火構造
通常の火災による延焼を抑止するために、構造耐力上、加熱によって30分間ないし45分間損傷しない性能をもった構造。耐火構造と比べて損傷に耐えられる時間が短い

● 遮炎性能
通常の火災による加熱時に炎を遮る性能

● 遮煙性能
通常の火災による煙の放出を遮断する性能

ホームエレベーターの計画

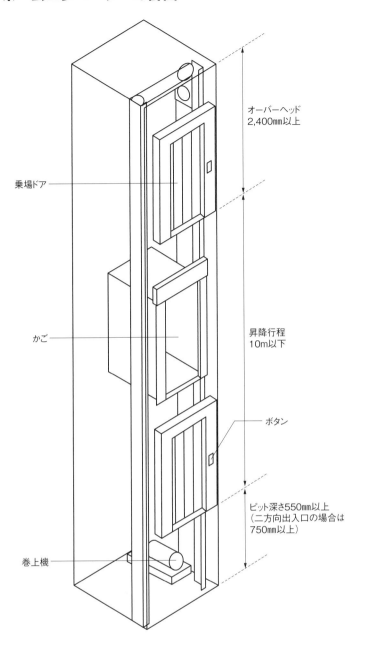

- 乗場ドア
- かご
- ボタン
- 巻上機

- オーバーヘッド 2,400mm以上
- 昇降行程 10m以下
- ピット深さ550mm以上 （二方向出入口の場合は 750mm以上）

サイズの目安

● 3人乗り

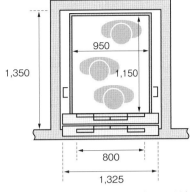

1,350 / 950 / 1,150 / 800 / 1,325

車椅子利用者は最低でも間口が750mm以上、 奥行きで1,100mm以上が必要。そのため3人 用を選ぶとよい

● 2人乗り

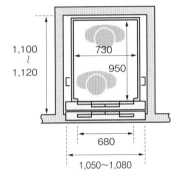

1,100〜1,120 / 730 / 950 / 680 / 1,050〜1,080

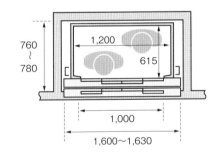

760〜780 / 1,200 / 615 / 1,000 / 1,600〜1,630

二方向出入口

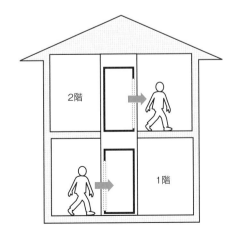

2階 / 1階

1階は正面から、2階は背面から 乗り降りできる

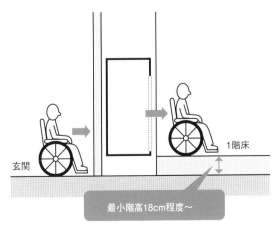

玄関 / 1階床

最小階高18cm程度〜

玄関の上がり框（かまち）などの段差解消 リフトにもなる

設備計画を始める前に
給排水・給湯のキホン
換気・空調のキホン
電気・通信のキホン
事務所ビルに必要な設備
環境にやさしい省エネ設計
参考設備図と関連資料

音の基礎知識

①音の高さ・音の大きさ・音色を音の３要素という
②音の速さは、気温15℃で１秒間に約340m、1℃高くなると0.6m／s速くなる
③建築設備計画の際は、遮音に配慮することが大切である

音の３要素

音は、物体同士がぶつかり合い、その表面に振動が生じ、その振動が空気を介して「音波」として伝わる現象である。

●音の高さ　音の高さは周波数[Hz：ヘルツ]（１秒間に繰り返される波の数）で表され、高い音は周波数が大きく波長が短い（短波長）。低い音は周波数が小さく波長が長い（長波長）。人間の可聴覚範囲は20Hz〜20kHzといわれている。

●音の大きさ　単位はデシベル[dB]で表し、数値が大きいほど音が大きくなる。

●音色　それぞれの音のもつ印象（感覚的な特性）を「音色」といい、音色は主に音の波形の違いによって変化する。

また、音の速さは、気温15℃で約340m／sであり、気温が1℃高くなると0.6m／s速くなる。音は合成することもでき、同じデシベル値をもつ２つの音を合成すると３dB大きくなる。

遮音

建築の設備計画の際は、主に遮音に配慮することが大切である。音の透過率が大きいということは、音が通りやすく、遮音性が低いことを意味する。音波は回り込む特性があり、遮音には隙間をつくらないよう、気密性に注意する。

ホームシアター

ホームシアターの音響機器は、５本のスピーカーと１本のサブウーハーで臨場感を増す5.1chサラウンドシステムが普及している。重低音が出るサブウーハーは、直置きせず台の上に載せる。

RC造はある程度の遮音が確保できるが、GL工法は遮音性を損ねるので、間柱工法とする。木造の場合は１階に設置し、内装仕上げには石膏ボードを使用すると効果的である。

遮音
音を遮ること。建築物における遮音には、反射と吸収がある

音の透過率
音がある物体に衝突したときに、通過する音波の率のこと。透過率が大きい物質ほど遮音能力が低い

GL工法
RC造の建物の内装に使われる石膏ボード直貼り工法。モルタルのようなGLボンドを一定のピッチで団子状に塗りつけ、壁と25mm程度の間隔を取って石膏ボードを圧着する工法

間柱工法
木造在来軸組み工法の1つで、柱と柱の間に壁面を支えるための垂直材を立てる工法

遮音

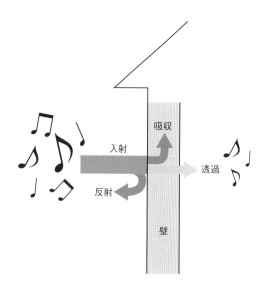

入射　吸収　透過　反射　壁

騒音値の目安

120dB	ジェット機の騒音
110dB	自動車の警笛
100dB	電車が通るときのガード下
90dB	大声による独唱、騒々しい工場の中
80dB	電車の車内
70dB	騒々しい街頭、騒々しい事務所の中
60dB	静かな乗用車、普通の会話
50dB	静かな事務所
40dB	図書館や静かな住宅地の昼間、コオロギの鳴き声
30dB	郊外の深夜、ささやき声
20dB	木の葉のふれ合う音

音の3要素

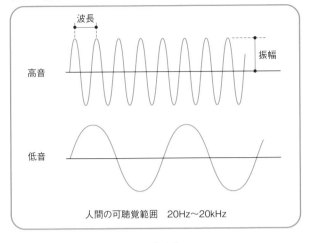

●音の高さ

波長

高音

振幅

低音

人間の可聴覚範囲　20Hz〜20kHz

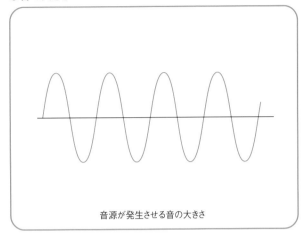

●音の大きさ

音源が発生させる音の大きさ

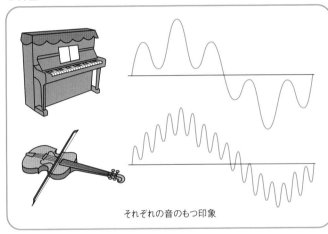

●音色

それぞれの音のもつ印象

ホームシアターのレイアウト

●映画館型

サブウーハー　　センタースピーカー

レフトスピーカー　　　ライトスピーカー

スクリーン

サラウンド
レフトスピーカー

サラウンド
ライトスピーカー

サラウンド
レフトスピーカー

聴取エリア

サラウンド
ライトスピーカー

サラウンド
レフト
スピーカー

サラウンド
ライト
スピーカー

●聴取エリアが広く、大人数での利用に向いている
●サラウンドライトスピーカー×3カ所、サラウンドレフトスピーカー×3カ所はそれぞれ同じチャンネル

スピーカーは聴取エリアの円周上に、左右対称に配置するのが効果的

サウンドスクリーンは、音を遮蔽しにくいスクリーンとし、スピーカーを背面に置くこともできる

●スタジオ型

R

サブウーハー　　　　　　センタースピーカー
レフト
スピーカー　　　　　　　　　　　　ライト
　　　　　　　　　　　　　　　　　スピーカー

サウンドスクリーン　　　　　　　通常のスクリーン

110〜120　　　　　　　　　　110

聴取エリア

R

サラウンド
レフト
スピーカー

サラウンド
ライト
スピーカー

●聴取エリアは狭いが、音のバランスが最もよい
●サラウンドライトスピーカーとサラウンドレフトスピーカーは110〜120°の間で調整

設備計画を始める前に

給排水・給湯のキホン

換気・空調のキホン

電気・通信のキホン

事務所ビルに必要な設備

環境にやさしい省エネ設計

参考設備図と関連資料

Column

スイッチの種類

　スイッチを無計画に配置すると、家電製品が使いにくい、家具が置けないなどの不都合が出てしまう。計画時は、スイッチの種類や機能、設置箇所などを検討することが大切だ。

　照明などを操作するスイッチは、①手動で操作するもの、②タイマーで動作させるもの、③センサーでオンオフが行われるものの3種類がある。

　手動タイプは、機能と使いやすさで選ぶ。ひもの付いたプルスイッチや、にぎりボタンスイッチなどは、お年寄りに何かあったとき家族に連絡しやすい。また、照明を好みの明るさに調整できる調光スイッチは、ダイヤル式やスライド式などを選ぶことができる。

　タイマータイプには、浴室やトイレの換気用などがあり、消し忘れ防止や省エネルギーに有効である。センサータイプは、人の動きを感知して自動でオンオフを行うため、暗闇でもスイッチを探す必要がない。周囲の明るさを感知する自動点滅器は、外灯などに用いられる。

　スイッチは毎日使うことが多いため、設置の際は、ちょうどよい高さを選ぶことが重要である。建築主の年齢やライフスタイルなどに合わせ、適切な計画を行うようにしたい。

スイッチの種類

●手動スイッチ

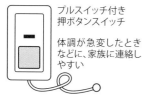

プルスイッチ付き
押ボタンスイッチ

体調が急変したとき
などに、家族に連絡し
やすい

にぎり
押ボタンスイッチ

ベッドに寝たまま
で、枕元から家族に
連絡できる

●タイマースイッチ

浴室換気スイッチ

入浴後に湿気を追
出し、数時間後に電
源が切れる

トイレ用
換気スイッチ

使用後の臭いを
換気し、数分後に
自動停止する

調光スイッチ

寝室などで照明の
明るさを変えること
ができる。省エネ対
策にもなる

ダイヤル式　　スライド式

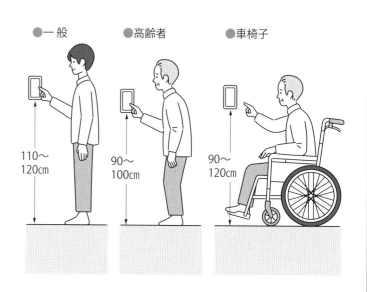

●一般　　●高齢者　　●車椅子

110〜
120cm　　90〜
100cm　　90〜
120cm

●センサースイッチ

玄関、廊下、階段などで人を感
知すると照明が点灯

CHAPTER **5**

事務所ビルに必要な設備

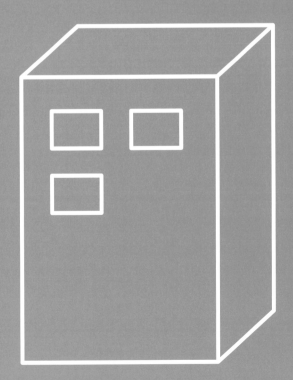

受変電設備とは

①高電圧で送られた電気を必要な電圧まで下げる役目を果たす
②キュービクル式高圧受電設備は、中小規模の工場やビルなどに適している
③集合住宅では、集合住宅用変圧器を利用する

受変電設備とは

電気は高電圧で送ったほうが送電ロスが少なく、経済的である。そのため、都市から離れた発電所でつくられた電気は、50万Vの超高圧で都市の近くまで送られ、変電所で使用可能な電圧に下げられる。

一般家庭では100Vまたは200Vで動く電気器具を使っているため、変電所で下げられた電気は、住宅に入る前に、電柱上部にある変圧器(トランス)でさらに電圧を下げてから各家庭に送電される。それに対し、契約電力が50kW以上の工場やビルなどでは、電力会社の規定により、高い電圧のまま送電しなければならない。その高電圧の電気を、必要な電圧まで下げる設備が受変電設備である。

キュービクル式高圧受電設備

受変電用の機器を簡素化し、金属製の箱内に納めた受変電機器を、キュービクル式高圧受電設備(自家用受変電設備)という。

キュービクル式高圧受電設備は、小スペースでメンテナンス性に優れ、短納期・低予算で設置できるため、中小規模の工場やビルなどに適する。

設置の際は、敷地内に必ず電力会社の高圧キャビネットを設け、また20kWを超えるものは、火災予防条例により規制が定められているので、各自治体で確認する。

パットマウントと集合住宅用変圧器

受変電設備には、キュービクル式高圧受電設備のほかに、次の2つがある。
●**パットマウント** 電力会社の所有物で、40所帯クラスの集合住宅で使用される。現在は改良型として集合住宅用変圧器に移行され、電力会社と協議したうえで設置する。
●**集合住宅用変圧器** 集合住宅で多く使用され、70所帯クラスに適している。パットマウントと同様に電力会社の所有物で、奥行きがパットマウントの約2倍あり、重量も大きいため、設置場所は電力会社の基準や条件に従う。

● 高圧キャビネット
工場やビルなどの高圧電力を必要とする建築物に電力を供給するため、電力会社側の幹線ケーブルに開閉器などを介して工場やビルなどの引込みケーブルを接続する箱型のもの

電気が送られる流れ

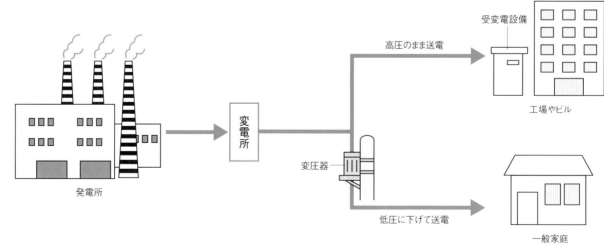

キュービクル式高圧受電設備の特徴

●開放型

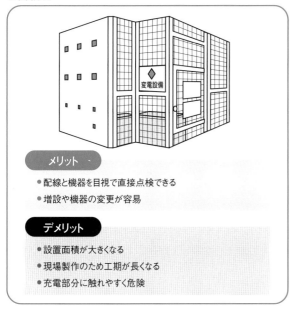

メリット
- 配線と機器を目視で直接点検できる
- 増設や機器の変更が容易

デメリット
- 設置面積が大きくなる
- 現場製作のため工期が長くなる
- 充電部分に触れやすく危険

●閉鎖型

メリット
- 安全性が高い　● 設置面積が小さい
- 工期が短い

デメリット
- 目視で点検しにくい
- 増設時、機器が同一メーカーとなるので融通がきかない

集合住宅用変圧器の設置

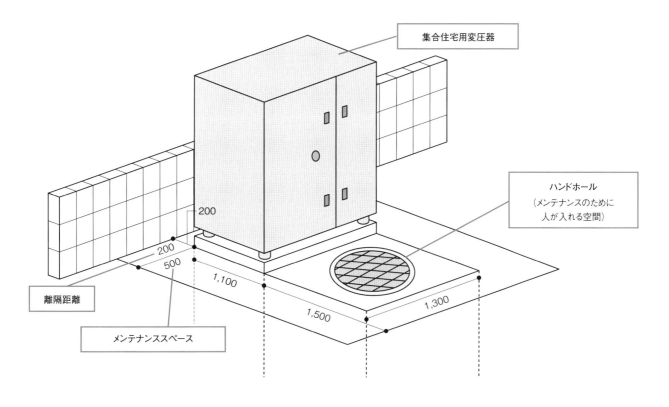

集合住宅用変圧器

ハンドホール
（メンテナンスのために人が入れる空間）

200
200
500
1,100
1,500
1,300

離隔距離

メンテナンススペース

設備計画を始める前に

給排水・給湯のキホン

換気・空調のキホン

電気・通信のキホン

事務所ビルに必要な設備

環境にやさしい省エネ設計

参考設備図と関連資料

適切な室内空気環境をつくる 空気調和設備

①一定規模以上の建物には「ビル衛生管理法」で空気質の管理基準が定められている
②大きく分けて「中央熱源方式」と「個別分散熱源方式」がある
③建物の規模、用途により適した空調方式を採用する

空気調和とは

　事務所や店舗などで床面積が3,000㎡以上（学校は8,000㎡以上）の場合、いわゆる「ビル衛生管理法」によって空気質の管理基準が定められている。管理基準には、①温度（17～28℃）、②相対湿度（40～70%）、③気流（0.5m／秒以下）、④二酸化炭素（1,000ppm以下）、⑤一酸化炭素（10ppm以下）、⑥浮遊粉塵（0.15mg／㎡以下）、⑦ホルムアルデヒド（0.1 mg／㎡以下）の7項目が定められており、これらの基準を満たすために　外気を取り込む際に、フィルタを通して空気中の塵埃を取り除く。その空気を、夏は冷却・除湿し、冬は加熱・加湿し、適切な室内空気環境をつくる。

空気調和方式の種類

中央熱源方式

　地下室、屋階などの中央機械室に空調機や熱源機を設け、ダクトや配管などによって各部屋に熱や新鮮外気を分配する。主に中・大規模の建物に使用する。

●単一ダクト方式　建物全体またはゾーンごとに1台の空調機を設け、冷風や温風をダクトで各部屋に供給する。

●ファンコイルユニット方式　送風機、冷温水コイル、フィルタなどを内蔵したファンコイルユニットを各部屋に設け、冷温水によって室内を空調する。比較的部屋数が多く、個別制御が求められる建物に採用される。

個別分散熱源方式

　個別空調機または自納式（冷凍機収納型）のユニットを空調室内に設置。主に中・小規模の建物や住宅に使用する。

●パッケージユニット方式　冷凍機、ファン、エアフィルタ、加湿機、自動制御機器を内蔵したパッケージユニットで各階ごとに空調を行う。

●空気熱源マルチ型エアコン方式　屋上などに設置した1台のヒートポンプ室外機に、複数台の室内機を冷媒管で接続して空調を行う。

● **ホルムアルデヒド**
有機化合物の一種で、毒性が強い。建築資材に含まれており、シックハウス症候群の原因とされる

● **冷温水コイル**
空気調和機において、冷水および温水を利用して冷風、温風を発生させる部分

● **ファンコイルユニット**
ファン・吹き出し口・冷温水コイル・フィルターなどからなる空気調和機

● **自納式（冷凍機収納型）のユニット**
室内ユニットに冷凍機が内蔵された空調機

● **冷媒管**
熱を移動させるための管で、媒体としても主にフロンが利用されている。フロンの凝縮・蒸発熱を利用して熱の移動を行なう

空気調和のイメージ

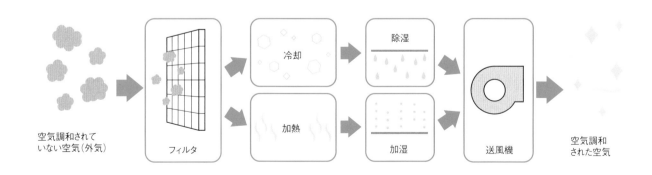

空気調和されていない空気（外気）　フィルタ　冷却　除湿　加熱　加湿　送風機　空気調和された空気

空気調和方式の種類

中央熱源方式

● 単一ダクト方式

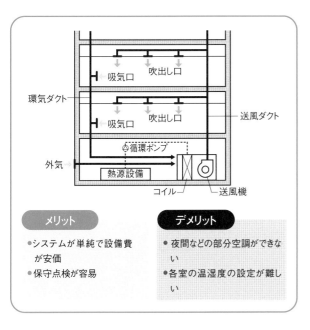

環気ダクト
吸気口
吹出し口
吸気口
吹出し口
送風ダクト
循環ポンプ
外気
熱源設備
コイル
送風機

メリット
- システムが単純で設備費が安価
- 保守点検が容易

デメリット
- 夜間などの部分空調ができない
- 各室の温湿度の設定が難しい

● ファンコイルユニット方式

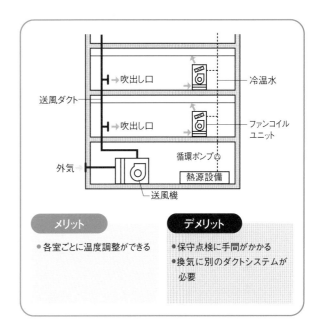

送風ダクト
吹出し口
冷温水
吹出し口
ファンコイルユニット
循環ポンプ
外気
熱源設備
送風機

メリット
- 各室ごとに温度調整ができる

デメリット
- 保守点検に手間がかかる
- 換気に別のダクトシステムが必要

個別分散熱源方式

● パッケージユニット方式

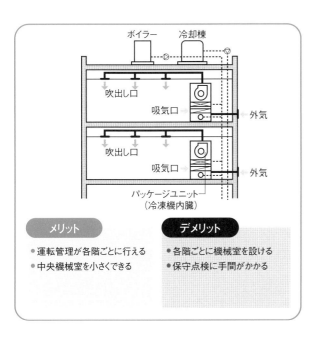

ボイラー
冷却棟
吹出し口
吸気口
外気
吹出し口
吸気口
外気
パッケージユニット（冷凍機内臓）

メリット
- 運転管理が各階ごとに行える
- 中央機械室を小さくできる

デメリット
- 各階ごとに機械室を設ける
- 保守点検に手間がかかる

● 空気熱源マルチ型エアコン方式

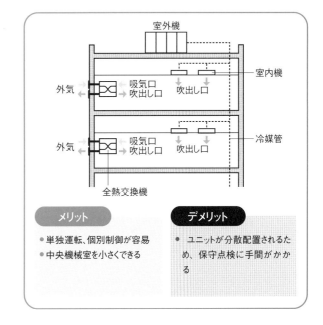

室外機
吸気口
吹出し口
室内機
外気
吸気口
吹出し口
冷媒管
外気
全熱交換機

メリット
- 単独運転、個別制御が容易
- 中央機械室を小さくできる

デメリット
- ユニットが分散配置されるため、保守点検に手間がかかる

設備計画を始める前に

給排水・給湯のキホン

換気・空調のキホン

電気・通信のキホン

事務所ビルに必要な設備

環境にやさしい省エネ設計

参考設備図と関連資料

オフィス空間に必要な換気量と換気回数

① CO_2 汚染濃度を基準とした場合、1 人当たりの換気量を25〜30㎥／h 確保
②シックハウス法の基準では 0.5 回／h 必要
③置換換気方式は常に新鮮な空気で満たされ、換気効率が高く、省エネルギーに有効

換気方式

オフィスビルの換気方式は、換気に機械を利用するかしないかによって、自然換気方式と機械換気方式に分けられる。

自然換気方式は、建築基準法で「一般居室は床面積の1／20以上の有効な開口部を設ける」と定められており、窓などの排気口と給気口を設け、風など自然の力を利用して換気する。機械換気方式と比べ、省エネルギーだが、常に一定の換気量を維持するのが難しい。

オフィスビルでは、機械換気方式が一般的に採用されているが、2つの方式を併用するハイブリッド換気方式のニーズも高まってきている。

必要換気量と換気回数

オフィスビルは住宅と違い、大勢の人たちが働いている。

そのため機械換気計画では、人間の呼吸でのCO₂汚染濃度を基準とした必要換気量で、1人当たりの新鮮空気量を25 〜 30㎥／h確保する（建築基準法では20㎥／h以上と定められている）。ほかにも、ＯＡ機器や照明器具などから出る熱の処理を考慮し、また、有害物質の濃度を基準とした必要換気量としてシックハウス法の換気回数0.5〜0.7回／hも満たさなければならない。

機械換気の種類

●全般換気（混合換気）方式　一般的な換気方式であり、人間が生活する室内空間全体を対象に空気を入れ替える。

●局所換気方式　台所、浴室、トイレなど、熱や煙、湿気、臭いが発生する場所で集中的に換気を行う。汚染された空気が拡散する前に排出できる。

●置換換気方式　汚染された空気を、給気との密度の差によって上昇または下降させ排出する。全般換気方式と比べ、汚染空気と新鮮空気が混ざらないので、常に新鮮な空気に満たされる。

● 機械換気方式
自然の力を利用する自然換気に対し、換気設備などの機械を使って換気する方式

● ハイブリッド換気方式
室内外の温度差がある場合や、強い風が吹いているときには、ダンパーで風量を制御しながら風を取り入れ、風が弱く自然風量が不足する場合は、ファンを回転させて機械換気する方式

● シックハウス法の換気回数
シックハウス法によって義務付けられた居室の換気回数基準で、24時間換気の設備を設置し、2時間に1回以上室内空気がすべて入れ替わることを規定している

必要換気量の算定式（機械換気方式の場合）

$$\text{必要換気量 [m}^3/\text{h]} = \frac{20 \times \text{居室の床面積 [m}^2]}{1\text{人当たりの占有面積 [m}^2]}$$

建物区分	1人当たり占有面積 [m²]
事務所	5
レストラン・喫茶店	3
料亭・貸席	3
店舗・マーケット	3
旅館・ホテル	10
集会場・公会堂	0.5〜1

注　1人当たりの占有面積が10m²を超える場合は10m²でよい

機械換気方式の種類

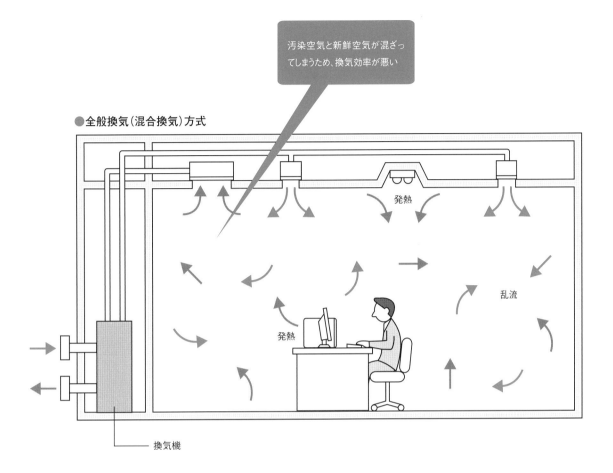

●全般換気（混合換気）方式

汚染空気と新鮮空気が混ざってしまうため、換気効率が悪い

発熱
乱流
発熱
換気機

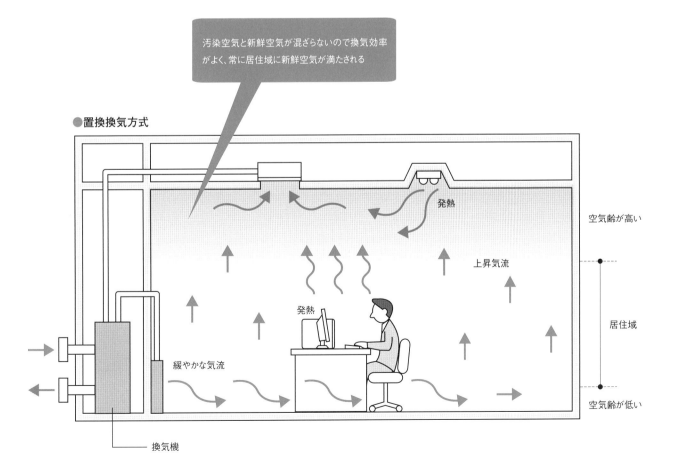

汚染空気と新鮮空気が混ざらないので換気効率がよく、常に居住域に新鮮空気が満たされる

●置換換気方式

発熱
空気齢が高い
上昇気流
発熱
居住域
緩やかな気流
空気齢が低い
換気機

設備計画を始める前に

給排水・給湯のキホン

換気・空調のキホン

電気・通信のキホン

事務所ビルに必要な設備

環境にやさしい省エネ設計

参考設備図と関連資料

避難経路の安全を確保する排煙設備

①排煙には自然排煙方式と機械排煙方式がある
②排煙の目的は、火災時に安全に避難できるよう、煙やガスを外部に排出することである
③機械排煙には3種類の方式がある

排煙の目的

　火災発生時に安全に避難できるよう、煙や**一酸化炭素などの有毒ガス**を建物の外に排出する機能を備えたものを「排煙設備」という。建築基準法で定められた一定規模の建築物または部分には、排煙設備が必要になる。

　排煙設備を設置する際は、一般的には防煙壁や50cm以上の防煙垂れ壁で建物を区画し、その区画ごとに天井や壁上部に排煙口または排煙窓を設ける。梁などの下がりが50cm以上あり防煙垂れ壁の扱いをされるときは、その部分も区画となり、排煙口または排煙窓が必要となるので注意。排煙口は、防煙区画した各部分から水平距離で30m以内とし、手動開放装置を床から0.8～1.5mの位置に設ける。

　排煙方式には、自然排煙方式と機械排煙方式がある。

自然排煙方式

　自然排煙方式は、排煙上有効な開口部（排煙窓・天井から80cm以内の開口部）を設け、煙などを直接外気に排出する方式である。必要な有効開口面積は防煙区画部分の床面積の1／50以上と定められている。火災発生時は、排煙窓を開けて排煙を行う。停電などの影響はないが、外部風圧の影響を受ける。

機械排煙方式

　機械排煙方式は、排煙機と排煙口によって機械的に煙などを排出する方式である。

●排煙口方式　最も一般的な排煙方式で、火災が起きた部屋が負圧となるため、煙がほかの部屋に流入しない。給気が不十分だと効果が落ちる。

●天井チャンバー方式　天井をチャンバーとして天井内に排煙ダンパーを設け、天井懐の吸気口によって機械排煙を行う。排煙だけでなく、空調のリターンとしても用いられる。

●加圧排煙方式　出火した部屋を排煙すると同時に、廊下などに新鮮空気を取り入れて、避難経路への煙の侵入を防ぐ。

● 防煙壁
間仕切り壁、天井から50cm以上下方に突き出た垂れ壁のことで、不燃材料で造られているもの、または覆われたもの。排煙設備を要求される建築物は床面積500㎡以内ごとに防煙壁で区画しなければならない

● 防煙垂れ壁
天井面に達すると、平面的に拡大する煙の性質に対応した、一定小区画ごとに設けられる天井から50cm以上下げた壁

● チャンバー
気体が通過する空洞状の空間。煙の排出経路

関連事項

● 一酸化炭素などの有毒ガス
火災等により発生する可能性のある有毒ガスは、一酸化炭素(CO)、二酸化炭素(CO_2)、シアン化水素(HCN)、塩素(CL_2)などがあり、特に死因となる重要なものは一酸化炭素である。
一酸化炭素は通常の燃焼に伴い発生し、空気とほぼ同じ重さで、無味・無臭・無刺激のため自分では気づかないことが多い。
一般家庭では、屋内での木炭コンロの使用、ガス湯沸かし器やストーブの不完全燃焼によって発生量が急激に増え、換気が悪い場合に蓄積し、中毒症状を発症させる。
一酸化炭素は、酸素を人体に送り込む血液中のヘモグロビンとの結びつきが強く、微量であっても一酸化炭素を身体に吸い込むと、酸素を運ぶ量が減るため身体が酸素欠乏状態となり、進行すると死亡に至る。

自然排煙方式の有効開口

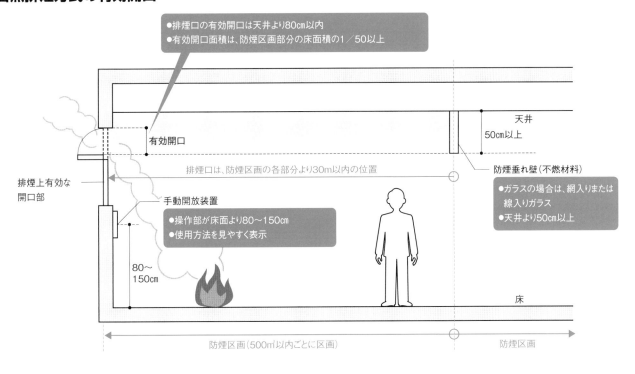

●排煙口の有効開口は天井より80cm以内
●有効開口面積は、防煙区画部分の床面積の1／50以上

有効開口

排煙口は、防煙区画の各部分より30m以内の位置

排煙上有効な
開口部

手動開放装置

●操作部が床面より80〜150cm
●使用方法を見やすく表示

80〜
150cm

天井

50cm以上

防煙垂れ壁（不燃材料）

●ガラスの場合は、網入りまたは
　線入りガラス
●天井より50cm以上

床

防煙区画（500㎡以内ごとに区画）　　　防煙区画

機械排煙方式の種類

●排煙口方式

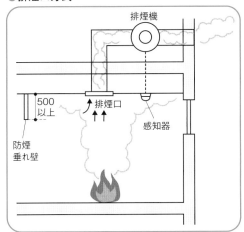

排煙機

500
以上

排煙口

感知器

防煙
垂れ壁

●天井チャンバー方式

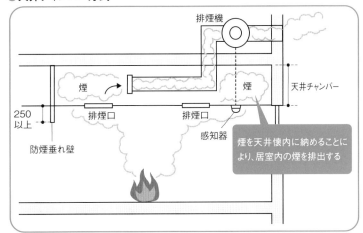

排煙機

煙

排煙口　　排煙口

天井チャンバー

煙

250
以上

防煙垂れ壁

感知器

煙を天井懐内に納めることに
より、居室内の煙を排出する

機械排煙方式は、自動火災報知器と連動しており、火災を
感知すると排煙機が作動する仕組みになっている

●加圧排煙方式

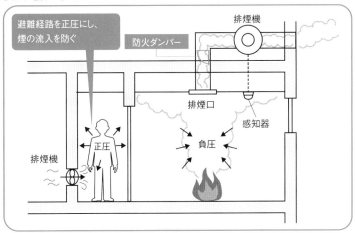

避難経路を正圧にし、
煙の流入を防ぐ

防火ダンパー

排煙機

排煙口

感知器

排煙機

正圧　　　　負圧

消火設備
―屋内消火栓と特殊消火設備―

①屋内消火栓は、初期消火のために在居者が使用する消火設備である
②屋内消火栓は、消防法により、一定の規模、用途の建築物に設置が規定される
③特殊消火設備は、それぞれの特性を踏まえ適する用途に使用する

屋内消火栓とは

消防法により、一定の規模、用途の建築物には屋内消火栓の設置が規定される。水を放出し消火する移動式の設備で、消火栓、ホース、筒先、ホース掛けなどを箱内に納め、壁面に取り付けておき、初期消火のために在居者が使用する。

屋内消火栓の種類

1号消火栓と2号消火栓の2種類あり、1号消火栓はノズルと開閉弁を別々に操作するため、通常は2人以上で使用する。放水量が多く、一般的には工場や事務所などに設ける。2号消火栓はノズルで開閉弁を操作でき、放水量が少ないため、1人でも使用できる。主に病院や福祉施設、ホテルなどに設ける。

警戒区域半径は、1号消火栓が25m、2号消火栓が15mで、必要設置個数は2号消火栓のほうが多くなる。

また、建物用途によっては、屋内消火栓の代替としてパッケージ型消火設備を設ける。屋内消火栓に必要な水源、ポンプ、配管、動力電源、非常電源が必要なく設置できるため、工期を短縮し、設置費用も低減できる。

特殊消火設備の種類

屋内消火栓ではまかないきれない建物の規模や用途の場合は、特殊消火設備を設ける。

●水噴霧消火設備　水噴霧ヘッドによって水を霧状にして噴霧する。冷却効果と窒息効果で消火する。油火災に有効で、指定可燃物の貯蔵取り扱い場所、駐車場などに利用される。

●泡消火設備　泡消火薬剤と水を混合し、火源を大量の泡で覆い、窒息効果と冷却効果で消火する。可燃性液体の火災の恐れがある駐車場や自動車修理工場などに利用される。

●不活性ガス消火設備　液化二酸化炭素や、窒素などの不活性ガスをボンベから放出し、抑制効果で消火する。ガス放出時の危険性から常時人のいない電気室やボイラー室などに利用される。

● 警戒区域半径
火災時に、1つの消火設備でまかなうことができる最小単位区域を示す半径

● パッケージ型消火設備
消火薬剤貯蔵容器、起動装置、加圧用ガス容器、ホース等がコンパクトな箱にすべて収納されている消火設備

消火の3要素

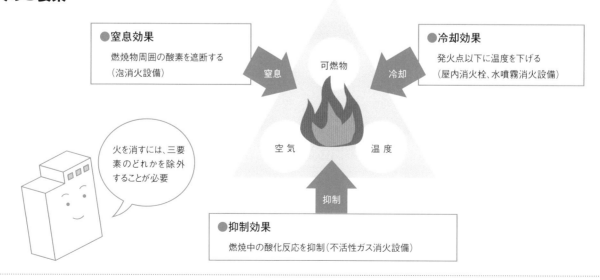

●窒息効果
燃焼物周囲の酸素を遮断する
（泡消火設備）

●冷却効果
発火点以下に温度を下げる
（屋内消火栓、水噴霧消火設備）

可燃物
窒息　冷却
空気　温度
抑制

火を消すには、三要素のどれかを除外することが必要

●抑制効果
燃焼中の酸化反応を抑制（不活性ガス消火設備）

屋内消火栓設備の仕組み

●設置方法

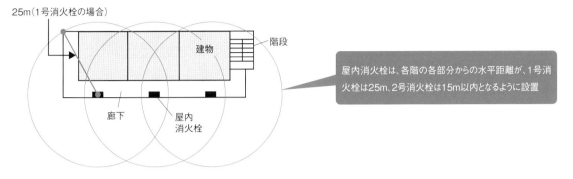

25m(1号消火栓の場合)

建物
階段
廊下
屋内消火栓

> 屋内消火栓は、各階の各部分からの水平距離が、1号消火栓は25m、2号消火栓は15m以内となるように設置

●消火のイメージ

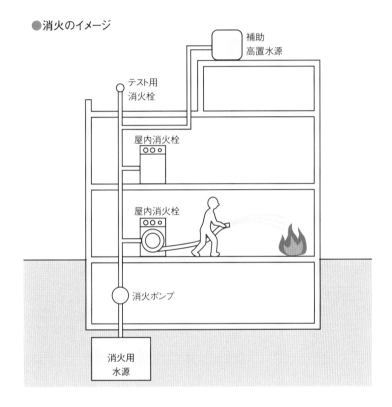

補助高置水源
テスト用消火栓
屋内消火栓
屋内消火栓
消火ポンプ
消火用水源

屋内消火栓の種類

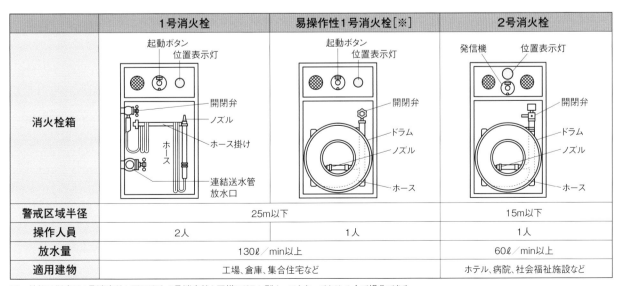

消火栓箱	1号消火栓	易操作性1号消火栓［※］	2号消火栓
	起動ボタン 位置表示灯 開閉弁 ノズル ホース掛け ホース 連結送水管放水口	起動ボタン 位置表示灯 開閉弁 ドラム ノズル ホース	発信機 位置表示灯 開閉弁 ドラム ノズル ホース
警戒区域半径	25m以下		15m以下
操作人員	2人	1人	1人
放水量	130ℓ／min以上		60ℓ／min以上
適用建物	工場、倉庫、集合住宅など		ホテル、病院、社会福祉施設など

※ 性能は従来の1号消火栓と同じだが、2号消火栓と同様にドラム型ホースとなっており、1人で操作できる

設備計画を始める前に
給排水・給湯のキホン
換気・空調のキホン
電気・通信のキホン
事務所ビルに必要な設備
環境にやさしい省エネ設計
参考設備図と関連資料

消火設備―スプリンクラー設備―

① 天井に取り付けたヘッドから自動で散水し、初期消火用として使用される
② 天井が高く感知器が感知しにくい場所では開放型を採用する
③ 未警戒区域をつくらないようヘッドの配置に注意する

スプリンクラー設備とは

　スプリンクラー設備は、水源、加圧送水装置、配管、流水検知装置、スプリンクラーヘッド（以下ヘッド）で構成される。初期消火のため、天井に設置されたヘッドから自動で散水し、冷却作用によって消火する。開放型と閉鎖型に分かれる。

開放型

　ヘッドの放水口が常時開放され、ヘッドに感熱部がなく、起動弁の操作で一斉に開放弁が開いて散水する。劇場の舞台のように天井が高く、感知器が感知しにくい場所や、延焼が速く拡大しやすい場所に採用される。放水は自動、手動ともに可能で、一斉開放弁を使ったものが主流である。

閉鎖型

　ヘッドの放水口が常時閉じており、火災時にヘッドの感熱開放により、散水口が自動開放される。また、ヘッドは取り付け箇所の周囲の温度によって、普通・高温・超高温に分けられる。閉鎖型には次の3つがある。

● **湿式**　弁からヘッドまでの配管内に加圧水が充満している。最も一般的な方式で、ヘッドの感熱開放によってすぐに散水される。

● **乾式**　弁からヘッドまでの配管内に圧縮空気が充満している。ヘッドの感熱開放で圧縮空気が排出され、続いて水が散水される。凍結のおそれのある寒冷地に適している。

● **予作動式**　ヘッドの感熱開放だけでは散水されず、ヘッドとは別に設ける感知器と連動して予作動弁を開き、散水される。誤作動による水損被害を避けたい、コンピュータなどのある場所に適している。

スプリンクラーヘッドの設置

　ヘッドの位置と設置間隔、同時開放数は、建物用途や場所、ヘッドの種類によって消防法で定められている。

　未警戒部分をつくらないよう配置することが原則だが、ヘッドが設置できない場合は、補助散水栓でカバーする。

加圧送水装置
高架水槽・圧力水槽・ポンプにより圧力を加え、送水を行う装置

流水検知装置
スプリンクラー設備において、配管内の流水量をキャッチし、圧力スイッチを作動させ、警報およびポンプ起動等の信号を発する装置

スプリンクラーヘッド
スプリンクラー消火設備において水が放出される部分。感熱部の有無で大別され、感熱部が付いている閉鎖型は熱を感知すると自動で水を散水する。感熱部が付いていない開放型は、手動で散水させたり、火災報知機と連動させて自動散水させることもできる

予作動弁
予作動式スプリンクラーに設置される弁。火災報知機などの感知器から信号を受けて、予作動式流水検知装置（予作動弁）が開放し、スプリンクラー配管中に圧力水を送る仕組み

未警戒部分
消防法により定められた、スプリンクラーヘッドが作動し、消火できるとする範囲（半径2.3m）を越える部分。また複数のヘッドの警戒区域がどの区域とも重なり合わない部分

補助散水栓
スプリンクラー消火設備を設けた建物内で、ヘッドの取り付けを必要としない部分について、消防隊が消火活動できるようにホースを取り付けて放水できる水栓

スプリンクラーヘッドの仕組み

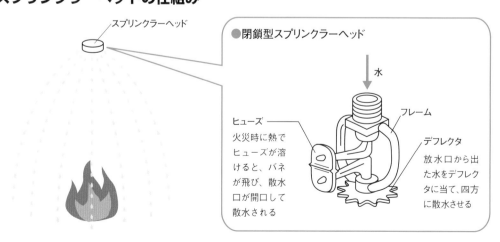

スプリンクラーヘッド

● 閉鎖型スプリンクラーヘッド

水

ヒューズ
火災時に熱でヒューズが溶けると、バネが飛び、散水口が開口して散水される

フレーム

デフレクタ
放水口から出た水をデフレクタに当て、四方に散水させる

開放型と閉鎖型の特徴

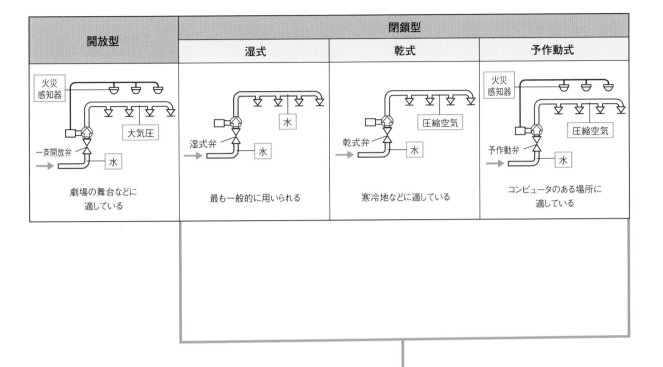

開放型	閉鎖型		
	湿式	乾式	予作動式
火災感知器 / 一斉開放弁 / 大気圧 / 水	湿式弁 / 水 / 水	乾式弁 / 圧縮空気 / 水	火災感知器 / 予作動弁 / 圧縮空気 / 水
劇場の舞台などに適している	最も一般的に用いられる	寒冷地などに適している	コンピュータのある場所に適している

●閉鎖型スプリンクラー設備

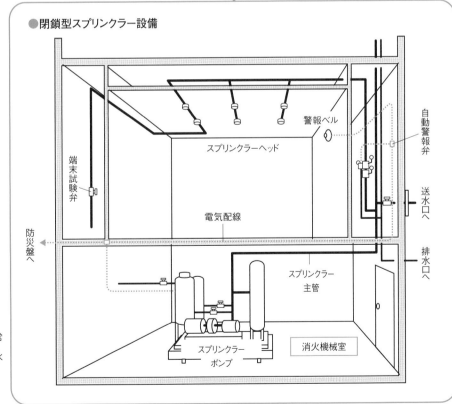

スプリンクラーポンプには、非常用電源と、双口形の専用送水口を設ける

設備計画を始める前に

給排水・給湯のキホン

換気・空調のキホン

電気・通信のキホン

事務所ビルに必要な設備

環境にやさしい省エネ設計

参考設備図と関連資料

避難経路を照らす 非常用照明と誘導灯

①非常用照明の床面水平面必要照度は、白熱灯は 1lx 以上、蛍光灯は 2lx 以上
②停電時は、非常用照明は 30 分以上、誘導灯は 20 分以上点灯する予備電源容量とする
③誘導灯の設置位置は、管轄の消防署と協議して決める

非常用照明と誘導灯の役割

非常用照明や誘導灯は、火災などの災害発生時に起きる停電の際に、居住者が安全かつ迅速に避難できるように設ける照明器具である。建築基準法や消防法で建築物の規模、用途により設置が義務付けられている。

非常用照明

非常用照明は居室や避難通路に設ける照明器具で、白熱灯形と蛍光灯形がある。必要照度は、床面で1lx（蛍光灯は2lx）以上とし、非常用照明装置の電気配線はほかの照明用回路とは別系統とする。また、30分以上点灯できる予備電源が必要である。

非常用照明器具には、内蔵する蓄電池で点灯する「電池内蔵形」と、器具外の非常用電源で点灯する「電源別置形」の2種類があり、一般照明との兼用形もある。

配置を計画する際は、照明器具カタログに記載されている、器具ごとの配置表の設置間隔を参考とする。

誘導灯

誘導灯は、避難口の位置や避難の方向を示すために設け、建物の用途や規模に応じて設置することが消防法で義務付けられている。誘導灯の役割は避難誘導のため、災害時以外でも避難口や避難の方向を認識しやすいよう、基本的には常時点灯する。

避難口誘導灯、通路誘導灯、階段通路誘導灯、客席誘導灯、誘導音付き点滅形誘導灯（煙感知器連動形）などの種類があり、これらを建物用途に応じて配列し、安全に避難できるように計画する。最終的な設置位置は、所轄の消防署と協議して決める。

誘導灯の非常電源は蓄電池設備とし、20分間の点灯が原則だが、大規模な防火対象物は60分間とする。また、誘導灯は表示面の縦寸法と表示面の明るさにより「A級」「B級」「C級」の3つの等級に区分され、防火対象物の規模と用途によって区分けされている。

● 建築基準法
国民の生命・健康・財産を守り、安全に生活できるよう、建築物の敷地・構造・設備・用途について最低基準を定めた法律。一定規模以上の建築物の工事に際して、建築主は建築主事や指定確認検査機関の確認を受けることが義務付けられている

● 「A級」「B級」「C級」
誘導灯の仕様の違いによる区分。表示面の大きさ、明るさ、平均輝度、有効範囲（距離）などの基準値が各等級で定められている

非常用照明装置の仕組み

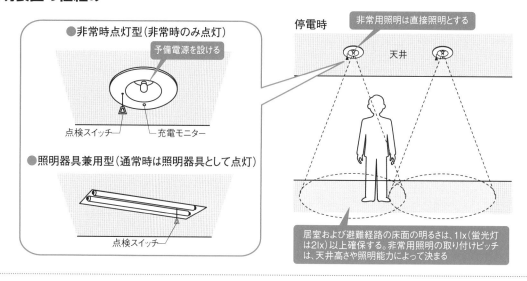

●非常時点灯型（非常時のみ点灯）
予備電源を設ける
点検スイッチ　充電モニター

●照明器具兼用型（通常時は照明器具として点灯）
点検スイッチ

停電時
非常用照明は直接照明とする
天井

居室および避難経路の床面の明るさは、1lx（蛍光灯は2lx）以上確保する。非常用照明の取り付けピッチは、天井高さや照明能力によって決まる

誘導灯の種類と特徴

●避難口誘導灯

避難口上部に設け、ここが避難口であることを示す。
高効率で長寿命のLEDの採用が増えている

●通路誘導灯

避難方向の分かる表示をした灯火を、室内や通路に
設置し、避難する方向を示す

●階段通路誘導灯

避難経路となる階段または傾斜路に設け、避難上
有効な明るさを与える

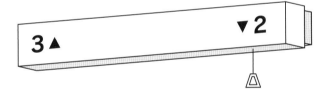

●客席誘導灯

客席の通路の足元照明とし、0.2lx以上の避難上有効な
明るさを与える

●誘導音付き点滅形誘導灯（煙感知器連動形）

表示パネルとランプの点滅、音声で安全に非常口へ誘導できる。目
や耳が不自由な人が利用する建物をはじめ、不特定多数の人々が集
まる公共性の高い施設などに適している

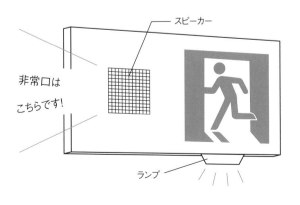

●高輝度蓄光型誘導灯

新素材「高硬度石英成形板」の特性である光を吸収
し発光する性質を生かし、誘導灯に取り入れたもの。
消防法の改正により、誘導灯の代替品として使用が
認められるようになった。(財)日本消防設備安全セン
ターによる認定品となっている。

設備計画を始める前に

給排水・給湯のキホン

換気・空調のキホン

電気・通信のキホン

事務所ビルに必要な設備

環境にやさしい省エネ設計

参考設備図と関連資料

火災を知らせる 自動火災報知設備

①自動火災報知設備は、建物のなかにいる人に火災を知らせる大事な機能である
②発信機は、各階ごと各部分から25m以内に設置
③感知器は、熱・煙・炎によって感知し、設置場所に適したものを採用する

自動火災報知のしくみ

　自動火災報知のしくみは、まず、火災発生時に生じる煙、熱による急激な温度上昇、火災による炎を感知器が自動的に感知し、管理人室や防災センターにある受信機に信号を送る。そして、モニターに火災発生場所を表示し、音響装置（ベル）を鳴らして建物の中にいる人々に知らせる。火災に気づいた人が発信機ボタンを手で押しても、同じように受信機に信号が送られ、火災の発生を知らせることができる。発信機は各階ごと各部分から25m以内の距離に設置される。

感知器と受信機の種類

感知器の種類

●熱感知器　周囲の温度が上昇すると作動する作動式と、周囲の温度が一定の温度に達すると作動する定温式がある。定温式は急激な温度変化がある厨房、湯沸室、ボイラー室などに設ける。

関連事項

● 小規模の防火対象物・大規模な防火対象物
消防法第2条において「防火対象物とは、山林又は舟車、船きょ若しくはふ頭に繋留された船舶、建築物その他の工作物若しくはこれらに属するものをいう」と定義されている。防火対象物の用途によって、特定防火対象物と非特定防火対象物とに区分され、それぞれ建物の管理権限者（所有者または管理者）は、収容人数、延べ床面積によって、甲種または乙種の防火管理者を選任しなければならない。防火管理者は建物ごとに消防計画を作成し、これに基づく消火・通報・避難訓練を定期的に実施することとなっている。甲種または乙種の建物の分類を各自治体で便宜上それぞれ「大規模」「小規模」と分類したりしている。甲種防火管理者を必要とする防火対象物：特定防火対象物で収容人数30人以上、かつ延べ床面積300㎡以上、非特定防火対象物で収容人数50人以上、かつ延べ床面積500㎡以上。乙

●煙感知器　煙による乱反射や遮光を感知して作動する光電式と、空気中のイオンの変化で作動するイオン式がある。熱感知器では感知しづらい、エレベーターやシャフト、階段などの竪穴部分に設ける。

●炎感知器　炎からの放射エネルギーを捉えて火災を感知する。煙が到達するのに時間がかかる高天井や、外気が流れる場所などに設ける。

　感知器の設置基準は消防法により、壁面から600㎜以上、換気口等の空気吹出口から1,500㎜以上離すなど、定められている。

受信機の種類

●P型　警戒区域ごとに1本の回線で受信する方式で、受信機には警戒区域の数だけモニター表示される。主に小規模の防火対象物に使用される。

●R型　複数の警戒区域の回線を中継器でまとめ、そこから送られてくる信号を受信する。受信機には液晶モニターなどで表示され、大規模な防火対象物に使用される。

種防火管理者を必要とする防火対象物：特定防火対象物で収容人数30人以上、かつ延べ床面積300㎡未満、非特定防火対象物で収容人数50人以上、かつ延べ床面積500㎡未満となっている。

● 感知器の設置基準
熱感知器：壁から400㎜以上離隔する。空調や換気吹出口から1,500㎜以上離隔する。400㎜以上の段差がある場合は、同一感知区域にすることはできないなどの基準。煙感知器：壁から600㎜以上離隔する。空調や換気吹出口から1,500㎜以上離隔する。600㎜以上の段差がある場合は、同一感知区域にすることはできないなどの基準

● 警戒区域
感知器と信号発信機を備え、火災の発生場所を区域で特定するために区分けしたエリア

自動火災報知器の仕組み

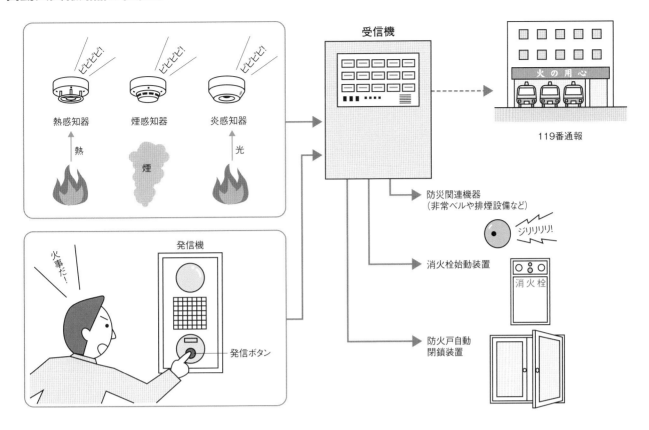

受信機の仕組み

●P型受信機

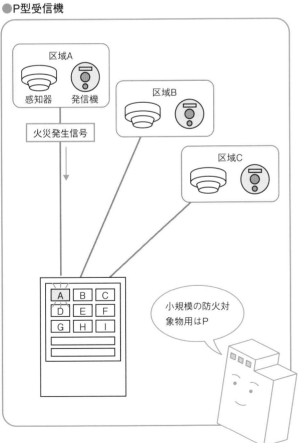

●R型受信機

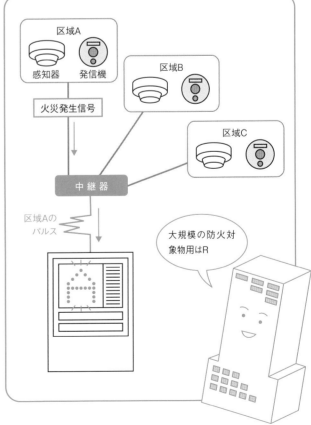

設備計画を始める前に

給排水・給湯のキホン

換気・空調のキホン

電気・通信のキホン

事務所ビルに必要な設備

環境にやさしい省エネ設計

参考設備図と関連資料

環境性に配慮したオフィス照明

① タスク・アンビエント照明方式は省エネ効果も高く、快適性も増す
② 積極的な自然光利用で、省エネ効果を高める
③ テナント対応性では、グリッド型システム天井が有効である

オフィスビルの照明計画には、機能性や快適性に加え、最近の社会的傾向としてCO$_2$削減、省エネなどの環境性が求められる。

オフィスの照明方式

オフィスの照明方式は、空間全体を均一に高い照度で照らす方法が一般的だが、環境性や就労者にとっての快適性を考えた場合、場所によって作業照明（タスク）と周囲環境照明（アンビエント）を分けるタスク・アンビエント照明方式が有効である。また、省エネ効果をより高めるため、従来は夜間の照明を前提としていた照明計画を、昼間の光を積極的に利用する手法で考える場合もある。

昼光利用には、窓面に庇を設け、光を天井に反射させ、室内に光を取り込むライトシェルフや、昼光制御システムを組み合わせ、昼間の明るい窓際の照明照度を落とす手法、また、必要な場所を必要な明るさに調光し、消費電力を抑える、適正照度制御手法など、多様な照明手法がある。オフィスビル全体の消費エネルギーの中で、照明によるものの割合は、約21%あり、照明エネルギーの省エネはビル全体の省エネにつながる。

テナントビルでは、グリッド型システム天井を採用することで、照明のレイアウト変更もしやすく、テナント入れ替えにも対応しやすい。

照明器具の選択

オフィスは照明の使用時間が長いため、机上などの水平面、対話などの鉛直面の照度を確保し、グレアも防ぐ必要がある。照明効率のよさ、寿命の長さ、フリッカの少なさなどを考慮すると、オフィスには高効率型インバータ蛍光灯が最適である。また、パソコンを使う部屋では、ディスプレイへの照明の映り込みを防ぐため、OA用ルーバー付き照明器具などを採用する。

ルーバー付き器具のなかでも、ルーバー反射率の高い器具を選択することで高い省エネ効果が得られる。

昼光制御システム
室内に入る昼間の光の量を測定し、照明器具の明るさを調整するシステム

グリッド型システム天井
グリッド状に配置された天井下地に設備機器を組み込んで一体化し、天井パネルを規格化した天井。天井パネルは自由に入れ替えできるので、レイアウトの自由度が高い

グレア
対象物がまぶしくて見えにくい現象

フリッカ
蛍光灯やディスプレイ画面に生じる細かいちらつき

高効率型インバータ蛍光灯
周波数を変化させることで、電極から放出する電子の数を増大し、明るさが増す蛍光灯

OA用ルーバー
薄い金属（または樹脂）板を格子状に組み、光源をおおって光をやわらげるように配慮したもの

制御システムによる昼光利用

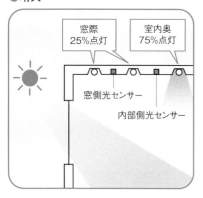

●晴天

窓際 25%点灯　室内奥 75%点灯
窓側光センサー
内部側光センサー

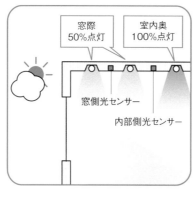

●曇天、夕方

窓際 50%点灯　室内奥 100%点灯
窓側光センサー
内部側光センサー

●雨天、夜

すべて 100%点灯
窓側光センサー
内部側光センサー

オフィスの照明方式

● 全般照明方式

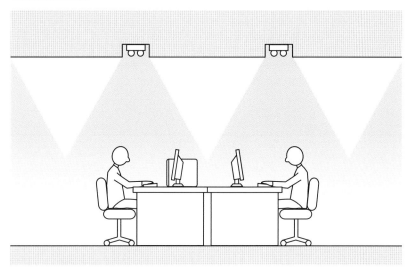

● タスク・アンビエント照明方式

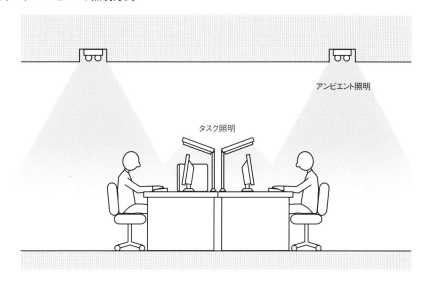

アンビエント照明

タスク照明

グリッド型システム天井

オフィスのレイアウトに合わせ、照明器具のレイアウトも変更可能

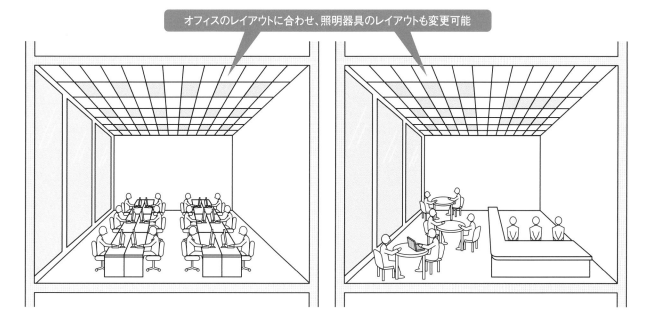

設備計画を始める前に

給排水・給湯のキホン

換気・空調のキホン

電気・通信のキホン

事務所ビルに必要な設備

環境にやさしい省エネ設計

参考設備図と関連資料

すっきり収納オフィス配線

①オフィス配線は、レイアウト変更などに対応しやすいフリーアクセス配線が望ましい
②バスダクト配線は、ケーブルよりも大きな電流を流すためのルートである
③バスダクト配線は、ユニット化されており施工性はよいが、イニシャルコストがかさむ

フロア配線のニーズと配線方式

オフィスビルのフロア配線は、快適性の向上に加え、レイアウト変更、機器の増移設などに対応しやすい、配線のフレキシビリティが強く求められる。

●**フロアダクト配線方式**　3m程度ごとに電線を引出せるように、配線用ダクトを、コンクリートスラブ内に格子状に埋込む。適当な箇所に取り出し用のジャンクションボックスを設け、コンセントや電話配線として使用する。配線が床面に露出する部分も出てくる。

●**セルラダクト配線方式**　波形デッキプレートの溝を利用し、下面からプレートを取り付けて、電気や電話などの配線用ダクトとする。フロアダクト配線方式と同様に、配線が床面に露出する部分も出てくる。

●**アンダーカーペット配線方式**　床上とカーペットの間に、ごく薄い平形のフラットケーブルを直接敷設する。配線に足を引掛けたり、配線が机の角に当たって断線を引起こしたり

といったトラブルを防げる。

●**フリーアクセスフロア配線方式**　床を二重床とし、その間を配線スペースとする。ほかの方式と比べてコストは高くなるが、レイアウトの変更や機器の増移設などに加え、配線のメンテナンスも機能的かつ安全に行うことができる。この方式は配線変更の自由度が高く、配線収容量も多いため、オフィス環境の快適性の向上に有効である。

バスダクト配線

ケーブル配線よりも大きな電流を流す電流の通路である。電気の需要が多い場所で利用される。アルミニウムを絶縁物で被覆し、金属のケースに収納される。ユニット化されているので施工性がよく、耐火性、耐震性、保守メンテナンス性に優れるが、イニシャルコストは高い。キュービクルや変圧器、配電盤、分電盤などの連絡母線のほか、建物内のEPS（電気シャフト）に立ち上げて使用することもある。

● 配線用ダクト
整理、保護のために電線を収容する筒状のもの

● コンクリートスラブ
コンクリートで作られた床

● ジャンクションボックス
電線同士を結合、分岐、中継する際に用いる端子、端末の保護箱

● 波形デッキプレート
床材に利用される鋼板で、波型の溝の部分が配線スペースとして活用される

● 連絡母線
受電設備や変圧器から配電盤や分電盤に伸びる幹線のうち、遮断器などを介して繋がれた幹線

● EPS（電気シャフト）
ビルなどの建築物で、電気や通信といった、配線設備が納められているスペースのこと

バスダクト配線の仕組み

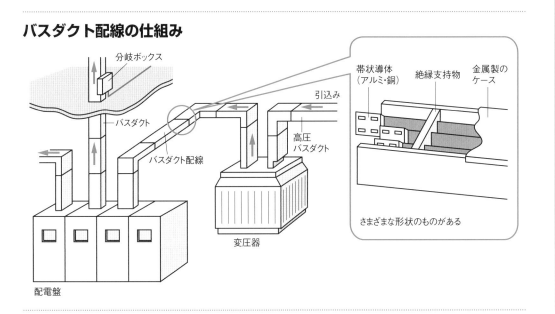

フロア配線の種類

●フロアダクト配線方式

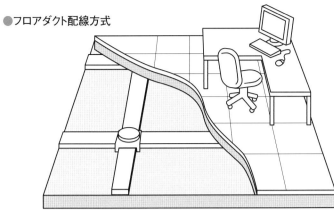

コンクリートスラブ内に、扁平な角パイプを格子状に埋込む。配線の取り出しピッチが限定されるため、配線が床面に露出する部分も出てくる

●セルラダクト配線方式

波形デッキプレート

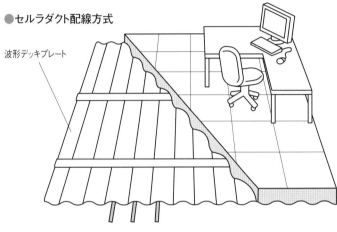

床構造材の波形デッキプレートを利用し、下面から特殊カバープレートを取り付け、配線用ダクトとする。配線が床面に露出する部分も出てくる

●アンダーカーペット配線方式

フラットケーブル

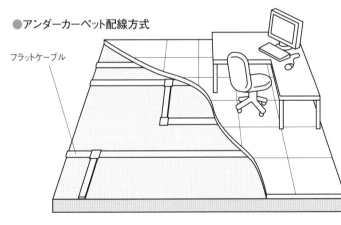

床上と、電気絶縁性や緩衝性のカーペットの間に、専用のフラットケーブルを敷設する。配線の取り出し位置は自由

●フリーアクセスフロア配線方式

ベースプレート

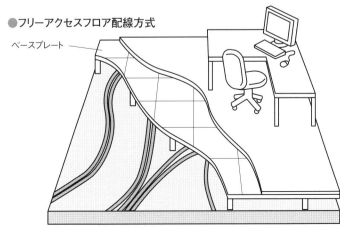

床を二重床とし、その間を配線スペースとする。配線の取り出し位置や変更の自由度が高く、配線収容量も多い

設備計画を始める前に

給排水・給湯のキホン

換気・空調のキホン

電気・通信のキホン

事務所ビルに必要な設備

環境にやさしい省エネ設計

参考設備図と関連資料

オフィスセキュリティと重点管理室の扱い

①アクセスコントロール装置により、建物や室内の出入管理を行う
②サーバールームは、熱、災害、地震対策を忘れないこと
③クリーンルーム内は、原則、正圧とする

セキュリティレベルの設定

近年の社会情勢により、内部情報の流出防止、電子情報の漏洩防止などオフィスセキュリティの必要性も高くなっている。

セキュリティレベルが低いほうから高いほうに動線を計画し、各レベルの境界線にはゲートなどを設け、通行資格の認証を行う。

アクセスコントロール装置

建物や室内の出入管理を行うには、扉の近くにテンキー方式、カード方式、生体認証方式などのアクセスコントロール装置を設ける。

●テンキー方式　あらかじめ登録してある暗証番号を入力し解錠する方式。

●カード方式　個人情報をカードに入力しておき、扉付近のカードリーダーに読み込ませて解錠する方式。

●生体認証方式　指紋や動脈、目の虹彩など身体の特徴で認識し解錠する方式。

サーバールーム

企業の重要なデータや基幹システムなどが置かれる場所で、熱、災害、地震などから守る必要がある。

●熱対策　サーバールーム全体の空調機は、床下送風型か床置き型が望ましい。天吊り型空調機を選ぶ場合は、結露やドレンの影響を避けることを考慮し、空調機をラックの真上に置かない。

●災害対策　災害のリスクの大きい場所からなるべく遠ざけて設置する。無停電電源装置（UPS）を設ける。

●地震対策　サーバーに耐震装置または免震装置を設ける。

クリーンルーム

室内の浮遊粉塵や浮遊微生物の量を、規定レベル以下とし、高度に清浄度管理（コンタミネーションコントロール）された空間。クラス値が小さいほど清浄度が高い。外部からの浮遊物の流入を防ぐため、原則として室内は正圧とする。

● 天吊り型空調機
天井裏に補強材を入れ、天井に取り付けるタイプの空調機

● 無停電電源装置（UPS）
入力電源が遮断された場合も、接続されている機器に対して、一定時間停電することなく電力を供給する電源装置

● 耐震装置
地震力に対し、物体そのもので振動エネルギーを受け止め、耐えられるようにするための装置

● 免震装置
構造物や機材の基礎部分に取り付ける、振動エネルギーを吸収する装置

● 清浄度管理（コンタミネーションコントロール）
限られた空間・製品などの内部・表面または周辺について、要求される清浄度を保持するために管理すること

サーバールームの地震対策

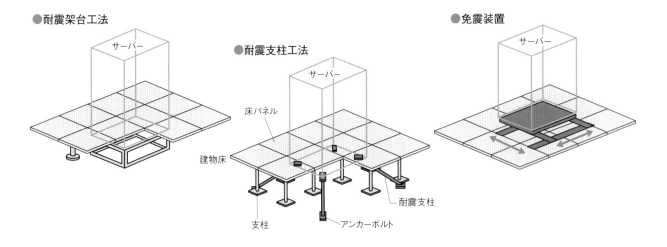

●耐震架台工法　サーバー

●耐震支柱工法　サーバー　床パネル　建物床　支柱　アンカーボルト　耐震支柱

●免震装置　サーバー

セキュリティレベルの仕組み

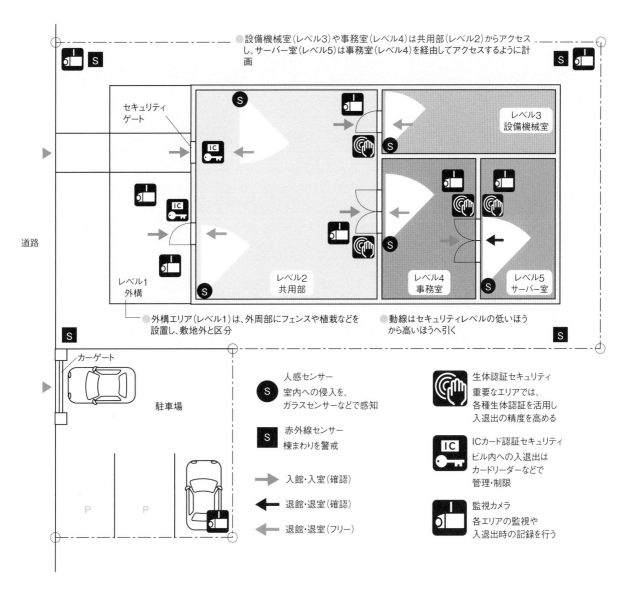

● 設備機械室（レベル3）や事務室（レベル4）は共用部（レベル2）からアクセスし、サーバー室（レベル5）は事務室（レベル4）を経由してアクセスするように計画

セキュリティゲート

レベル3 設備機械室

レベル2 共用部

レベル4 事務室

レベル5 サーバー室

道路

レベル1 外構

● 外構エリア（レベル1）は、外周部にフェンスや植栽などを設置し、敷地外と区分

● 動線はセキュリティレベルの低いほうから高いほうへ引く

カーゲート

駐車場

P P

人感センサー
室内への侵入を、ガラスセンサーなどで感知

赤外線センサー
棟まわりを警戒

→ 入館・入室（確認）

← 退館・退室（確認）

← 退館・退室（フリー）

生体認証セキュリティ
重要なエリアでは、各種生体認証を活用し入退出の精度を高める

ICカード認証セキュリティ
ビル内への入退出はカードリーダーなどで管理・制限

監視カメラ
各エリアの監視や入退出時の記録を行う

動線

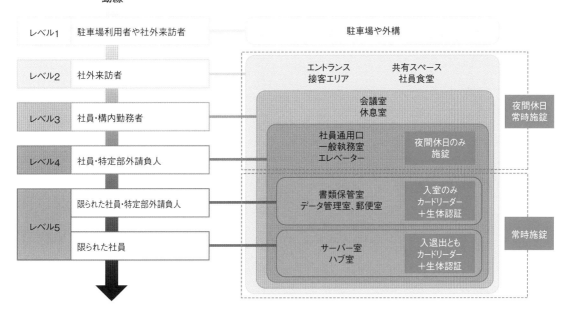

レベル1	駐車場利用者や社外来訪者	駐車場や外構	
レベル2	社外来訪者	エントランス 接客エリア　共有スペース 社員食堂	
レベル3	社員・構内勤務者	会議室 休息室	夜間休日 常時施錠
レベル4	社員・特定部外請負人	社員通用口 一般執務室 エレベーター	夜間休日のみ 施錠
レベル5	限られた社員・特定部外請負人	書類保管室 データ管理室、郵便室	入室のみ カードリーダー ＋生体認証
	限られた社員	サーバー室 ハブ室	入退出とも カードリーダー ＋生体認証　常時施錠

設備計画を始める前に

給排水・給湯のキホン

換気・空調のキホン

電気・通信のキホン

事務所ビルに必要な設備

環境にやさしい省エネ設計

参考設備図と関連資料

昇降機

① 2009 年 9 月の建築基準法改正により、エレベーターの安全対策が強化された
② 非常用エレベーターは、高さ 31 mを超える建築物に必要
③ エスカレーターには、踏段の昇降を停止できる非常停止ボタンを昇降口に設ける

エレベーターの種類と安全対策

エレベーターは、一般にロープ式と油圧式の2種類がある。ロープ式は、モーターで巻上機を駆動してかごを昇降させる。近年は、駆動装置を昇降路内に納めた機械室レスタイプが主流である。一方、油圧式は、油圧ポンプを駆動させてかごを昇降させる。

2009年9月28日の建築基準法の改正により、「エレベーターの駆動装置や制御器が故障しても、扉が閉じる前にかごが動き出さないようにする装置を設置」「地震の初期微動を感知し、かごを自動的に最寄り階などに止め、乗員が扉を開けて出られるようにする装置の導入」が義務付けられた。緊急地震速報と併用することで、より早く避難できる。

非常用エレベーター

非常用エレベーターは、消防隊による火災時の消火・救助活動のために、高さ31mを超える建築物に設置が義務付けられ、平常時は一般のエレベーターと兼用してもよいが、非常時には中央管理室から作動が行えるようにする。

乗降ロビーは、初期避難者が留まる場所として、非常用照明、屋内消火栓、連結送水管の送水口、非常用コンセントなどの消火設備を設け、床面積10㎡以上とする。

中央管理室は、消火活動・避難誘導の総合的な指揮をとるための場所で、高さ31mを超える建物や、延床面積1,000㎡を超える地下街に必要。

エスカレーターの種類

エスカレーターは、標準的なもので800型と1200型（手摺の内法寸法がそれぞれ800mm、1,200mmであることを示す）がある。エスカレーターには、昇降口で踏段の昇降を停止できる非常停止ボタンを設けなければならない。

近年は、3枚ステップ水平方式の採用により、車椅子を乗せることができる、車椅子用ステップ付きエスカレーターがある。

● 機械室レスタイプ
ロープ式のエレベーターで、昇降路内にロープの巻上機が設置されており、機械室を必要としないもの

● 緊急地震速報
地震の発生直後に、震源に近い地震計でとらえた観測データを解析して震源や地震の規模（マグニチュード）を直ちに推定し、これに基づいて各地での主要動の到達時刻や震度を予測し、知らせる地震動の予報・警報

● 連結送水管の送水口
高層建築物に対して、外部から消火活動を円滑に行う目的で、建物外部（1階）に取り付けられ、消防車から加圧した水を各階の放水口に送る部分

エスカレーターの仕組み

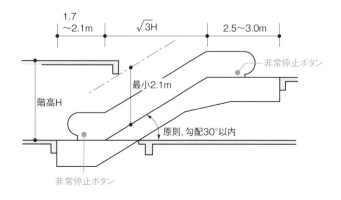

1.7〜2.1m　√3H　2.5〜3.0m
非常停止ボタン
最小2.1m
階高H
原則、勾配30°以内
非常停止ボタン

●車椅子用ステップ付きエスカレーター
水平3枚ステップを利用

地震時のエレベーター管理システム

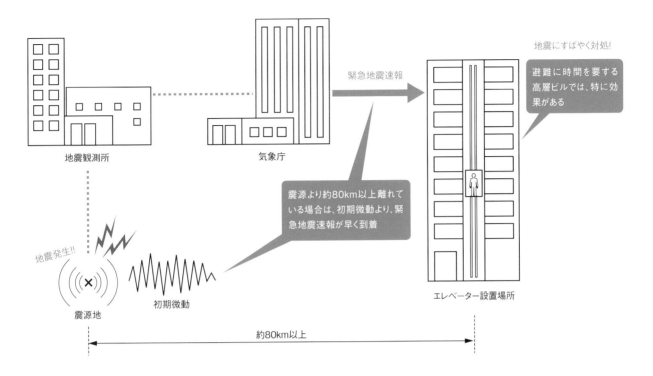

非常用エレベーターの設置基準

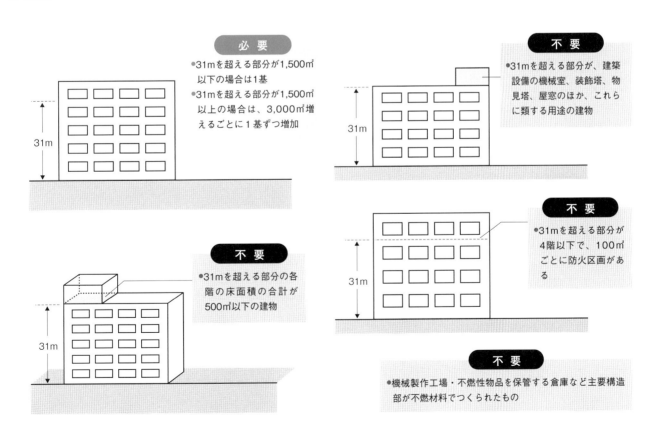

設備計画を始める前に

給排水・給湯のキホン

換気・空調のキホン

電気・通信のキホン

事務所ビルに必要な設備

環境にやさしい省エネ設計

参考設備図と関連資料

落雷から建物を守る避雷設備

①建築基準法により、高さ20mを超える建築物・工作物には避雷設備が必要である
②保護角法により、避雷針の設置個数・設置箇所が決まる
③落雷により避雷針の耐用年数は消耗するので、定期点検を必要とする

避雷設備とは

　落雷などの被害から人や建物を守るため、高さ20mを超える建築物・工作物に避雷設備を設けることが建築基準法により義務付けられている。避雷設備は、受雷システム（避雷針など）、引下げ導線システム、接地システムによって構成され、この3つをまとめて「外部雷保護システム」という。

外部雷保護システム

●**受雷システム**　雷撃を金属製の避雷針の突針部分で捕捉し、雷電流を引下げ導線システムに導く。避雷針はさびると効果が落ちるため、白金や金メッキ処理されたものを使う。

●**引下げ導線システム**　受雷システムから導かれた雷電流を、接地システムに導く。銅やアルミニウム、鉄などの引下げ導線を使用するほか、鉄骨や鉄筋など建物の構造体を利用する方法もある。

●**接地システム**　過電圧を生じさせることな
く、雷電流を大地に逃がし、被害を防止する。接地極には、銅板や銅覆鋼棒、溶融亜鉛メッキ棒などを用い、なるべく湿気のある、ガスや酸による腐食のおそれのない場所に、壁から1m以上離し、0.5mの深さで埋設する。

　また、外部雷保護システムのほかに、防雷対策をくぐり抜けて間接的に侵入した雷から建物を守る「内部雷保護システム」もある。

避雷設備の設置

　避雷針には「保護角」があり、JIS規格によって、一般的な建物は60°以下（危険物は45°以下）とすることが定められている。保護角内に建物が納まるように設置個数と場所を決める。

　なお、最近は新JIS法にもとづく「回転球体法」「メッシュ法」などで算出することもある。

　避雷針の耐用年数は10年以上とされているが、落雷により消耗するため、定期点検を必要とする。

過電圧
雷の影響により、建物やその周囲に生じる異常高電圧

内部雷保護システム
落雷時に電力線・通信線を通じて建物内に侵入する雷サージ（雷電流）を抑制するために建物内の金属製部材、設備機器間を互いに同じ電位にして雷サージが侵入するのを防ぐ仕組み

保護角
避雷針の設置場所、避雷針設備による建築物の保護範囲を算出するときに基準となる算出角度

新JIS法
国が主体となっていた旧制度をより民間を主体としていくことを目的として改正された工業標準化法（JIS法）。国による認定から民間による認証、JIS表示対象製品の事業者による自主的な決定になど、より民間事業者の主体性が強くなっている

回転球体法
建築物と大地、それらに外接する円で囲まれた部分を保護範囲とする方法

メッシュ法
建築物をメッシュ状に導体で覆い、その内側を保護範囲とする方法

外部雷保護システムの仕組み

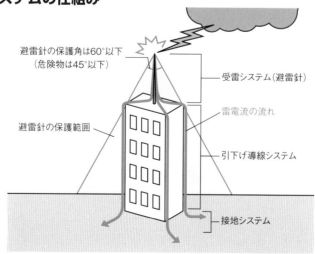

避雷針の保護角は60°以下
（危険物は45°以下）

避雷針の保護範囲

受雷システム（避雷針）

雷電流の流れ

引下げ導線システム

接地システム

CHAPTER **6**

環境にやさしい省エネ設計

材料の熱特性を表す数値

①熱伝導率とは、伝導による物質の熱の伝わりやすさを表す
②熱貫流率は、部位の熱の移動しやすさを表す
③熱抵抗値は、部材の単体の熱の伝わりにくさを表す

熱の性質

熱（エネルギー）は、温度の高いほうから低いほうへ移動する性質をもつ。その伝わり方には、伝導・対流・放射（輻射）の3種類がある。

建物は、屋根・壁・床・窓などを介して常に熱移動が起こっており、これにより、室内温度が上下する。

材料の熱特性を表す数値

材料の熱の伝わりやすさ、伝わりにくさは、次に定義する数値で表す。

●**熱伝導率[単位：W／m・K]** 伝導による物質の熱の伝わりやすさを表す数値。物質の両面が1℃の場合に1㎡当たり1時間で伝わる熱量のこと。この値が大きい物質ほど移動する熱量が大きく、熱が伝わりやすいことになる。

熱伝導率は、材料の種類によって異なり、一般的に金属は熱伝導率が高く、空気は低い。

●**熱貫流率（K値）[単位：W／㎡・K]** 建物の壁や床、窓など部位の熱の通過しやすさを表す数値。

部位を構成する物質の両側の温度差を1℃とした場合、1㎡の広さに対して1時間に何ワットの熱が伝わるかを示したもので、K値と呼ばれる。熱伝導率が、材料そのものの断熱性能を表すのに対し、熱貫流率は、部位としての断熱性能を表す。この値が小さいほど熱を伝えにくく、断熱性能が優れていることになる。

●**熱抵抗値（R値）** 断熱材など、部材の厚さをその材料の熱伝導率で割った値で、部材単体の熱の伝わりにくさを表す数値。熱伝導率が素材の単位面積当たりの数値であるのに対し、熱抵抗値は材料の厚さを考慮している。この数値が大きいほど熱が伝わりづらく、特に断熱材の性能を示す場合に使われている。

●**熱容量** 物質の温度を1℃上げるのに必要な熱量を表す数値。熱容量が大きいほど暖まりにくく、冷めにくい。材料の密度にほぼ比例し、熱容量が大きいコンクリートやレンガなどは蓄熱材として利用される。

● 伝導
熱や電気が物体内を移動する現象

● 対流
気体や液体において温度や表面張力などにより生じる流動現象

● 熱移動
温度の異なる2つの物体（気体・固体・液体）間を熱が伝わる現象。その過程は伝導・対流・放射（輻射）の3種がある

● 熱量
熱を量として数値化したもの

● 断熱材
熱の侵入や放出を遮断するための材料。綿、羽毛、羊毛、発泡プラスチック、グラスウール、ロックウール、珪酸アルミナウールなど。熱伝導性の低い素材が用いられる

エネルギーの単位換算表

J [※]	kg・m	kW・h [※]	kcal
1	$1.0197×10^{-1}$	$2.7778×10^{-7}$	$2.3892×10^{-4}$
9.8066	1	$2.7241×10^{-6}$	$2.3430×10^{-3}$
$3.6000×10^{6}$	$3.6710×10^{5}$	1	$8.6011×10^{2}$
$4.1855×10^{3}$	$4.2680×10^{2}$	$1.1626×10^{-3}$	1

※ J（ジュール）は仕事量・熱量を表す国際単位。ある物体に電流を流したときに発熱する熱量は、流れた電流の大きさと時間に比例する。
　J（ジュール）＝W（ワット）×S（秒）　例えば700Wの電子レンジを5分間使用したときの熱量は、700W×300（S）＝210000Jとなる。

熱貫流率と熱伝導率

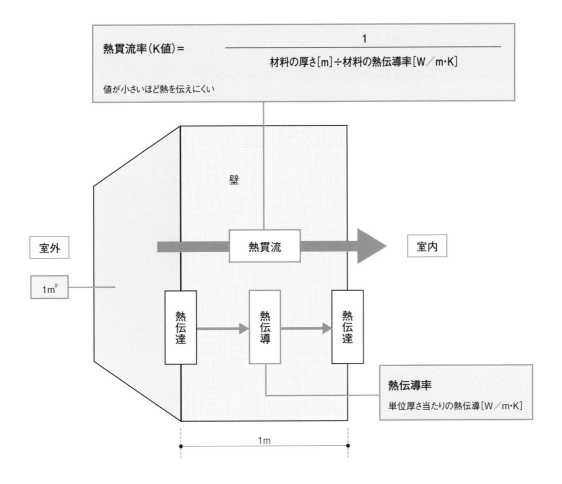

$$熱貫流率（K値）＝ \frac{1}{材料の厚さ[m] ÷ 材料の熱伝導率[W／m·K]}$$

値が小さいほど熱を伝えにくい

壁

室外

1m²

熱貫流

室内

熱伝達　熱伝導　熱伝達

熱伝導率
単位厚さ当たりの熱伝導[W／m·K]

1m

素材別の熱伝導率[W／m・K]

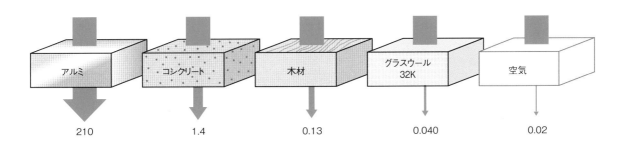

アルミ	コンクリート	木材	グラスウール 32K	空気
210	1.4	0.13	0.040	0.02

素材別の熱容量[kj／㎥・K]

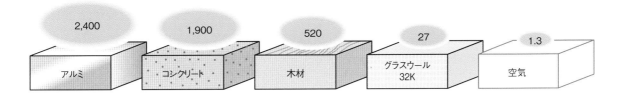

アルミ	コンクリート	木材	グラスウール 32K	空気
2,400	1,900	520	27	1.3

設備計画を始める前に

給排水・給湯のキホン

換気・空調のキホン

電気・通信のキホン

事務所ビルに必要な設備

環境にやさしい省エネ設計

参考設備図と関連資料

建物の性能を高める 次世代省エネルギー基準

①地域区分ごとに、省エネルギー性能の基準が定められる
②建物全体で判断する性能基準と、各部位ごとに判断する仕様基準がある
③住宅性能表示制度や省エネ住宅向け優遇金利の評価ベースとなっている

次世代省エネルギー基準とは

　次世代省エネルギー基準は、1999年3月に建設省・通商産業省(当時)より改正告示された「住宅に係るエネルギーの使用の合理化に関する建築主の判断基準」および「同設計及び施工の指針」をいう。

　地域区分ごとに省エネルギー性能の基準が定められ、「建築主の判断基準(性能基準)」と「設計・施工の指針(仕様基準)」でまとめられている。

　平成21年4月に省エネ法が改正され、300㎡以上の新築・増築・改築には、省エネ措置の届出が必要になった。

　それに合わせて次世代省エネルギー基準も改正され、今までの基準に加えて、より簡潔な方法で評価出来るものとなっている。

性能基準と仕様基準

　性能基準とは、建物の面積や開口部、換気量などが評価結果に反映された、建物全体の省エネ性能を判断する基準である。「年間暖冷房負荷」と、「熱損失係数(Q値)」や「夏期日射取得係数(μ値)」により、基準を定めている。

　仕様基準では、天井や屋根、壁、床など躯体の各部位の断熱性能の基準と、開口部の断熱性能及び日射遮蔽性能を定めている。躯体の断熱性能は「熱貫流率(K値)」または「断熱材の熱抵抗値(R値)」によって、開口部の断熱性能は「建具の熱貫流率(K値)」または「建具仕様」によって、「日射遮蔽性能」は「ガラスの日射侵入率(η値)」により基準を定めている。

　性能基準・仕様基準ともに、気密、防露、換気、通風についての配慮は従来通り求められる。

　なお、この基準は義務化されているわけではなく、あくまでも省エネルギー化と建物性能に関する指標であり、住宅性能表示制度における「温熱環境性能」や、省エネ住宅向けの住宅ローンの金利や税制優遇の評価ベースとなっている。

- **省エネ措置の届出**
  建物の断熱性能や空調・換気・給湯・照明・昇降機の省エネ性能を算出し、事前に行政に届け出ること

- **日射遮蔽性能**
  窓から侵入する日射を遮る性能

- **日射侵入率(η値)**
  入射する日射熱のうち室内側へ流入する熱の割合を表したもので、日射熱取得率とも呼ばれる。この値が小さいほど、遮蔽性能が高い

- **温熱環境性能**
  防暑・防寒など、室内の温度や暖冷房時の省エネルギーに関連することの性能をランク付けで評価する

省エネルギーの各種基準値

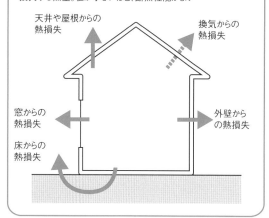

- **●年間暖冷房負荷**
  1年間に使用される冷暖房エネルギーの合計[MJ／㎡・年]

- **●夏期日射取得係数(μ値)**
  建物による遮蔽がない場合、「日射量」に対する「建築内に取り込める日射量」の平均的な比率

- **●熱損失係数(Q値)**
  建物内外の温度差が1℃のとき、延床面積1㎡当たり、1時間に損失する熱量。値が小さいほど、断熱性能がよい

  天井や屋根からの熱損失
  換気からの熱損失
  窓からの熱損失
  外壁からの熱損失
  床からの熱損失

- **●相当隙間面積(C値)**
  建物外皮の隙間の気密を測定し、建物の相当隙間面積を計る

- **●熱抵抗値(R値)**
  断熱材など部材単体の性能を示す。熱の伝わりにくさを指標化したもので、部材の厚さをその材料の熱伝導率で割った数値

- **●熱貫流率(K値)**
  熱の通過しやすさを示し、数値が小さいほど断熱性が高い。壁や天井、窓など各部位の断熱性は熱貫流率(K値)で表す

次世代省エネルギー基準の概要

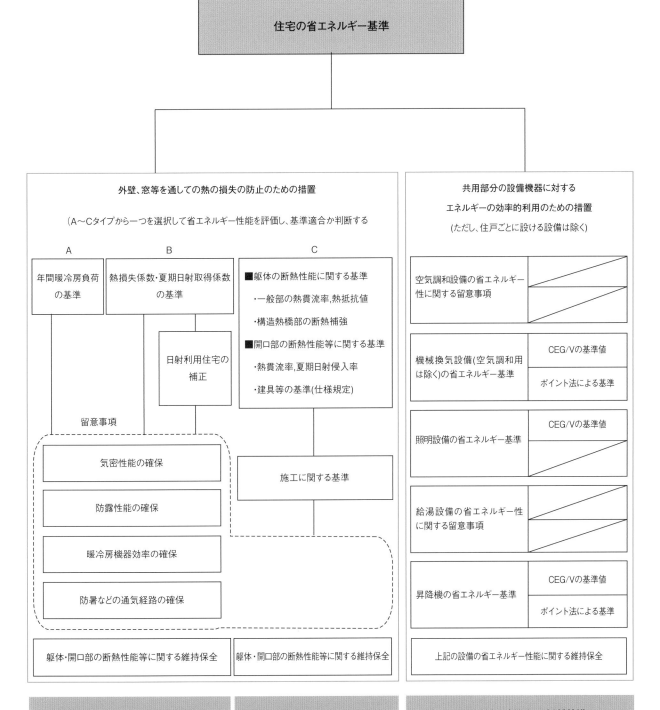

設備計画を始める前に

給排水・給湯のキホン

換気・空調のキホン

電気・通信のキホン

事務所ビルに必要な設備

環境にやさしい省エネ設計

参考設備図と関連資料

断熱は省エネ設計の基本

①断熱は最も有効的な省エネ手法の一つ
②内断熱よりも外断熱のほうが断熱効果は大きいが、コストは高い
③熱損失が最も大きい開口部の断熱性能を高めることが重要である

断熱の役割

地球温暖化防止のため、建物の断熱性能を高めることは、省エネを図るうえで最も有効的な方法の1つである。

断熱性能が低いと、冬は暖かい室内から寒い屋外に熱が逃げていき、夏は暑い屋外の熱が室内に入り込んでしまう。この熱の移動を防ぐのが断熱材の役割である。

断熱工法の種類

木造の場合、柱と柱の間に繊維系断熱材を挟み込む充填断熱工法と、柱や梁の外側にボード状断熱材を張る外張り断熱工法、この2つを合わせた付加断熱工法がある。充填断熱工法は、ローコストで施工できるが、施工精度によっては、充分な断熱性能が確保できない場合がある。外張り断熱工法は、建物全体を断熱材で覆ってしまうため、熱損失が生じにくく、効果的な工法であるが、コストが割高になる。

鉄骨造の場合は、熱伝導率が高い鉄骨部に外気が接触しないように、外張り断熱とするのが効果的である。

鉄筋コンクリート造の場合、躯体の内側に断熱層を設ける内断熱工法は、ローコストだが、断熱材が連続しない熱橋部分で温度差が生じ、断熱材と躯体の間で結露が起こる可能性があるので、適宜断熱補強を必要とする。一方、外断熱工法は、外部を連続して断熱材で包み込むため、熱橋ができにくく、コンクリートの蓄熱体としての効果も期待できる。コストは内断熱工法に比べて割高になる。

窓の断熱性能

住宅は窓からの熱損失が最も大きいため、躯体とともに開口部の断熱性能を高めることが重要である。サッシは、断熱性に優れた樹脂サッシ、木製サッシ、複合サッシが、ガラスは中空層を設けた複層ガラスやLow-E（低放射）ガラスが効果的である。

> **● 熱損失**
> 室内外の温度差や空気圧の差。または周辺の風力などの環境の差によって熱の移動が起こり、室内側の熱が外部に奪われる現象。室内の熱環境を一定に保とうとする場合（特に冬季）における室内環境に対し、外壁への熱伝導・隙間風の侵入などで、熱負荷の直接的な原因となる
>
> **● 熱橋部分**
> 他の部材が断熱構造を貫通する部分
>
> **● 中空層**
> 材料の間に断熱や遮音の目的で設ける空気の層。対流や通気がなければ比較的熱伝導率が小さい

断熱補強と断熱の種類

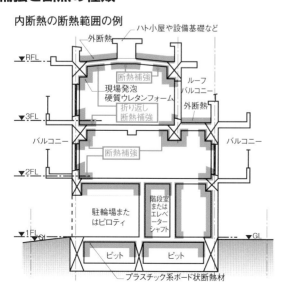

内断熱の断熱範囲の例

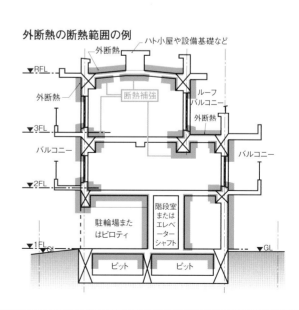

外断熱の断熱範囲の例

断熱工法の種類

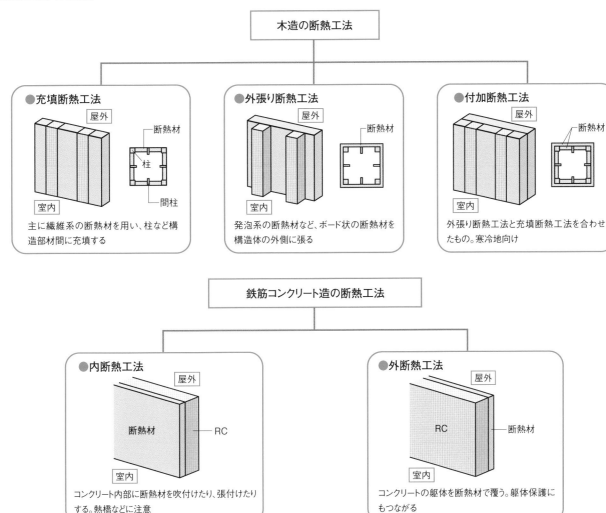

木造の断熱工法

● 充填断熱工法

屋外
断熱材
柱
室内
間柱

主に繊維系の断熱材を用い、柱など構造部材間に充填する

● 外張り断熱工法

屋外
断熱材
室内

発泡系の断熱材など、ボード状の断熱材を構造体の外側に張る

● 付加断熱工法

屋外
断熱材
室内

外張り断熱工法と充填断熱工法を合わせたもの。寒冷地向け

鉄筋コンクリート造の断熱工法

● 内断熱工法

屋外
断熱材
RC
室内

コンクリート内部に断熱材を吹付けたり、張付けたりする。熱橋などに注意

● 外断熱工法

屋外
RC
断熱材
室内

コンクリートの躯体を断熱材で覆う。躯体保護にもつながる

窓からの熱損失

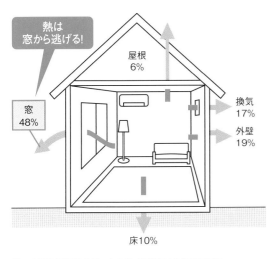

熱は窓から逃げる!

屋根 6%
換気 17%
外壁 19%
窓 48%
床10%

注　1992年当時の省エネルギー基準による住宅モデル。窓はアルミサッシと単板ガラス

開口部の断熱

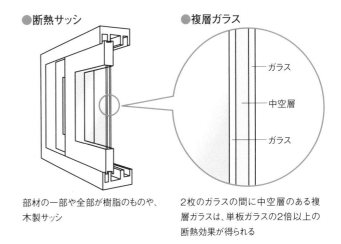

● 断熱サッシ

部材の一部や全部が樹脂のものや、木製サッシ

● 複層ガラス

ガラス
中空層
ガラス

2枚のガラスの間に中空層のある複層ガラスは、単板ガラスの2倍以上の断熱効果が得られる

設備計画を始める前に

給排水・給湯のキホン

換気・空調のキホン

電気・通信のキホン

事務所ビルに必要な設備

環境にやさしい省エネ設計

参考設備図と関連資料

建物の遮熱と日射遮蔽

①遮熱とは、赤外線領域の光を反射し、透過する熱量を減らす
②開口部では、庇やブラインドで日射を遮る手法が省エネ効果を高める
③ヒートアイランド対策には、遮熱材や日射遮蔽の手法が効果的

有効な日射遮蔽と遮熱の効果

熱に抵抗する断熱材に対し、遮熱材は太陽からの放射による熱エネルギーを反射し、室内への影響を抑える。このように断熱材と遮熱材では果たす役割が違う。

遮熱材は熱的作用が大きい赤外線（熱線）領域の波長の光線を反射し、透過する熱量を減らすことで室内の温度上昇を防ぐしくみで、屋根や外壁などに遮熱材を用いると、より熱負荷を減らすことができる。また、最も熱が侵入しやすい開口部には、遮熱対策と共に、日射を遮る庇や、窓の外側で日射を遮る外付けブラインドが効果的である。ライトシェルフは日射を遮りつつ、庇の上面で光を反射させて室内側天井に拡散させる手法で、昼間の照明エネルギー負荷の低減に役立つ（昼光利用）。

さまざまな遮熱材

●**遮熱塗料** 主に、屋根や外壁の赤外線の反射率を高める。白色が最も効果的。塗膜は約5年で劣化が始まる

●**遮熱フィルム** ガラスに貼って、窓から侵入する赤外線をカットする。赤外線の吸収タイプと反射タイプがある。

●**Low-E（低放射）ガラス** ガラスに特殊な金属膜のコーティングを施し、可視光線はよく通しながら、紫外線や赤外線の透過を防ぐ。複層ガラスとして使用し、複合サッシや樹脂・木製サッシと組み合わせることで、高い断熱性能を発揮する。

ヒートアイランド対策

都市はコンクリートやアスファルトなど熱容量の大きい材料で構成されており、これらの材料に日射熱や人工排熱が蓄えられることによって、ヒートアイランド現象を増進させている。

抑制方法の1つとして、建物の外壁や地表面の反射率を上げ、熱量を抑える遮熱工法が有効である。その他、緑化や地表の保水性舗装も効果的である。

● **熱負荷**
所定の温度を保つとき必要とする熱量（顕熱負荷）・水分（潜熱負荷）の総量をいい、暖房負荷と冷房負荷とがある。負荷を表わす単位は、単位時間当たりの熱量を示す

● **人工排熱**
空調など建物に起因して発生する建物排熱・自動車の走行に伴う自動車排熱・工場などの生産活動に伴うエネルギー消費によって生じる工場排熱などをいう

● **遮熱工法**
日射による熱を反射させて熱の侵入を防ぐ工法

● **保水性舗装**
舗装材内に保水された水分が蒸発し、水の気化熱により路面温度の上昇を抑制する性能をもつ舗装。一般の舗装よりも舗装体内の蓄熱量を低減するため、歩行者空間や沿道の熱環境の改善、ヒートアイランド現象の緩和に役立つ

ライトシェルフの仕組み

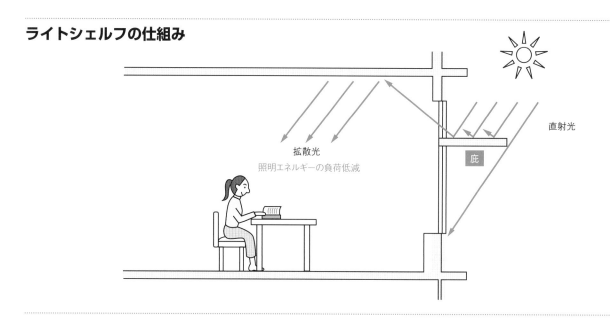

拡散光
照明エネルギーの負荷低減

直射光

庇

遮熱の仕組み

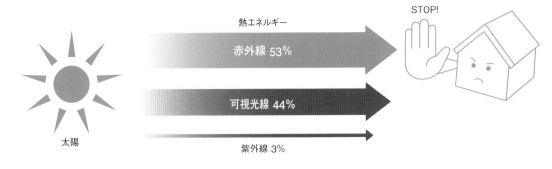

太陽

熱エネルギー

赤外線 53%

可視光線 44%

紫外線 3%

STOP!

赤外線を室内へ侵入させないことが重要

Low-E（低放射）ガラス

● 日射侵入率

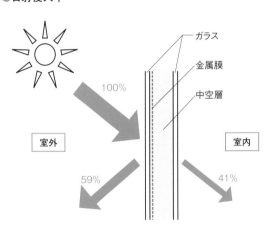

ガラス
金属膜
中空層
室外
室内
100%
59%
41%

遮熱塗料

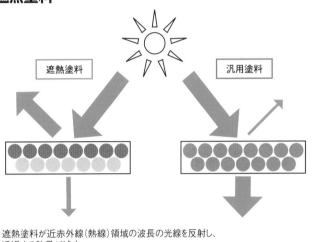

遮熱塗料
汎用塗料

遮熱塗料が近赤外線（熱線）領域の波長の光線を反射し、
透過する熱量が減少

ヒートアイランド対策

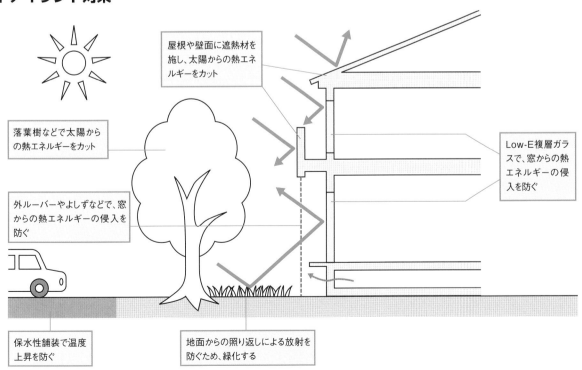

屋根や壁面に遮熱材を
施し、太陽からの熱エネ
ルギーをカット

落葉樹などで太陽から
の熱エネルギーをカット

外ルーバーやよしずなどで、窓
からの熱エネルギーの侵入を
防ぐ

Low-E複層ガラ
スで、窓からの熱
エネルギーの侵
入を防ぐ

保水性舗装で温度
上昇を防ぐ

地面からの照り返しによる放射を
防ぐため、緑化する

設備計画を始める前に

給排水・給湯のキホン

換気・空調のキホン

電気・通信のキホン

事務所ビルに必要な設備

環境にやさしい省エネ設計

参考設備図と関連資料

自然界の偉大な力を利用する

①機械設備を利用するアクティブシステムと建築的工夫によるパッシブシステムがある
②アクティブシステムは気候や地域、立地条件に左右される
③両システムの併用で、より高い省エネ効果が得られる

自然エネルギー利用の考え方

自然エネルギーを利用するには、2つの考え方がある。機械設備を用いて利用するアクティブシステムと、機械を使わず、自然エネルギーが取り入れられるように建物自体のつくりを工夫して利用するパッシブシステムである。

アクティブシステムの特徴

アクティブシステムは、太陽光発電や風力・水力発電・地中熱をヒートポンプの熱源として利用するほか、太陽熱温水器などに代表される。どれも機械を使用するため、メンテナンスや更新が必要である。それぞれのエネルギー変換効率は、気候や地域、立地といった、自然環境が持つ基本的な条件に左右されやすく、安定したエネルギー利用には更なる技術革新が必要とされる。発電時の二酸化炭素排出量はゼロ。

パッシブシステムの特徴

機械を使うアクティブシステムに対し、パッシブシステムでは、建築的工夫により自然エネルギーを利用する。南面の開口部に庇やオーニングを取り付けたり、屋上緑化や樹木を植えるといったこともこれに含まれる。また、地域の風環境を考慮し、風上・風下などの適切な位置に窓を配置し、充分な通風を確保することも冷房負荷につながる。

1年中安定した温度の地中熱を、床下より温冷風として取り入れたり、冬期は日射・日光を取り入れて熱を逃がさないように、熱容量の大きいコンクリートやタイルなどを適切に設け、蓄熱体として利用することも、パッシブシステムによる自然エネルギー利用である。

どちらかのシステムを選択するというものではなく、アクティブシステムを利用する場合でも、パッシブシステムを前提とすれば、より高い省エネ効果を得ることができる。

● **エネルギー変換効率**
光・電力・動力・熱など各種のエネルギー形態が、有効利用できるエネルギーの割合。一般には、出力エネルギー÷入力エネルギー×100（％）の値をいう。この値が高いほど損失が少ない

● **オーニング**
建物外側に設置するテント生地で作られた日よけ・雨よけ

関連事項

● 発電種別CO₂排出量

電気を発電させる燃料として、石炭、石油、液化天然ガス等があり、それらを燃焼し、タービンを回すことで発電する。この燃料を燃焼させる際に大気中に二酸化炭素（CO₂）を排出するが、それぞれ燃料によって排出される二酸化炭素の量も異なり、液化天然ガス、石油、石炭の順に多くなる。また、単に燃焼だけでなく、発電所の建設や運用により排出される二酸化炭素も含む。

太陽光や風力、水力などの自然エネルギーは、発電所の建設や運用時にCO₂が排出されることはあっても、燃料の燃焼による排出がないので、化石燃料による発電に比べると、その量は格段に少ない。また、燃料による発電で原子力発電は二酸化炭素の排出がなく、施設の建設や運用時の排出のみである。

発電効率は自然エネルギーのそれをはるかに上回り、エネルギー資源の枯渇問題と地球温暖化に大きく寄与するものとして期待されている。しかし、人体に害毒な放射線を発することから、その安全性が問題視されている。

アクティブシステムの仕組み

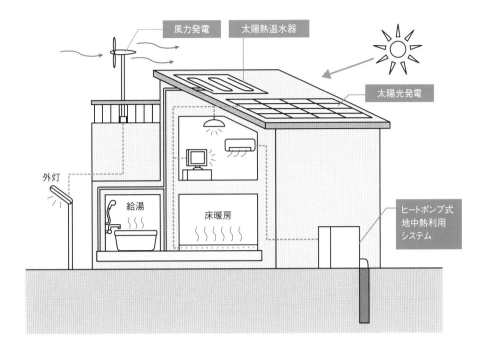

風力発電

太陽熱温水器

太陽光発電

外灯

給湯

床暖房

ヒートポンプ式
地中熱利用
システム

パッシブシステムの仕組み

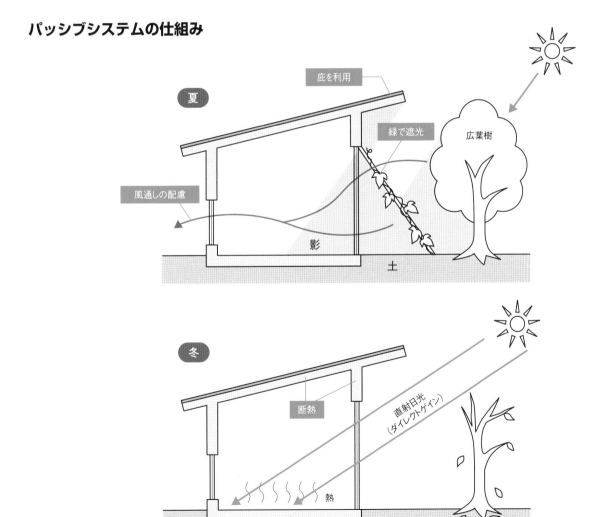

夏

庇を利用

緑で遮光

広葉樹

風通しの配慮

影

土

冬

断熱

直射日光
（ダイレクトゲイン）

蓄熱する

熱

設備計画を始める前に

給排水・給湯のキホン

換気・空調のキホン

電気・通信のキホン

事務所ビルに必要な設備

環境にやさしい省エネ設計

参考設備図と関連資料

最も大きな自然エネルギー「太陽光」

①太陽光発電は、太陽の光エネルギーが電気に変換されるしくみ
②作られる電気は直流なので、パワーコンディショナーで交流変換を伴う
③安定した発電が得られるように、周囲が開放され障害物がないか事前にチェックする

太陽光発電の仕組み

　地球のまわりに存在する自然エネルギーのなかで、最も大きいエネルギーを活用するのが太陽光発電である。

　太陽光発電システムの太陽電池モジュール（太陽光パネル）に、太陽の光が照射されると、エネルギー変換されて直流の電気に換わる。半導体のなかに光エネルギーが入ることで＋と－の電位差が生じ、そこに電極を取り付けることによって電気の取り出し口ができ、直流の電気を生み出す仕組みである。

　エネルギー変換効率はおおよそ10〜20%。現在はシリコン結晶系太陽電池モジュールが主流だが、高効率と低コスト化を図るため、さまざまな種類の太陽電池が研究開発されている。

　太陽電池モジュールで生まれた直流の電気は、パワーコンディショナーで交流電力に変換され、さまざまな家電製品に使用される。また、余った電気は電力会社に売ることができる。

設置方法と発電量

　設置方法は、一般的には屋根置き型が主流だが、ビルなどでは壁設置型や、窓ガラスを兼ねるものもある。発電量は設置機種や設置環境、季節、使用状況などにより異なるが、一般的な家庭では3〜6kW。設置の傾斜角度は20〜30°で、真南が最適である。

　太陽光が射す方位に高い建物や大きな木がある場合、太陽電池に影がかかり、周囲からの錯乱光により安定した発電が得られないので、南面に広く設置でき、周囲に障害物がない場所が設置に適している。同時に、周囲に対してもモジュールの反射光がまぶしさをもたらす光害にも注意する。

　なお、設置後は定期的な点検が必要となり、太陽電池モジュール（表面が強化ガラスで保護されているタイプ）で20年以上、パワーコンディショナーで10〜15年の寿命といわれている。

● 太陽電池モジュール（太陽光パネル）
太陽光が照射することにより太陽光パネルに生じる電位差を利用し、光エネルギーを直接電力に変換する電力機器を太陽電池といい、太陽電池（セル）を複数枚直並列接続して必要な電圧と電流を得られるようにしたパネル状の製品単体を太陽電池モジュール又は太陽光パネルと呼ぶ

● 電位差
電圧。単位電荷が持つ位置エネルギーの差

● シリコン結晶系
決まったパターンを持って配列しているケイ素

● パワーコンディショナー
太陽光発電システムやエネファーム（家庭用燃料電池）において、太陽電池（モジュール）などが発電した直流電気を家庭等で利用できる交流電気に変換する機器のこと

空気式ソーラーシステム

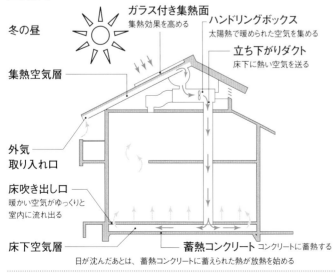

冬の昼

ガラス付き集熱面
集熱効果を高める

ハンドリングボックス
太陽熱で暖められた空気を集める

立ち下がりダクト
床下に熱い空気を送る

集熱空気層

外気取り入れ口

床吹き出し口
暖かい空気がゆっくりと室内に流れ出る

床下空気層

蓄熱コンクリート コンクリートに蓄熱する

日が沈んだあとは、蓄熱コンクリートに蓄えられた熱が放熱を始める

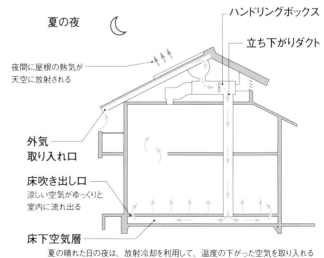

夏の夜

ハンドリングボックス

立ち下がりダクト

夜間に屋根の熱気が天空に放射される

外気取り入れ口

床吹き出し口
涼しい空気がゆっくりと室内に流れ出る

床下空気層

夏の晴れた日の夜は、放射冷却を利用して、温度の下がった空気を取り入れる

太陽光発電の仕組み

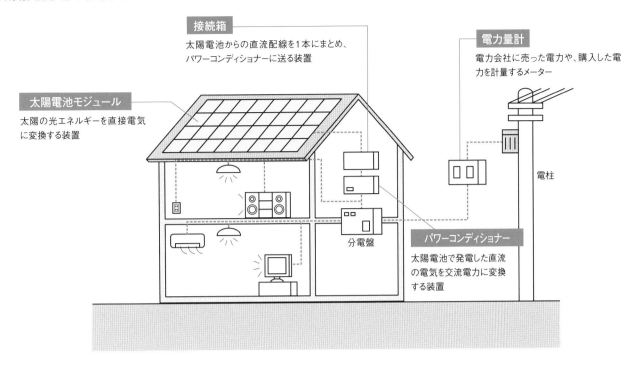

接続箱
太陽電池からの直流配線を1本にまとめ、パワーコンディショナーに送る装置

電力量計
電力会社に売った電力や、購入した電力を計量するメーター

太陽電池モジュール
太陽の光エネルギーを直接電気に変換する装置

電柱

分電盤

パワーコンディショナー
太陽電池で発電した直流の電気を交流電力に変換する装置

屋根の形状と周囲の環境のチェック

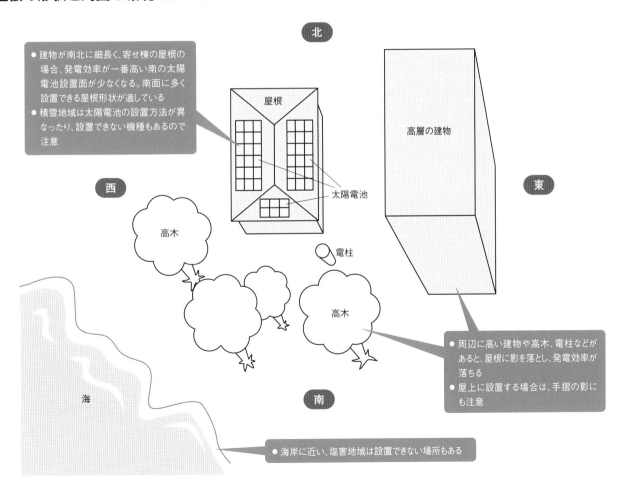

北

- 建物が南北に細長く、寄せ棟の屋根の場合、発電効率が一番高い南の太陽電池設置面が少なくなる。南面に多く設置できる屋根形状が適している
- 積雪地域は太陽電池の設置方法が異なったり、設置できない機種もあるので注意

西

東

屋根

高層の建物

太陽電池

高木

電柱

高木

- 周辺に高い建物や高木、電柱などがあると、屋根に影を落とし、発電効率が落ちる
- 屋上に設置する場合は、手摺の影にも注意

海

南

- 海岸に近い、塩害地域は設置できない場所もある

設備計画を始める前に

給排水・給湯のキホン

換気・空調のキホン

電気・通信のキホン

事務所ビルに必要な設備

環境にやさしい省エネ設計

参考設備図と関連資料

「太陽熱」のめぐみ

①自然循環型は、自然対流の原理を使ってお湯を蓄える
②自然循環型は、貯湯タンク屋根に設置するので荷重を考慮する
③強制循環型は、パネルとタンクの間に冷媒を循環させてお湯を蓄える

太陽熱温水器の種類

太陽熱温水器には「自然循環型」と「強制循環型」の2タイプに分かれる。

自然循環型は、集熱パネルと貯湯タンクが一体となった構造で、電力が不要であり、自然対流の原理を使って貯湯タンクにお湯を蓄える。貯湯タンクを屋根にのせるため、設置時の屋根への荷重を考慮する。

自然循環型には、**開放型**と水道直圧型があり、開放型はタンクと給水栓の高低差を利用して給湯を行うため、水圧の確保がポイントとなる。一方、水道直圧型は高い給湯圧力が確保できる。

水道直圧型の一種で、集熱器の集熱部と貯湯部が一体となった真空貯湯型がある。

ガラスに覆われた円筒状の集熱器のまわりにお湯をためる仕組みで、集熱効率や保温力が高い。

強制循環型は、屋根の上の集熱パネルと、地上の貯湯タンクを分離して設置し、パネルとタンクの間に冷媒を循環させ、お湯をつくり蓄える。価格は多少割高だが、貯湯量が多く高い水圧を確保できる。また、冬でも湯温が上がりやすく利用価値が高い。給湯だけでなく、床暖房への利用も可能である。

いずれの方式でも、温水器と給湯機を接続することにより、湯切れの心配はなく連続使用ができる。効率よく集熱するには、充分な日射がある南面で、周囲の障害物に配慮する。

空気式ソーラーシステム

補助暖房として利用するシステムに、空気式ソーラーシステムがある。屋根の太陽熱集熱面で外気を暖め、それを送風機で床下に送り、暖気を蓄熱体に蓄熱させ、各部屋へ送る。夏の昼は、屋根裏の暖気を送風機で外へ排出し、夜は放射冷却して、涼しい外気を室内に取り込む。

設置する場合は、基礎、屋根裏空間、ダクトスペースの確保など、家のつくりをシステムに合わせる必要がある。

● 水道直圧型
瞬時に水道水を設定温度に沸き上げ、水道の給水圧力を減圧することなく、そのまま給湯できるしくみ

● 真空貯湯型
太陽熱で温めたお湯の熱を逃がさないように、魔法瓶のような真空ガラスで保温をしているソーラーシステム

関連事項

● 開放型

太陽熱温水器は昭和20年代に、農作業の後の風呂を沸かす手間を少しでも減らすという農家の生活改善の中で生れた製品で、初期の温水器は「開放型」と呼ばれる木箱の内側にトタンや銅板をはり、熱の吸収を高めるために黒く塗装をし、ガラスをはめた簡単なものであったが、今は金属またはプラスチックでつくられた筒状のものに水が入っていて、この中の水を太陽熱で温める密閉型がほとんどである。集熱パネルと貯湯タンクが一体となった自然循環型で、ガス給湯器などの補助熱源を併用し貯湯タンクと給水管を直接つなぐ「水道直圧型」はどこに設置しても勢いのあるお湯が利用できるメリットがある。

また、「真空貯湯型」は屋根の上には集熱パネルだけが設置され、お湯は地上のタンクに溜める仕組みになっているので、屋根に負担がかからない。太陽熱で温めたお湯の熱を逃がさないように、魔法瓶のような真空ガラスで保温をしているので「真空貯湯型」という。

太陽熱温水器の種類と仕組み

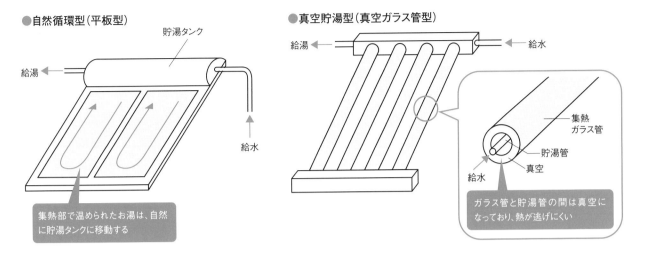

● 自然循環型(平板型)

貯湯タンク

給湯

給水

集熱部で温められたお湯は、自然に貯湯タンクに移動する

● 真空貯湯型(真空ガラス管型)

給湯

給水

集熱ガラス管

貯湯管

真空

給水

ガラス管と貯湯管の間は真空になっており、熱が逃げにくい

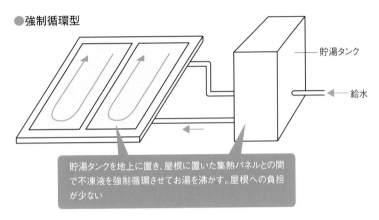

● 強制循環型

貯湯タンク

給水

貯湯タンクを地上に置き、屋根に置いた集熱パネルとの間で不凍液を強制循環させてお湯を沸かす。屋根への負担が少ない

太陽熱給湯システムの仕組み

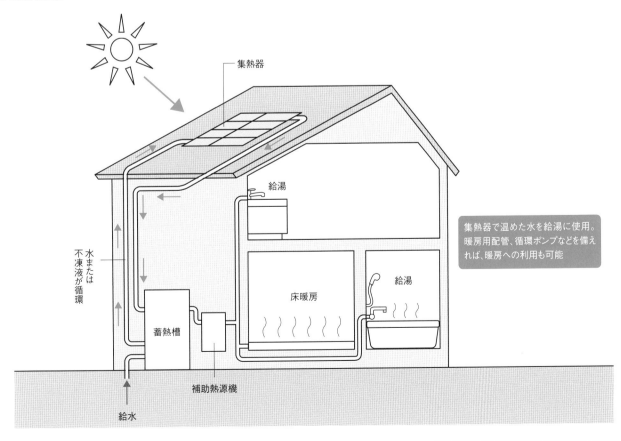

集熱器

給湯

水または不凍液が循環

給湯

蓄熱槽

床暖房

給湯

補助熱源機

給水

集熱器で温めた水を給湯に使用。暖房用配管、循環ポンプなどを備えれば、暖房への利用も可能

設備計画を始める前に

給排水・給湯のキホン

換気・空調のキホン

電気・通信のキホン

事務所ビルに必要な設備

環境にやさしい省エネ設計

参考設備図と関連資料

安定した熱媒体「地中熱」

①地中熱は、地上の気温変化に関わりなく安定した熱媒体である
②パッシブ型は、外気を一旦地中で温度調整してから室内に取り込む
③アクティブ型のヒートポンプ式地中熱利用は、1年を通して安定した能力が得られる

地中の温度は安定

地中の温度は、地中5mより深くなると、地上の気温変化に関わりなく、1年を通して10〜15℃で安定する。また、地中熱はほかの自然エネルギー（太陽光、風力、水力など）と比べても、気候や立地などの条件に左右されず、常に安定した効果が得られる。

パッシブ型地中熱利用システム

「クールチューブ」は、建物の廻りや下、地中1〜3m程度の位置に、外気と室内を結ぶパイプを埋込むシンプルな構造である。夏期の19〜21℃の地中熱を利用し、夏の暑い外気を、地中で一旦冷やして室内に送る考え方である。原理としては、井戸水が夏は冷たく、冬は温かく感じることに似ている。クールチューブは大型施設でも利用されており、ピット空間を熱の通り道として冷やし（暖め）ている場合がある。

さらに5m程度までパイプを埋込む、「地中熱利用換気システム」がある。深く埋込み、床下にはコンクリートやレンガなどの蓄熱体を設けることで、より安定した効果を得ることができる。またパイプを縦に埋込むため、敷地内にスペース的な余裕がなくても利用可能である。

パッシブ型地中熱利用システムは、外気を直接ではなく、地中を介して温度調整してから室内に取り込むため、冷暖房負荷の軽減にも役立つ。

アクティブ型地中熱利用システム

*アクティブ型*には、ヒートポンプ式地中熱利用システムがある。地中50〜100mの深さに地中パイプを埋設し、水や不凍液を循環させ、ヒートポンプの熱源として利用する。

ヒートポンプ式エアコンが、外気温度によって能力が左右されるのに対し、地中熱を利用することにより、1年を通して安定した能力が得られることが特徴だ。また、冷暖房時の室外機からの不快な排熱がない。

● アクティブ型
ヒートポンプなどの設備を併用し、室内空気を加熱する自然熱利用方式

関連事項

● 地中熱利用システムのメリット

近年、環境対策を考えたさまざまな熱源システムが開発されてきているが、省エネルギーで二酸化炭素の排出が少ないという点はどのシステムも共通している点である。地中熱の特記すべき点は、完全密閉型で外部に排熱を出さないという点である。これは、近年の都市部で深刻な問題となっているヒートアイランド現象に大きく貢献するものである。ヒートアイランド現象とは、周辺の地域に比べて都市部の気温が異常な高温となる現象である。都市化により、土や植物で覆われていた地表面は、熱容量の大きなコンクリートの建物やアスファルトにとって変わり、空調からの排熱や、さらには人体の発熱などで、高温の空気が塊のように停滞する。この現象は自然環境だけでなく、人の健康にも害を与えることで、今環境問題として様々な対策が行われている。地中熱利用システムがこのヒートアイランド現象に有効であるのは、地中熱利用システムで利用されるヒートポンプの仕組みが、空調機用のそれと違って、地中に埋めたパイプを通して室内と大地で熱の移動を行うので、夏の暑い大気中に、不快なエアコンの排熱がないということである。欧米では1980年代から普及し始め、米国ではすでに60万台以上利用されているが、日本においてはまだまだ利用が少ない。その大きな要因は、導入コストの高さである。地質が複雑なことで掘削費が高いということや、助成制度なども整備されていないことなどが普及の妨げになっている。しかしながら、広く長い目でみれば、地球環境を改善することが省エネルギーに繋がることであり、今後の普及に期待したいところである。

パッシブ型地中熱利用システム

●クールチューブ

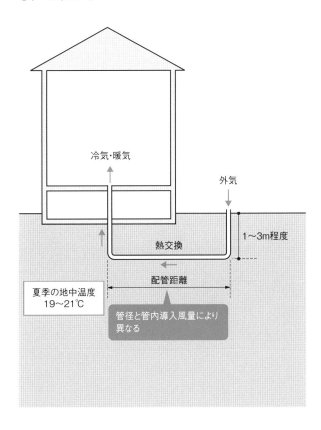

冷気・暖気

外気

熱交換

1〜3m程度

配管距離

夏季の地中温度
19〜21℃

管径と管内導入風量により
異なる

●地中熱利用換気システム

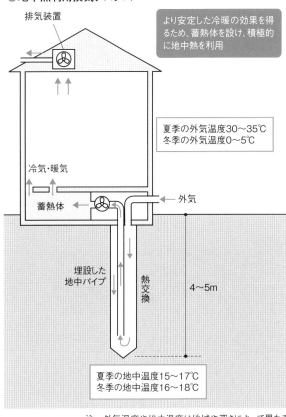

排気装置

より安定した冷暖の効果を得
るため、蓄熱体を設け、積極的
に地中熱を利用

夏季の外気温度30〜35℃
冬季の外気温度0〜5℃

冷気・暖気

蓄熱体

外気

埋設した
地中パイプ

熱
交
換

4〜5m

夏季の地中温度15〜17℃
冬季の地中温度16〜18℃

注　外気温度や地中温度は地域や深さによって異なる

| 冬季 | 地中温度 > 外気温度 | 夏季 | 地中温度 < 外気温度 |

外気温と地中温度の差を利用して熱交換

アクティブ型地中熱利用システム

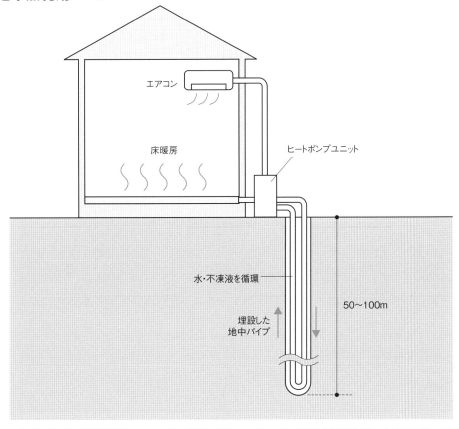

エアコン

床暖房

ヒートポンプユニット

水・不凍液を循環

50〜100m

埋設した
地中パイプ

設備計画を始める前に

給排水・給湯のキホン

換気・空調のキホン

電気・通信のキホン

事務所ビルに必要な設備

環境にやさしい省エネ設計

参考設備図と関連資料

24 時間働く「風力発電・水力発電」

①風力発電によってつくられた直流電気は、バッテリーに蓄電され、交流に変換される
②風力発電は、立地条件が発電量に大きく影響する
③水力発電は、安定した24時間の通電発電が可能

風力発電のしくみ

　風力発電は風の力で風車を回し、その回転運動を発電機に伝えて電気エネルギーをつくり出す。昼夜関係なく24時間回収でき、太陽とは反対に、一般的に夏よりも冬に強くなることが特徴である。

　家庭用の小型風力発電機には、水平軸プロペラ型と垂直軸型があり、水平軸プロペラ型は発電能力が高い分、風向きの変化に対応しづらい。一方、垂直軸型はどの方向からの風にも対応でき、弱い風でも発電可能である。

　風力発電によってつくられ、バッテリーに蓄電（充電）された電気は、直流であるので、インバータでＡＣ100Ｖ（交流）に変換して電源として利用する。発電量は0.3〜2kWで、家庭用電源の一部として使ったり、玄関やエクステリアの屋外照明用電源などに使用する。また、太陽電池と併用するハイブリッドタイプもある。

　風力発電は、立地条件が発電量に大きく影響してくるため、事前にしっかりと風況調査を行う必要がある。また、強風時の安全対策も十分に検討しておく。

小型水力発電

　水力発電は、水の力で水車を回転させ、その回転運動を発電機に伝える。利用できる場所は、水の流れがある場所に限られる。

　しかし、太陽光や風力の発電効率が天候や設置場所に左右されやすいのに対し、水力発電は水の流れと落差さえあれば、安定した24時間の通年発電が可能である。

　日本の山々に囲まれた地形と、水に恵まれた自然環境は水力発電に適しており、古くからエネルギー供給の重要な役割を果たしてきた。

　近年は、小型水力発電機も開発され、山間山麓の無電源地域などで、養魚場や農家の用水などを利用し、電源の一部として使う例が出てきている。家庭用としてはまだ実用化されていないが、開発が進められている。

● インバータ
直流電力から交流電力に逆変換する電力変換装置

● エクステリア
敷地内における屋外空間・外構部分

風力発電用風車の種類

水平軸型
（プロペラ型など）

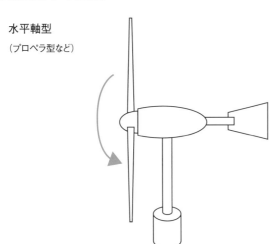

垂直軸型
（ジャイロミル型など）

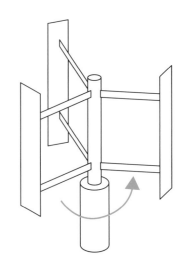

風力発電の仕組み

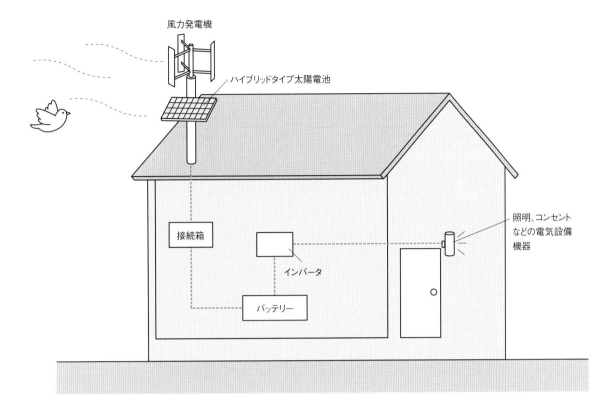

風力発電機

ハイブリッドタイプ太陽電池

接続箱

インバータ

バッテリー

照明、コンセント
などの電気設備
機器

小型水力発電の種類

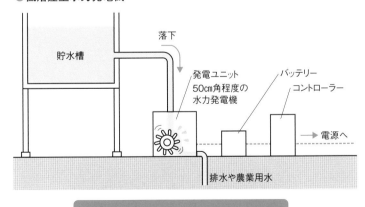

●低落差型水力発電機

落下

貯水槽

発電ユニット
50cm角程度の
水力発電機

バッテリー
コントローラー

→ 電源へ

排水や農業用水

川・渓流のほか、工場の排水など低落差でも発電可能

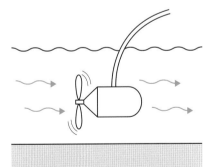

●渓流発電機

渓流に沈めるだけの、重工事が不要の
手軽な発電機

設備計画を始める前に

給排水・給湯のキホン

換気・空調のキホン

電気・通信のキホン

事務所ビルに必要な設備

環境にやさしい省エネ設計

参考設備図と関連資料

ヒートポンプの原理

①ヒートポンプは、物質が「気化」「凝固」する際の熱の移動を利用して冷却・加熱を行う
②エコキュートは、ヒートポンプの原理でお湯を沸かす給湯器
③エコキュートは、必ず200Vの専用回路で直結接続とする

ヒートポンプのしくみ

　物質が液体から気体に変化(気化)するとき、物質は周囲から熱を奪うため、周囲の物体は熱を奪われて冷却される。逆に、物質が気体から液体に変化(凝固)するとき、物質は周囲へ放熱し、周囲の物体は熱を与えられるため加熱される。

　ヒートポンプは、この原理を使って大気中の熱を圧縮機(コンプレッサー)で効率よく汲み上げ、移動させることにより冷却や加熱を行う。このとき使われる液体を「冷媒」という。

　エアコンでの冷房サイクルの場合、まず室外機にある圧縮機で冷媒を圧縮し、高温高圧の気体をつくる。この気体が、室外機にある熱交換器で外気に冷やされ、中温高圧の液体になる。そのとき「凝縮熱」を放出する。室内機では、室外機から送られた中温高圧の液体を、膨張弁で膨張させる。すると周囲の空気から熱を奪い、室内を涼しくする。このように、「高温・高圧」と「低温・低圧」の状態を機械的につくり出すサイクルを繰り返している。冷媒には、代替フロンHFCが使われている。また、ヒートポンプは省エネ技術と呼ばれ、その能力はAPEという数値で表す。

エコキュートとは

　エコキュートは、冷媒に二酸化炭素を利用した、ヒートポンプ式電気給湯器の愛称である。給湯時には燃焼が伴わないため、CO_2を排出しない。ヒートポンプユニットと貯湯タンクユニットで構成されており、割安な夜間の電気でお湯を沸かし、タンク内の残湯量に応じて沸き増しする仕組みである。

　深夜に稼働する運転音に留意し、隣家の寝室付近は避けるなど、設置場所に配慮する。基本的にはキッチン・浴室など給湯場所のそばが望ましい。

　また、タンクを室内に設置する場合は、重量を考慮して床下地を補強する。

　さらに、外部コンセントは使用不可で、必ず200Vの専用回路で直結接続とする。

● 代替フロンHFC
特定フロン(クロロフルオロカーボン 略称:CFC)の代替として産業利用されている合成化合物(ガス)で、ハイドロフルオロカーボン(HFC)類のこと。特定フロンは、冷蔵庫の冷媒、機械部品の洗浄溶剤、スプレー(エアゾール缶)に詰めるガスなどに利用されていたが、オゾン層破壊効果が問題視され、先進国では20世紀中に生産が中止された

ヒートポンプの仕組み(冷房の場合)

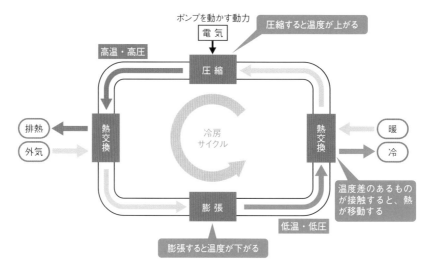

エコキュートの仕組み

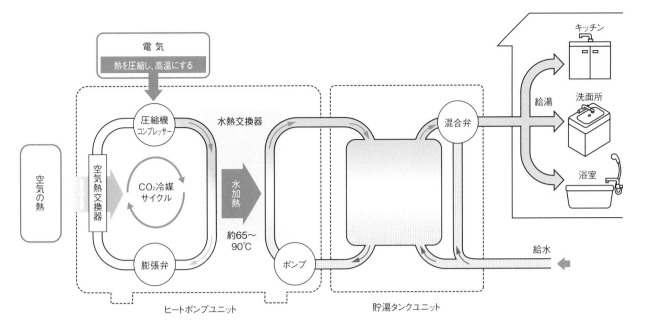

ヒートポンプユニットと貯湯タンクユニット間の据付け

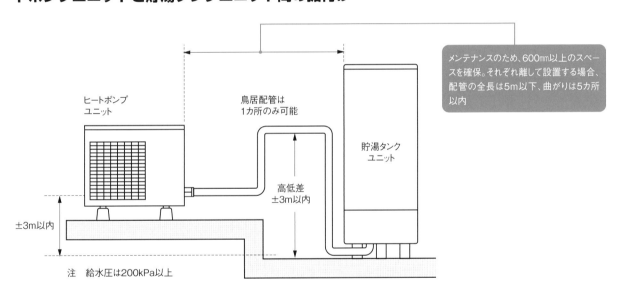

メンテナンスのため、600mm以上のスペースを確保。それぞれ離して設置する場合、配管の全長は5m以下、曲がりは5カ所以内

ヒートポンプユニット

鳥居配管は1カ所のみ可能

貯湯タンクユニット

高低差±3m以内

±3m以内

注　給水圧は200kPa以上

●浴槽の据付けの制約

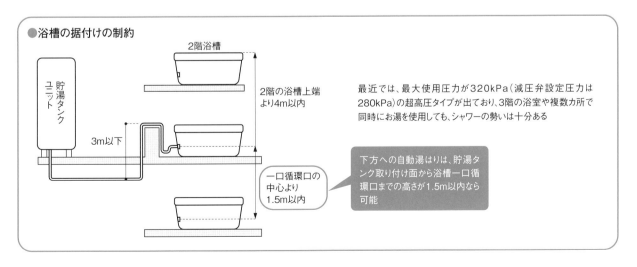

2階浴槽

2階の浴槽上端より4m以内

貯湯タンクユニット

3m以下

一口循環口の中心より1.5m以内

最近では、最大使用圧力が320kPa（減圧弁設定圧力は280kPa）の超高圧タイプが出ており、3階の浴室や複数カ所で同時にお湯を使用しても、シャワーの勢いは十分ある

下方への自動湯はりは、貯湯タンク取り付け面から浴槽一口循環口までの高さが1.5m以内なら可能

設備計画を始める前に
給排水・給湯のキホン
換気・空調のキホン
電気・通信のキホン
事務所ビルに必要な設備
環境にやさしい省エネ設計
参考設備図と関連資料

コージェネレーションシステム

①災害等の停電時でも発電可能な機能を持つ
②エネファームは、家庭用燃料電池を利用しガスから水素を取り出して電気を作る
③補助熱源が内蔵されているので、湯切れの心配がない

1つのエネルギーから別の2つ以上のエネルギーを同時に取り出すシステムを、コージェネレーションシステムという。

家庭用コージェネレーションシステムとして期待されているのが、ガスや灯油から水素を取り出し電気をつくるエネファームである

エネファームのしくみ

エネファームは、家庭用燃料電池を使ったコージェネレーションシステム。燃料電池とは、水の電気分解の逆反応の原理を利用したもので、水素を燃料として電気をつくる。

燃焼を伴わず、窒素酸化物や硫黄酸化物、CO_2もほとんど発生しない。発電時に排出するのは水だけである。その水は燃料の改質時の水蒸気に利用する。

家庭用燃料電池では、ガスやLPガス、灯油などから燃料となる水素を取り出し、空気中の酸素と化学反応させて電気をつくる。燃料（水素）自体がもっているエネルギーを直接電気エネルギーに変換するため発電効率が高い。

さらに、発電時の排熱も利用するため、総合的なエネルギー効率は80％程度といわれている。家庭に導入できる発電システムとして、最も新しい技術といえるだろう。

エネファームの発電能力は1kWで、稼働すると電気と熱が発生し、電気は家庭内の電源として、熱はお湯をつくるために使われる。稼働していないときや、最大発電量を上回る電気を使用した場合には、電力会社からの電気を利用するため、電気が不足することもない。補助熱源をもち、湯切れがない点もメリットである。

さらに、エンジンやタービンが必要ないため、騒音や振動がほとんど発生しない。ほかの発電装置と比べると、たいへん低騒音・低振動である。

高い初期費用やサポート体制などの課題はあるものの、いよいよ販売が開始され、家庭での使用が現実的になっている。

● ガスエンジン
発電機を駆動させるエンジンにガスを燃料として用いたもの

● 補助熱源
貯湯ユニットに組み込まれ、貯湯を使い切った時や湯が設定温度まで高まっていない時に稼働する給湯器。燃料は、都市ガス・LPガス・灯油

エネルギー効率の高いコージェネレーションシステム

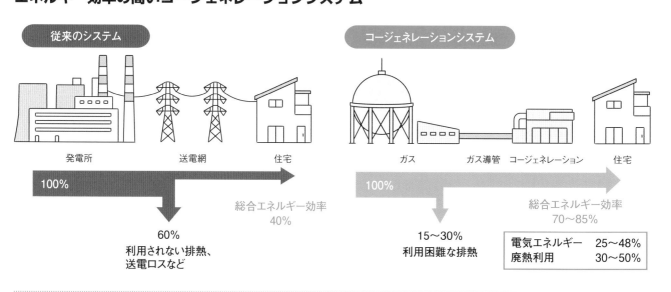

燃料電池の発電原理

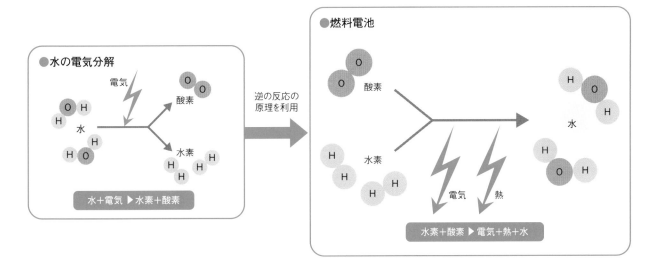

● 水の電気分解

電気
酸素
水
水素

水+電気 ▶ 水素+酸素

逆の反応の
原理を利用

● 燃料電池

酸素
水素
電気 熱
水

水素+酸素 ▶ 電気+熱+水

エネファームの仕組み

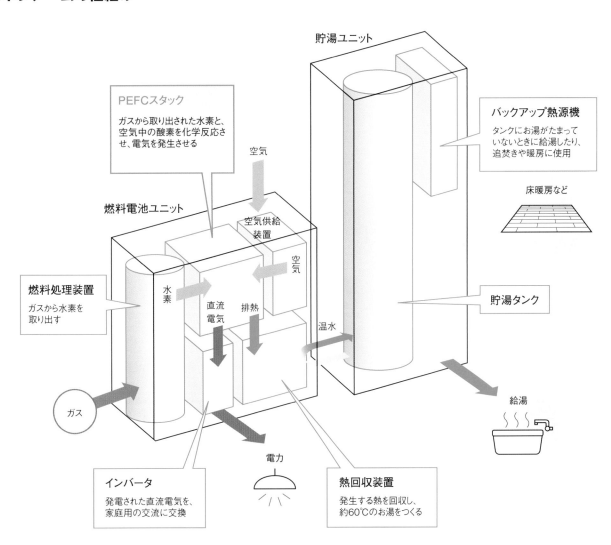

貯湯ユニット

PEFCスタック
ガスから取り出された水素と、
空気中の酸素を化学反応さ
せ、電気を発生させる

バックアップ熱源機
タンクにお湯がたまって
いないときに給湯したり、
追焚きや暖房に使用

床暖房など

空気

燃料電池ユニット

空気供給
装置

空気

燃料処理装置
ガスから水素を
取り出す

水素

直流
電気

排熱

温水

貯湯タンク

ガス

給湯

電力

インバータ
発電された直流電気を、
家庭用の交流に交換

熱回収装置
発生する熱を回収し、
約60℃のお湯をつくる

設備計画を始める前に

給排水・給湯のキホン

換気・空調のキホン

電気・通信のキホン

事務所ビルに必要な設備

環境にやさしい省エネ設計

参考設備図と関連資料

エネルギー効率のよい「地域冷暖房」

①地域冷暖房とは、複数のビルの熱源を1カ所に集約させて各建物に供給する方式
②単独のビルでは活用しづらい未利用エネルギーを効率的に活用できる
③エネルギーの効率的な利用ができるほか、管理上も利便性が増す

地域冷暖房とは

ビルごとに必要とされる熱源設備を、地域の1カ所または数カ所のプラントで集約して冷熱・温熱をつくり、各々のビルに供給する方式で、セントラルヒーティングともいう。

一般的には、ビルごとに設置するボイラーや冷凍機などの熱源を、プラントに集約するため集中管理が可能となり、負荷の平準化や機器容量が低減され、エネルギー効率がよくなる。

また、地下鉄の排熱、ごみ焼却炉や変電所の排熱、河川水や海水の温度差エネルギーなどの未利用エネルギーは、単独のビルでは活用しづらいが、地域で行うことにより効率的に活用し、環境負荷の低減を図ることが可能となる。

建物上、管理上のメリット

個々の設備が不要となるため、スペースの有効活用ができ、建物の設計上も自由度が増す。また、蓄熱システムによる夜間電力の活用により、エネルギーの効率的な利用ができるほか、熱源の集中管理により、ビルごとに必要であったボイラー技士などの有資格者も不要になる。24時間、熱の安定供給が可能となるため利便性も向上し、プラント内の蓄熱層は、緊急時の防火用水として利用できるため地域防災にも役立つ。

導入の対象者

東京都では、都市計画において、容積率が400%以上の近隣商業地域・商業地域・準工業地域内などで、概ね床面積の合計が50,000㎡以上の建物を建築する計画には、地域冷暖房の導入検討を要請している。また、導入の必要性が認められる計画については、その地域を地域冷暖房計画区域に指定している。

このほか、地域冷暖房計画区域内に一定規模(重油換算で300ℓ/日)以上の熱源機器を設置予定の新築や改築の建物は、地域冷暖房への加入努力が義務付けられている。

● プラント
機械装置やパイプラインが主体となる工場、または工場施設の総称。地域冷暖房においては、一定地域内の建物群に熱供給を行う供給元となる場所

● ボイラー技士
燃焼装置を有する蒸気や温水の発生を目的とする機器を取り扱い、点検・安全管理を行う技術者。労働安全衛生法に基づく国家資格(免許)の1つ

● 都市計画
都市計画法において規定される。都市の健全な発展と秩序ある整備を図るための土地利用・都市施設の整備および市街地開発事業に関する計画を定めることとしている

● 容積率
敷地面積に対する建物の延べ面積の割合

関連事項

● 近隣商業地域

都市計画法に定められる地域の1つ。近隣の住宅地の住民に対する日用品の供給を行うことを主たる目的とする商業その他の業務の利便を増進するため、都市計画区域内に都道府県知事により指定される地域。地域内の建築物に関する制限は建築基準法第3章に定められており、建ぺい率が8/10まで許容されること、風俗営業施設等の建築が禁止されること等がその特徴。

● 商業地域

都市計画法に定められる地域の1つ。主として商業その他の利便を増進するため、都市計画区域内に都道府県知事によって指定される地域。他の地域に比して最も高い容積率制限を適用することができることが大きな特徴である。一定の工場以外の用途はすべて建築可能である。

● 準工業地域

都市計画法による用途地域の1つ。主に環境の悪化の恐れのない工場の利便を図る地域。都市計画区域内に都道府県知事によって指定される地域。主として公害工場の建築が禁止されている。

● 地域冷暖房計画区域

2つ以上の建築群、あるいはその他の施設を包含する地域において、ある規模以上の暖房、冷房、給湯、およびその他の熱需要を満たすために、共通の熱プラントにより需要側まで導管によって高温水、蒸気、冷水、熱原水を供給するシステムを行うよう、計画された区域。札幌都市部、東京都新宿新都心、東京都練馬区光が丘団地などで実用化されている。

地域冷暖房のイメージ

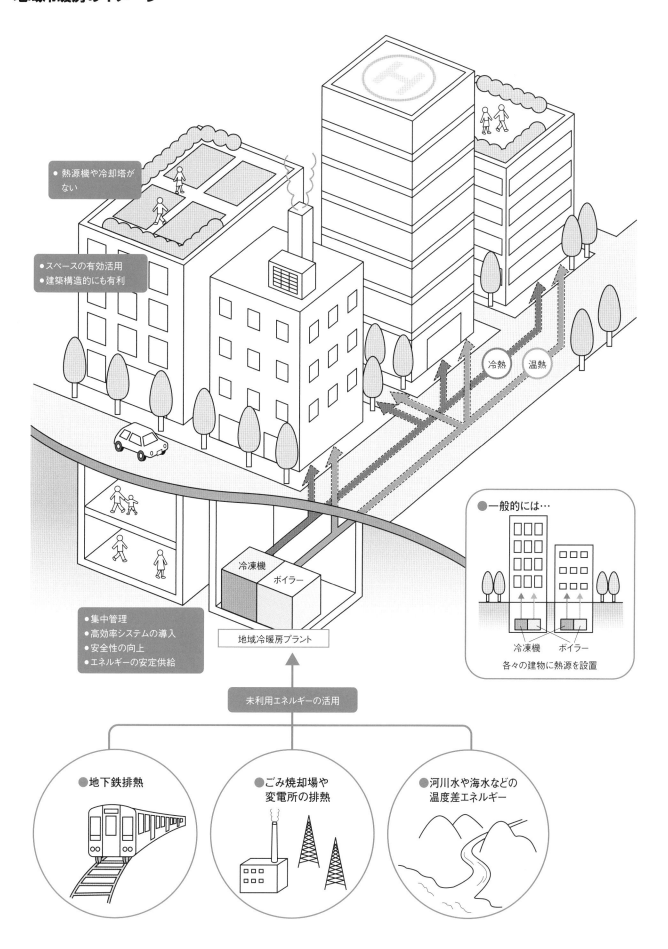

- 熱源機や冷却塔がない

- スペースの有効活用
- 建築構造的にも有利

冷熱　温熱

冷凍機
ボイラー

- 集中管理
- 高効率システムの導入
- 安全性の向上
- エネルギーの安定供給

地域冷暖房プラント

未利用エネルギーの活用

●一般的には…

冷凍機　ボイラー

各々の建物に熱源を設置

- ●地下鉄排熱

- ●ごみ焼却場や
  変電所の排熱

- ●河川水や海水などの
  温度差エネルギー

設備計画を始める前に

給排水・給湯のキホン

換気・空調のキホン

電気・通信のキホン

事務所ビルに必要な設備

環境にやさしい省エネ設計

参考設備図と関連資料

冷房負荷の軽減方法

①ナイトパージは夜間の外気を取り入れて建物を冷やし、翌朝の冷房立ち上がりをよくする
②エコアイスは、夜間に蓄熱し、昼間の冷房ピーク時に使う
③CO₂濃度で換気量を調整し、外気導入量を自動制御する

多人数が使用し、ＯＡ機器などの発熱機器が多いオフィスビルや大規模施設は、冷暖房負荷が大きい。特に年間を通じて冷房が必要な建物には、冷房負荷を抑えることが省エネの大きな要素となってくる。冷房負荷を抑える手法として、次のようなものがある。

ナイトパージ

夏の夜間に冷気を取り込み、翌朝の冷房の立ち上がりをよくして、冷房負荷を軽減する手法(夜間外気冷房)。

窓を手動で開けたり、風速で自動的に開閉する換気用窓を用いる自然換気式と、室内の温度を感知して、自動的に夜間の外気を取り入れ室内を冷やす機械換気式がある。いずれも、夜間に空調機を稼動しないオフィスビルや施設に適している。

エコアイス(氷蓄熱)

割安な夜間の電力を使って氷に蓄熱し、冷房に利用する手法。通常、空調機は夏期の冷房時最大負荷に合わせて能力が決められるが、最大能力を必要とするのは限られた時間で、それ以外は小さな能力ですむ。

この無駄を省くため、エコアイスは、昼間の冷房ピーク時に使用することで、空調機自体の能力を抑える(契約容量の低減)。夜間に蓄熱運転を行うため、夜間に空調の必要がない施設に向いている。

CO₂濃度による外気導入制御

濃度センサーにより室内のCO₂の濃度を測定し、在室者の有無・多少を判断することで、外気導入を自動制御する手法。ビル管理法により、CO₂濃度は1,000ppm以下に保たなければならない。この基準に合わせて換気量が決められているが、導入した外気が室内温度に影響を与えてしまうので、使用していない部屋に外気の導入を抑えることで、その部屋の冷暖房負荷を軽減する。

● 冷房負荷
室内をある温度に冷却するのに必要な熱容量。負荷には外壁、窓、屋根などの伝熱負荷、窓からの日射負荷、在住人員の発熱負荷、室内機器や照明器具からの発熱負荷、隙間風による負荷、更に換気用に室内に取り入れる外気を冷却するための負荷などがある

● ビル管理法
1970年、オフィスビル等の衛生条件を確保するために制定された「建築物における衛生的環境の確保に関する法律」のこと。空気環境の調整、給排水の管理、清掃、ネズミや昆虫などの防除などの基準が定められている

CO₂濃度による外気導入制御

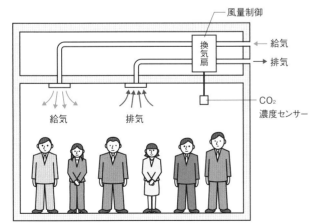

人が多い場合、CO₂濃度が高くなるとセンサーが感知し、換気量が多くなる

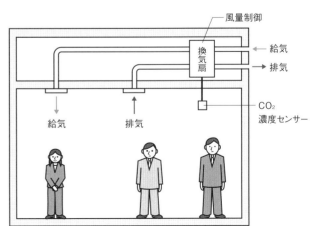

人が少ない場合は換気風量が少なくなる

ナイトパージの仕組み

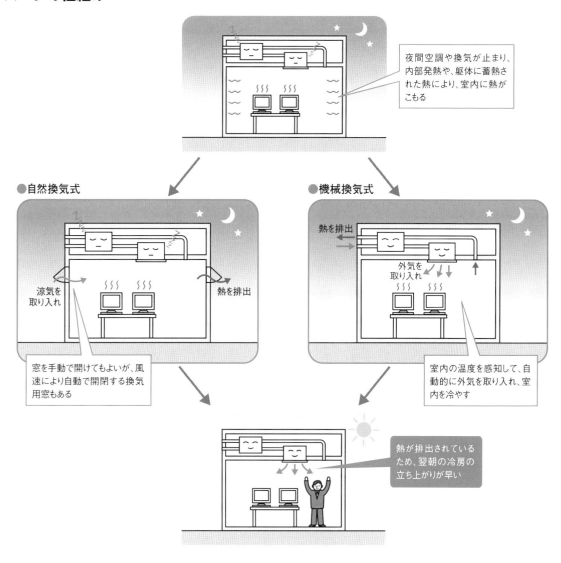

夜間空調や換気が止まり、内部発熱や、躯体に蓄熱された熱により、室内に熱がこもる

● 自然換気式

涼気を取り入れ

熱を排出

窓を手動で開けてもよいが、風速により自動で開閉する換気用窓もある

● 機械換気式

熱を排出

外気を取り入れ

室内の温度を感知して、自動的に外気を取り入れ、室内を冷やす

熱が排出されているため、翌朝の冷房の立ち上がりが早い

氷蓄熱式空調システム（エコアイス）

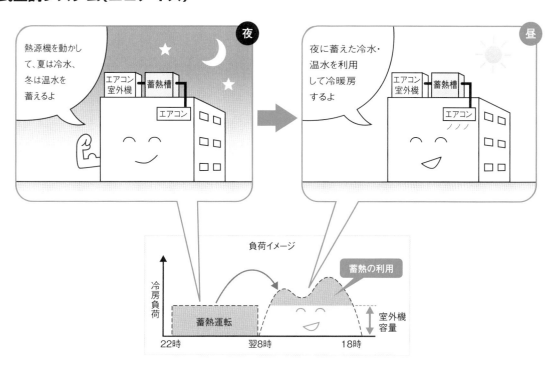

熱源機を動かして、夏は冷水、冬は温水を蓄えるよ

夜

エアコン室外機　蓄熱槽

エアコン

夜に蓄えた冷水・温水を利用して冷暖房するよ

昼

エアコン室外機　蓄熱槽

エアコン

負荷イメージ

冷房負荷

蓄熱の利用

蓄熱運転

室外機容量

22時　　翌8時　　18時

設備計画を始める前に

給排水・給湯のキホン

換気・空調のキホン

電気・通信のキホン

事務所ビルに必要な設備

環境にやさしい省エネ設計

参考設備図と関連資料

快適な室内環境を生む 「ペリメーターレス空調」

①ペリメーターレス空調は、建築的手法により熱負荷の軽減を図る
②ダブルスキンは、2重にしたガラス面の間の空気の流れによって空調負荷を抑える
③エアフローウィンドウは、室内の空気を2重にしたガラス内に取り入れ機械排気する

ペリメーターレス空調とは

オフィスビルなど、外周に窓の多い建物は、日射や外気の影響を受けやすい。

特に窓際を含む建物外周部(ペリメーターゾーン)と内部(インテリアゾーン)では、温熱環境が大きく異なるため、それぞれ空調計画を分けて行い、窓際には専用の空調機(ペリメーター空調)を設けることが多い。

これに対し、窓際専用の空調機を設けず、建築的手法により熱負荷の軽減を図ることをペリメーターレス空調という。空気の流れによって窓からの放射熱やコールドドラフト(冷輻射)を減らし、外気の影響が大きかった窓廻りの居住環境を改善し、省エネルギー化を図る。

ペリメーターレス空調には、次の2つの手法がある。

ダブルスキン

ダブルスキンは、外壁のガラス面を2重に

して(内部にブラインドを設置)、その間にできた中間層を使って自然換気を行う。外側のガラス面の上下に換気口を設け、夏期は外気を取り入れ、ガラス面の熱を外へ逃がすことで、室内への日射熱の影響を低減させる。反対に冬期はガラス面で暖められた空気を暖房の補助として利用する。夏冬ともに、ペリメーターゾーンの温熱環境が向上し、省エネにも有効である。

エアフローウィンドウ

エアフローウィンドウは、構造はダブルスキンと同じだが、空気の取り入れ口が室内側にある。窓下部のスリットから室内の空気を取り入れ、天井内ダクトに吸い込むことで機械的に排気する。このとき、排気量と給気量のバランスを考慮しないと、十分な効果が得られないので注意する。ペリメーターレス空調は、建物の外周部と内周部を同一の空気系統に統合することができるので、空調設備費も低減することができる。

● コールドドラフト(冷輻射)
冬期に外気に接する外壁や窓ガラス面で冷却された室内空気が起こす下降気流。発生した冷たい気流は壁・窓面を下降した後、床表面をゆっくり移動するため、足下の冷気不快感に繋がる

関連事項

● ダブルスキン構造の留意点

近代的なビルのファサードの代表格とも言える、ガラス張りカーテンウォール。透明感と軽やかに浮かび上がるイメージは、オフィスビルや商業ビルなどで人気を誇る。しかしながら日射の侵入により、室内のカーテンウォール側は高温になり冷房負荷が増大する。これを解消するために考案されたダブルスキン工法であるが、いくつか留意点がある。まず、メンテナンス。外気を取り込む場合は、どうしても外気の汚れた空気が流入しスキンの中間層が汚れてしまうので、清掃ができる構造としておくことが必要である。次に、防火対策。カーテンウォールの防火規定については、平成20年5月に国土交通省から技術的助言が通達され、それまで曖昧だったカーテンウォールの防火対策について、その構造方法などが取り決められた。スパンドレル(外壁のうち上下に重なっている二つの開口部の間の部分)、柱形(外壁

のうち柱状の部分)、その他これらに類する部分については外壁として扱い、それ以外の部分(主にガラス)は開口部としてそれぞれ所定の基準を満たす必要がある。換気口を外側スキンに設ける場合と内側スキンに設ける場合でそれぞれ異なってくるので、所管行政庁等でよく確認する必要がある。次いで、同じく防火に関する点で延焼対策である。「延焼の恐れのある部分」とは建築基準法で定められるとおりであるが、ここでは「延焼」すなわち炎の燃え広がる性質を考慮する必要がある。ダブルスキン構造の場合、中間層が工法によってはいわゆる煙突状になってしまう恐れがある。一旦中間層に火が移ると、急速に建物が炎に包まれるという事態になりかねない。各階層間にファイヤーストップ材などを設置するなどして、中間層の煙突化を避けるようにしたい。

ダブルスキンの仕組み

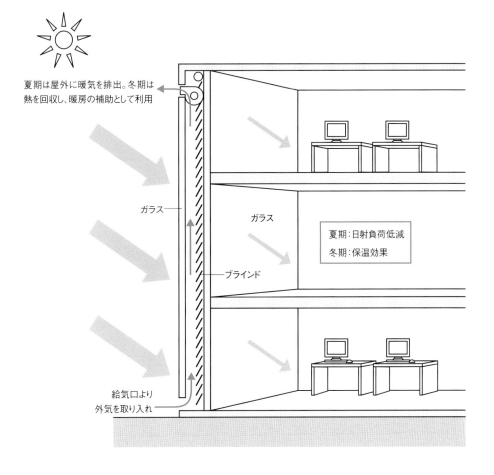

夏期は屋外に暖気を排出。冬期は
熱を回収し、暖房の補助として利用

ガラス

ガラス

ブラインド

夏期：日射負荷低減
冬期：保温効果

給気口より
外気を取り入れ

エアフローウィンドウの仕組み

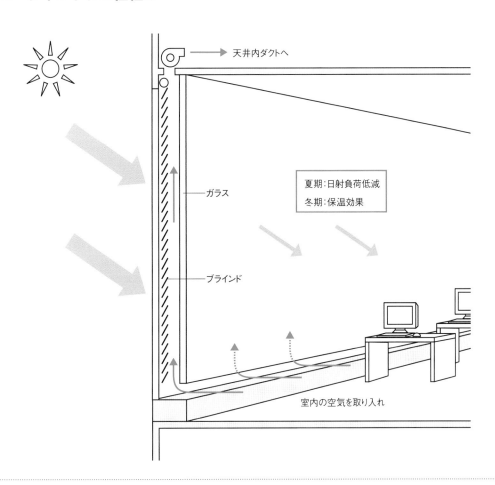

天井内ダクトへ

ガラス

夏期：日射負荷低減
冬期：保温効果

ブラインド

室内の空気を取り入れ

設備計画を始める前に

給排水・給湯のキホン

換気・空調のキホン

電気・通信のキホン

事務所ビルに必要な設備

環境にやさしい省エネ設計

参考設備図と関連資料

進化する照明の技術

①現在、最も効率のよい光源は Hf 蛍光灯である
② Hf 蛍光灯は、専用の高周波点灯安定器を必要とする
③ LED は、蛍光灯にない、さまざまなメリットをもつ次世代光源である

Hf蛍光灯の特徴

現在、普及している光源のなかで、コスト面や効率面から見て、Hf蛍光灯は最も効率のよい光源といわれている。インバータ式に属しており、従来の蛍光灯と比べ、同じ消費電力で1.5倍の明るさが得られ、ほかの点灯方式より高効率で、消費電力を抑えることができる。

インバータ式は、交流電流をインバータで高周波に変換・点灯するため、従来の蛍光灯の欠点であった、ちらつきや、明かりが安定するまでに時間がかかるといったことがない。

ただし、Hf蛍光灯は専用の高周波点灯安定器を必要とするため、従来型の器具では使用できない。

LEDの特徴

LEDとはLight Emitting Diode＝発光ダイオードの略で、電流を流すと発光する半導体素子のことである。電圧を加えると、＋とーが結合するときに発生するエネルギーが、直接、光になるため効率がよい。蛍光灯に次ぐ次世代の光源として脚光を浴びており、その照明としての技術は日夜進歩している。

1960～70年代に赤色・緑色・黄色、90年代に青色が開発されたことで、光の3原色（赤、緑、青）が揃い、ほとんどの色を作り出せるようになった。その後96年に白色が開発され、一般照明器具としての開発が進み、商品化され始めた。水銀を使用せず、長寿命、省電力、低温での発光効率の低下が少ない、熱線紫外線が少ない、調光・点滅が可能、光色が多彩などのメリットがある。弱点は半導体素子が熱に弱いことである。発光によって発熱する素子の熱がうまく放出されないと、発光効率が低下する。

今までは信号機や携帯電話、自動車のバックライトなどに利用されていたが、照度の向上により、建築分野でも一般照明光源として、取替えの困難な場所、美術品など紫外線による劣化を避けたい場所、屋外や水中など、さまざまな場所へ利用されている。

● 高周波点灯安定器
交流電源を直流電源に変換し、さらにトランジスタ・コンデンサ・チョークコイルなどで構成するインバータ回路で高周波（数十kHz）に変換して蛍光ランプを点灯させる安定器

● 熱線紫外線
赤外線のことで、放射線（電磁波）のうち可視光線より長波長のもの

関連事項

● 有機EL照明

有機EL（有機エレクトロルミネッセンス）とは、有機物に電圧をかけると有機物自体が発光する現象で、LED照明の後を追うように、照明としての製品化が進んでいる。2枚の＋とーの電極に有機物を挟んでガラスやプラスチックの基板に載せただけの薄くシンプルな構造をしており、発光原理は2つの電極からそれぞれ＋とーの電荷が発生し、両者が発光層で結合すると、発光層である有機物は高エネルギー状態になり、これが元の安定状態に戻る際に発光する。今までは発光効率が、蛍光灯などに比べて低く、照明としての製品化が難しいとされていたが、ここ数年で飛躍的に向上し、2009年に最初の有機EL照明が製品化された。LED照明が点光源であるのに対し、有機ELは面光源で、次世代の照明としてLEDとともに注目されている。有機物の分子構造の組み合わせは無限であるので、それぞれ異なった発色が得られる。またプラスチックなどでも使用できるため発光面を曲げたりすることも可能である。面光源の特徴として、点光源で照らされた物体の影がはっきりと輪郭が出るのに対し、面光源の場合はぼんやりとした影になる。影が映し出される面と物体との距離を少しずつ離していくと、ほとんど影がわからなくなる。これは物体と映し出される面との間に、光が回りこむからである。物を書く作業において、書面の上に筆記具や手の影が落ちて書きづらいといったことが解消され、オフィスや学校などでの活用が期待される。

Hf蛍光灯の特徴

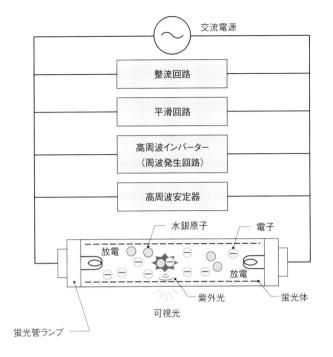

交流電源

整流回路

平滑回路

高周波インバーター
（周波発生回路）

高周波安定器

水銀原子　電子

放電

放電

紫外光　蛍光体

可視光

蛍光管ランプ

●特 徴

ちらつきを抑える

従来機器よりも少ない
消費電力で明るい

点灯が早い

点灯時の
不快な音がない

LEDとは

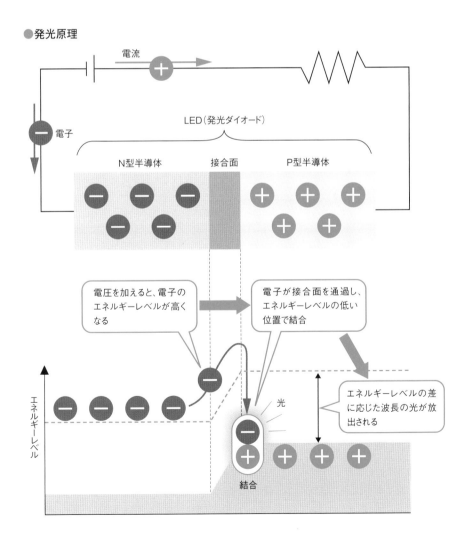

●発光原理

電流

電子

LED（発光ダイオード）

N型半導体　　接合面　　P型半導体

電圧を加えると、電子の
エネルギーレベルが高く
なる

電子が接合面を通過し、
エネルギーレベルの低い
位置で結合

エネルギーレベルの差
に応じた波長の光が放
出される

エネルギーレベル

光

結合

●特 徴

水銀レス

長寿命

小型・軽量

低温特性

熱・紫外線
対策

点滅特性

耐久性

省電力

光色が多彩

建物緑化と雨水利用

①建物の緑化は、断熱・遮熱効果が大きい
②屋上緑化は、荷重と防水・防根に注意する
③雨水や中水の積極的な有効活用は水不足の解消につながる

緑化がもたらす効果

建物の緑化は、夏の遮熱効果や、植物の水分の蒸散によるクーリング効果が大きい。また、都市のヒートアイランド現象の緩和や、大気の浄化などにも有効である。土壌、樹木、植栽による冷房効果もあり、冷暖房負荷を軽減する。また、壁面緑化は、街の景観づくりにも一役買う。

設計時の留意点

●**荷重**　新築の場合は、緑化の荷重をあらかじめ組み込んだ構造設計とする。土壌は湿潤時の重さで考え、副資材（デッキやレンガなど）の荷重も加える。既存建物の場合は、設計時の積載荷重を確認し、新耐震法（1981年）以前に建てられたものは、現在と構造計算が異なるため、より慎重な検討が必要となる。
●**防水**　植物の根が直接防水層を破損しないように防根シートなどを設ける。緑化をすると防水層の改修がやりにくくなるため、でき

るだけ耐用年数の長い防水仕様を選ぶ。
●**給水・電気**　屋上には上水を引込み、電源は、一般的には100Vで十分だが、必ず屋外用の防水型コンセントを防水層立上り高さより上に設置する。

雨水の効果的利用

屋根に降った雨を下水道本管（または雨水本管）へ流す前に貯留槽にため、樹木への散水、トイレの洗浄、洗濯などに利用する。打ち水や屋根への散水などはヒートアイランド防止に効果的で、雨水は非常用水にもなる。

トイレの洗浄に利用する場合は、雨水タンクの水が不足したときのために上水道を接続するとよい。衛生器具や配管、洗濯機を痛めないよう、酸性の強い初期雨水カットをすることが望ましい。

雨水だけでなく、浴室や洗濯の排水や空調ドレンの水などの生活排水を再利用することを「中水利用」といい、より高い節水効果が得られる。

クーリング効果
建物の緑化やミスト噴射などにより、建物やその周囲の温度上昇が抑制される現象

ヒートアイランド現象
アスファルト舗装、ビルの輻射熱、ビルの冷房の排気熱、車の排気熱などによって、都市部の気温が周辺地域よりも異常な高温を示す現象

新耐震法
震度5程度の地震に耐えうるとした旧構造基準に対し、震度6強以上の地震で倒壊しないとする構造基準で、地震力による基準がより強化された規定

防根シート
植物の根が防水層を破損しないように、防水層を保護する目的で土の下に挿入する不織布

空調ドレン
蒸気の凝縮水、または冷却コイルから生ずる結露水を排除するための管

屋上緑化の断熱効果

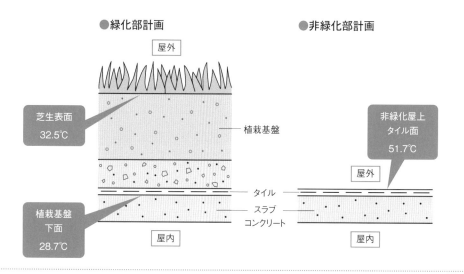

●緑化部計画　　●非緑化部計画
屋外
芝生表面 32.5℃
植栽基盤
非緑化屋上タイル面 51.7℃
屋外
タイル
スラブ
コンクリート
植栽基盤下面 28.7℃
屋内　　屋内

温度は日中13〜15時の平均。
温度差を見れば、ヒートアイランド対策に有効なことが一目瞭然

参考:国土交通省ホームページより

雨水利用の仕組み

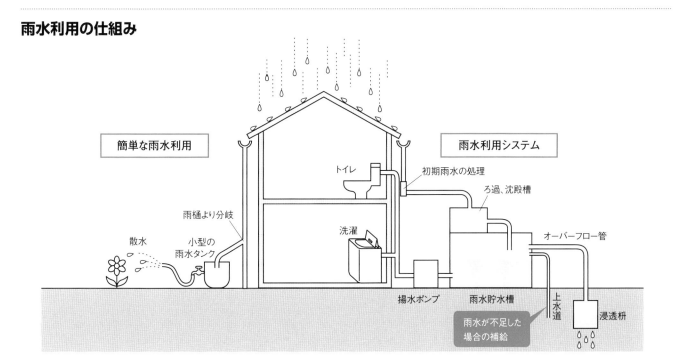

簡単な雨水利用

雨水利用システム

散水

雨樋より分岐

小型の雨水タンク

トイレ

洗濯

初期雨水の処理

ろ過、沈殿槽

オーバーフロー管

揚水ポンプ

雨水貯水槽

上水道

浸透枡

雨水が不足した場合の補給

用途別の雨水処理

●植栽への散水	●トイレ	●掃除・洗濯
無処理で使用可。ただし、簡易的なタンクの場合は、藻やボウフラが発生するおそれがあるため、定期的に水質をチェックする	初期雨水（酸性雨）の処理のみで、ほぼ無処理で使用可能。ただし、ウォシュレットは上水道を利用	沈殿槽と、ろ過槽で微細な土、砂などを処理

中水利用の仕組み

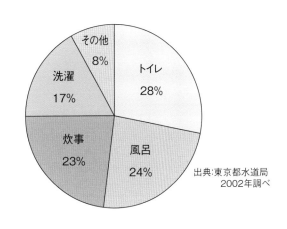

トイレ

エアコン

ドレン水

洗浄水

雨水

トイレ

浴室

残り湯

ポンプ

浄化枡

貯留槽

雨水や風呂の残り湯、エアコンのドレン水を浄化殺菌し、トイレの洗浄水として利用する

家庭用水の内訳

その他 8%

洗濯 17%

トイレ 28%

炊事 23%

風呂 24%

出典:東京都水道局
2002年調べ

トイレの洗浄、洗濯、掃除、散水に、雨水や中水が利用できれば、家庭で使う水の半分近くが節水できる

設備計画を始める前に

給排水・給湯のキホン

換気・空調のキホン

電気・通信のキホン

事務所ビルに必要な設備

環境にやさしい省エネ設計

参考設備図と関連資料

改正省エネルギー法と CASBEE

① 300㎡以上の新築・増築・改築には、省エネ措置の届出が必要
② CASBEE（キャスビー）とは、建築物における、総合的な環境性能評価システムである
③ 環境性能効率（BEE）により、S・A・B+・B−・Cの5段階で評価される

省エネルギー法とは

石油危機をきっかけに1979年に制定された「エネルギーの使用の合理化に関する法律」を通称、省エネルギー法という。工場・事業場／輸送／住宅・建築物／機械器具の4分野で、それぞれ省エネ措置が定められている。

度重なる改定を経て、さらに2008年に改正が行われ、住宅・建築物への省エネ対策が強化された。主な改正点は次の通り。

●省エネ法の適用範囲の拡大

床面積2,000㎡以上の特定建築物から300㎡以上の小中規模の住宅・建築物にまで規制対象が拡大。対象となる建物や事業者が増えることから、同時に省エネ基準の見直しと評価の簡略化が行われた。

●分譲住宅事業者の省エネ措置の義務付け

これまで戸建住宅は規制対象外だったが、一定の規模以上（年間150戸以上）を供給する分譲事業者に対して省エネ措置が義務付けられた。2013年度を目標年次とし、達成でき

なければ罰則の対象となる。

目標水準は、次世代省エネ基準を満たすことと、冷暖房、照明、給湯などの建築設備に、高効率機器を導入することである。

CASBEEとは

CASBEE（キャスビー）とは、建築物における、総合的な環境性能評価システムである。仮想境界で区分された内外の空間に対して、境界内の建物の環境品質・性能（Q=Quality）と、境界外に与える環境負荷（L=Load）を評価し、環境性能効率（ＢＥＥ=Building Environmental Efficiency）という指標で、建物だけでなく、外部に与える環境負荷も含めて評価する。

環境品質・性能は、室内環境、サービス性能、室外環境などを、環境負荷は、エネルギー、資源・マテリアル、周辺への温熱環境、騒音、排熱、自然環境の保全などを評価する。

ＱをＬで除した数値がＢＥＥとなり、Ｓ、Ａ、Ｂ+、Ｂ−、Ｃの5段階で評価される。

省エネ措置
外壁・窓の断熱化や高効率照明・高効率空調機・エレベーター・給湯設備・換気設備などの機器に省エネルギー型のものを採用すること

特定建築物
平成20年の改正により、2,000㎡以上の建築物を「第一種特定建築物」、300㎡以上2,000㎡未満の建築物を「第二種特定建築物」として区別している

仮想境界
建物敷地の境界線上に立体的に建物を取り囲んで内部空間と外部空間に分ける線

環境負荷
環境に与えるマイナスの影響を指す。人的に発生するもののほか、自然的に発生するものも環境負荷を与える一因になる

CASBEEの空間イメージ

$$環境性能効率（BEE）=\frac{環境品質・性能（Q:Quality）}{環境負荷（L:Load）}$$

■室内環境　■サービス性能
■室外環境（敷地内）　など
■エネルギー　資源・マテリアル
■敷地外環境　など

建物内の環境が快適（Qが高い数値）でも、そのためのエネルギーを多く利用していれば（Lが高い数値）、最終的な環境効率は下がらない。品質とエネルギー消費のバランスが重要だ

エネルギーの使用の合理化に関する法律の一部を改正する法律の概要（住宅・建築物分野）

＜改正概要＞

①大規模な建築物の省エネ措置※1 が著しく不十分である場合の命令の導入

※1 省エネ措置＝建築物の外壁、窓等の断熱化、空気調和設備等の効率的な利用のための措置

②一定の中小規模の建築物について、省エネ措置の届出等を義務付け
・新築・増改築時の省エネ措置の届出・維持保全状況の報告を義務付け、著しく不十分な場合は勧告

③登録建築物検査機関による省エネ措置の維持保全状況に係る調査の制度化
・当該機関が省エネ措置の維持保全状況が判断基準に適合すると認めた特定建築物の維持保全状況の報告を免除　等

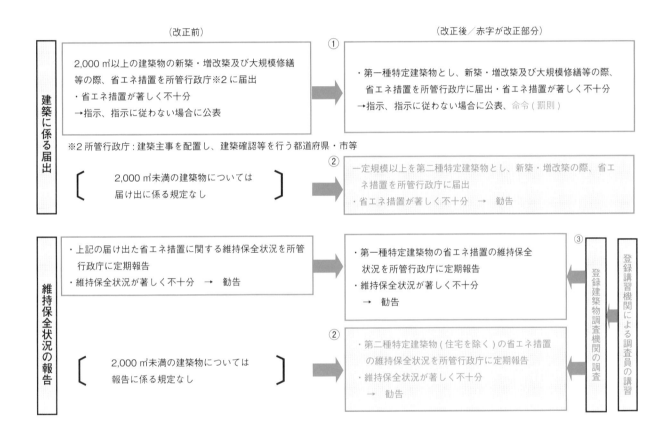

（改正前）

（改正後／赤字が改正部分）

建築に係る届出

2,000 ㎡以上の建築物の新築・増改築及び大規模修繕等の際、省エネ措置を所管行政庁※2 に届出
・省エネ措置が著しく不十分
→指示、指示に従わない場合に公表

① ・第一種特定建築物とし、新築・増改築及び大規模修繕等の際、省エネ措置を所管行政庁に届出・省エネ措置が著しく不十分
→指示、指示に従わない場合に公表、命令（罰則）

※2 所管行政庁：建築主事を配置し、建築確認等を行う都道府県・市等

2,000 ㎡未満の建築物については届け出に係る規定なし

② 一定規模以上を第二種特定建築物とし、新築・増改築の際、省エネ措置を所管行政庁に届出
・省エネ措置が著しく不十分　→　勧告

維持保全状況の報告

・上記の届け出た省エネ措置に関する維持保全状況を所管行政庁に定期報告
・維持保全状況が著しく不十分　→　勧告

・第一種特定建築物の省エネ措置の維持保全状況を所管行政庁に定期報告
・維持保全状況が著しく不十分
　→　勧告

③ 登録建築物調査機関の調査

登録講習機関による調査員の講習

2,000 ㎡未満の建築物については報告に係る規定なし

② ・第二種特定建築物（住宅を除く）の省エネ措置の維持保全状況を所管行政庁に定期報告
・維持保全状況が著しく不十分
　→　勧告

④住宅を建築し販売する住宅供給事業者（住宅事業建築主）に対し、その新築する特定住宅の省エネ性能の向上を促す措置の導入
・住宅事業建築主の判断基準の策定
・一定戸数以上を供給する住宅事業建築主について、特定住宅の性能の向上に係る国土交通大臣の勧告、公表、命令（罰則）の導入

⑤建築物の設計、施工を行う者に対し、省エネ性能の向上及び当該性能の表示に関する国土交通大臣の指導・助言

⑥建築物の販売又は賃貸の事業を行う者に対し、省エネ性能の表示による一般消費者への情報提供の努力義務を明示

○施行日：平成 21 年 4 月 1 日（②については平成 22 年 4 月 1 日）

（国土交通省 HP より）

Column

COPとAPF

　ヒートポンプが用いられているエアコンや、自然冷媒ヒートポンプ給湯機（エコキュート）の性能を示す値として、これまで「COP」が多く使われてきた。COPは「成績係数」のことで、ヒートポンプユニットを一定の温度条件のもとで運転した場合の1kW当たりの運転効率を表す。

　しかし、ヒートポンプは年間を通して利用され、外気温によって効率が変わるため、COPが実際の値にそぐわない場合がある。そのため、新たに導入されたのが「APF」である。

　APFは「通年エネルギー消費効率」のことで、年間を通して5つの条件で運転環境を定め、消費する電力1kW当たりの冷暖房や給湯の能力を表す。COPよりAPFのほうが、より実際に近い効率を示すことができる。エコキュートの場合、APFは「年間給湯効率」とも呼ばれ、数値が大きいほどヒートポンプの性能が高いことになる。

　COPは限られた環境下でのヒートポンプユニットの効率、APFは年間を通したシステム全体の効率を表し、これからのヒートポンプ機器の省エネ指標の目安はAPFが主流となる。

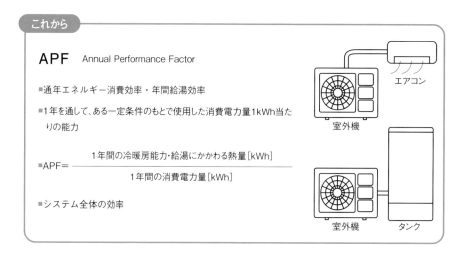

これまで

COP　Coefficient of Performance

- エネルギー消費効率
- 一定の温度条件のもとでの消費電力1kW当たりの能力
- $COP = \dfrac{\text{定格能力[kW]}}{\text{定格消費電力[kW]}}$
- ヒートポンプのみの効率

室外機

これから

APF　Annual Performance Factor

- 通年エネルギー消費効率・年間給湯効率
- 1年を通して、ある一定条件のもとで使用した消費電力量1kWh当たりの能力
- $APF = \dfrac{\text{1年間の冷暖房能力・給湯にかかわる熱量[kWh]}}{\text{1年間の消費電力量[kWh]}}$
- システム全体の効率

エアコン

室外機

室外機　タンク

CHAPTER 7

参考設備図と関連資料

給排水・空調配管材料の種類

①亜鉛メッキの塩化ビニル管は、表面結露防止のため、保温材を巻く
②防火区画貫通部分1m以内は、不燃材料を使用する
③耐火二層管は、防火区画貫通の認定品

硬質塩化ビニルライニング鋼管(VLP)

●**VLP-VB**　表面は亜鉛メッキ。給水管の主材料。

●**VLP-VA**　表面はさび止め処理。VLP-VBより多少安価な素材。

●**VLP-VD**　表面もビニルライニング。外部埋設配管の場合、鋼管の配管(VLP-VB)を配管する際は、埋設による金属の腐食を防止するため、表面に防食テープを巻く。

　代わりにVLP-VDを使用する場合もある。湿度が高い地下ピット配管の場合は、VBを使用して保温材を巻く代わりに、表面がライニングとなっているVDを利用することがある。

　表面結露してもライニングなので保温材を省略することが多い。

●**耐熱性硬質塩化ビニルライニング鋼管(HTLP)**
鋼管の内面に耐熱ライニングを施したもの。表面はさび止め塗装。給湯管の材料で、銅管の次によく使用される。耐熱温度は約85℃。

●**耐衝撃性硬質ポリ塩化ビニル管(HIVP)**　塩化ビニルでできており、色は濃紺。VPと比べ衝撃に強く、外力による割れが生じにくいため、給水管の材料によく使用される。耐熱温度は約85℃。

●**耐熱性硬質ポリ塩化ビニル管(HTVP)**　耐熱性の塩化ビニルでできており、熱に強く、給湯管として使用される。近年、信頼性が向上し、多く採用されている。

排水用塩化ビニル管

●**VP（肉厚管）とVU（肉薄管）**　排水管の主材料。不燃材料ではないので、防火区画の貫通部1m以内に使用する場合は耐火キャップを付けるか、耐火二層管を使用する。

●**耐火二層管**　排水用塩化ビニル管(VP・VU)に耐火材で外装したもの。排水管在来工法の主材料。防火区画貫通の認定品で、貫通処理が必要な場所で使用できる。

●**配管用炭素鋼鋼管**　圧力の比較的低い蒸気、油、ガス、空気などの配管に用いる。黒管と、表面に亜鉛メッキを施した白管がある。

○ **さび止め処理**
めっき・塗装・セメントなどアルカリ性物質による被覆、陰極化などにより金属の腐食を防ぐこと。水道管など、さびを防ぐためにあらかじめ防錆剤を塗布すること

○ **ビニルライニング**
タンク・管などの内壁面をビニル樹脂で被覆すること

○ **防食テープ**
配管がさびて朽ちることを防ぐため、水・空気などから隔離するために、管に巻きつけるテープ

○ **不燃材料**
材料自体が燃焼せず、かつ防火上有害な変形や溶融などがなく、室内面に用いる場合は有害な煙やガスを発生しないものとして国土交通大臣が指定する材料

○ **耐火キャップ**
被覆銅管・合成樹脂管・ケーブルの防火区画貫通部に耐火措置として使用する金物

○ **排水管在来工法**
浴室などの取り付けで、浴槽・排水管・トラップなどをそれぞれ個別に取り付ける工法

関連事項

● **配管トラブル**

建物内部を通る配管のトラブルは、老朽化によるものを除いても、住んでみてから気付くケースがほとんどである。代表的なものとして、音、水漏れ、排水管のつまりなどである。音に関しては、特にマンションなどの場合は自分の部屋のみならず、上階からの流水音などや、音の連鎖でどこから聞こえてくるのかわからない場合がある。基本的なこととして、居室に面する竪配管にはグラスウール、遮音シートなどの措置を施し、なるべく寝室に面してパイプスペースを作らないといった配慮が必要である。音の問題としては、流水音だけでなく配管と構造体が接触することで発生するケースもある。レンジフードの排気ダクトなど、排気時の振動で、ダクトと間仕切り下地材や梁などが接触してカタカタという音がするケースもある。建築工事である間仕切りと設備工事である配管と、各施工担当が異なる

ので、現場監理者がしっかりチェックしなければならない。また、発生すると大きなトラブルになるのが水漏れである。横引き管などの継手から漏水した場合、下階に漏れてすぐに気が付けばよいが、コンクリートの床や基礎などですぐに気付かない場合は構造体に損傷を与える場合もあるので充分に注意したい。排水管は長く使っていれば、管壁に汚れが付着するのは避けられない。使い方によりその度合いに差はあるものの、定期的な高圧洗浄が必要となる。つまりの原因を作らないよう、横引き管ではなるべくコの字配管を避け、竪管では通気口をごみで塞がれないよう配慮する。

給排水・空調配管材料の早見表

配管材料	記号	給水		給湯	排水・通気					消火	油	コスト
		住戸内	共用部		汚水	雑排水	雨水	通気	ドレン管			
硬質塩化ビニルライニング鋼管	VLP	○	○									高
耐衝撃性硬質ポリ塩化ビニル管	HIVP	○	○									中
硬質ポリ塩化ビニル管	VP	○	○		○	○	○	○	○			低
耐熱性硬質塩化ビニルライニング鋼管	HTLP			○								高
被覆銅管・銅管	CU			○								中
耐熱性硬質ポリ塩化ビニル管	HTVP			○		○ キッチン 食洗機						低
樹脂管（架橋ポリエチレン管） 注 接続は電気融着		○		○								中
樹脂管（ポリブデン管） 注 接続は電気融着		○		○								中
ステンレス鋼管	SUS	○	○	○								高
排水用硬質塩化ビニルライニング鋼管	DVLP				○	○	○	○	○			高
排水用鋳鉄管					○	○	○	○				高
耐火二層管	TMP (VP)				○	○	○	○	○			中
配管用炭素鋼鋼管	SGP					○	○				○	○	中

空調換気用ダクトは主にスパイラルダクト（円形ダクト）が使用される。材質は亜鉛鉄板製が最も一般的だが、外部用にガルバリウム鋼板製やステンレス鋼板製がある。また、ダクト内部が塩ビコーティングされている仕様もある

設備計画を始める前に
給排水・給湯のキホン
換気・空調のキホン
電気・通信のキホン
事務所ビルに必要な設備
環境にやさしい省エネ設計
参考設備図と関連資料

電気配管・配線材料の種類

①電線管は電線を保護する役割もある
②可とう電線管は、自由に曲げられ、施工性がよい
③ケーブルとは、一般に導体が絶縁体と保護被膜とで覆われているものをいう

電気配管材料

電線管は電線類を収納し、保護する役割をになっている。

●**金属性電線管** 鋼製電線管あるいは金属管とも呼ばれ、屋外・屋内を問わず利用される。

①厚鋼電線管 管の肉厚が厚いものをいい、機械的強度に優れている。主に屋外や工場内の金属管工事に使用される。G管ともいう。

②薄鋼電線管 管の肉厚が薄いものをいい、主に屋内の金属管工事に使用される。C管ともいう。

③ねじなし電線管 管端にねじが切られていないもの。カップリングコネクターを使用することで接続が容易になり、施工性がよい。E管ともいう。

●**合成樹脂製可とう電線管** 可とう性があり、手で自由にまげられ、施工性がよい。材質により次の2種類がある。

①PF管 耐燃性のある合成樹脂管で、単層のPFSと複層のPFDがある。

②CD管 耐燃性のない合成樹脂管。管をオレンジに着色してPF管と区別している。

●**硬質ビニル電線管** 一般に用いられるVE管と、耐衝撃性のあるHIVE管がある。

●**ポリエチレン被覆ケーブル保護管** 地中埋設部や多湿箇所に使用する。PE管ともいう。

●**波付硬質合成樹脂管** 地中埋設用の配管。FEP管ともいう。

電気配線材料

●**絶縁電線** 絶縁体で覆われている導線。

●**屋内配線用** 600Vビニル絶縁電線と、耐熱被覆されている600V2種ビニル絶縁電線がある。

●**ケーブル** 導体が絶縁体と保護被覆とで覆われているものをいう。線の数により、単芯、2芯、3芯などがある。

●**屋内配線** ビニル絶縁ビニルシースケーブル（ＶＶＦ）、架橋ポリエチレン絶縁ビニルシースケーブル（ＣＶ）、トリプレックス型（ＣＶＴ）がある。ＣＶＴは、3本の芯線が独立して絶縁・保護されているため、ＣＶの3芯より許容電流が高い。

● **カップリングコネクター**
管相互間の継手用金物。内面に雌ねじが切ってある管継手用の短管をいう

関連事項

● 感電を防ぐために

電気機器の不適切な扱いや漏電、落雷によって、人体に電流が流れることを感電という。流れる電流の強さによっては一時的な痺れや痛みで済む場合もあるが、重度の場合は死亡にいたる。どういう場合に感電するかというと、2本の電線に人体が触れ人体でショートして感電する場合、一本の電線に触れ、人体を通して大地に流れる電流で感電する場合、漏電状態にある電気機器に触れ、人体を通して大地に流れる電流で感電する場合などがある。人体の電気抵抗は小さく、つまり電流が流れやすく、濡れた状態だと更に抵抗は小さくなる。電線は通常絶縁物で保護されているので、直接触れることは稀であるが、電気機器などが漏電しているかどうかは、見た目ではわからない。例えば、電気洗濯機などの電気回路の絶縁性能が悪くなって、洗濯機の

ケースに電気が漏れていても、わからずに濡れた手で触ってしまう場合も考えられる。これが危険な状態で、人体を通って大地へ電流が流れる。これを防ぐには、アース線を取り付けたり、電源に漏電遮断器を取り付けておく必要がある。アース線は漏電によって起きる感電や火災事故を未然に防ぐ、非常に重要な役目があり、水気のある場所や湿気の多い場所で使用する電気機器や使用電圧の高い機器には設置するよう義務付けられている。また、漏電遮断器が、アース線を通って大地へ流れる電流を感知し、瞬時に電気を遮断してしまうので、アースの取り付けは漏電遮断器がすばやく作動するためにも重要な役目を持つ。

電気配管材料の早見表

配管材料	記号	屋内露出隠蔽	コンクリート埋設	床下暗渠	地中埋設	屋外多湿
厚鋼電線管	GP	○	○			○
薄鋼電線管	CP	○	○			
ねじなし電線管	E	○	○			
合成樹脂製可とう電線管	PF	○	○			
合成樹脂製可とう電線管	CD		○			
金属製可とう電線管	プリカ(F2)	○				○
硬質ビニル電線管	VE			○		○
耐衝撃性硬質塩化ビニル管	HIVE				○	○
波形硬質合成樹脂管	FEP			○	○	
ポリエチレン被覆ケーブル保護管	PE			○	○	

電気配線材料の早見表

配線材料	記号	引込	一般幹線	一般動力	電灯・コンセント	非常照明	制御	放送	インターホン	TV共同受信	自火報防排煙	電話
600Vビニル絶縁電線	IV		○	○	○	○	○	○				
600V耐熱ビニル絶縁電線	HIV					○	○					
600Vビニル絶縁ビニルシースケーブル	VVF				○							
600V架橋ポリエチレン絶縁ビニルシースケーブル	CVT・CV	○	○	○								
耐熱ケーブル	HP							○	○		○	
制御用ビニル絶縁ビニルシースケーブル	CVV						○					
市内対ポリエチレン／絶縁ビニルシースケーブル	CPEVS								○			○
着色識別ポリエチレン絶縁ポリエチレンシースケーブル	CCP											○
構内用ケーブル(通信用)	TKEV											○
TV用同軸ケーブル	S-5C-FB・S-7C-FB									○		
ポリエチレン絶縁警報ケーブル	AE							○	○		○	
屋内用通信電線	TIVF						○					

設備計画を始める前に　給排水・給湯のキホン　換気・空調のキホン　電気・通信のキホン　事務所ビルに必要な設備　環境にやさしい省エネ設計　参考設備図と関連資料

設備設計図とは

① それぞれの記号の意味をきちんと理解する
② 各機器のメンテナンスや更新を考慮して建築計画に反映する
③ 構造との納まりにも留意する

設備設計図の概要

設備設計図は、電気・衛生・空調設備のそれぞれの分野ごとに分かれている。そのなかで、電気設備では幹線・電灯・コンセント・弱電（テレビ・電話・ＬＡＮ・インターホンなど）、空調設備では空調・換気など、それぞれの設備項目別に分けて描くことが多い（特に決まりはないので一緒に描いてもよい）。その他に、各設備の**特記仕様書、衛生・空調機器表、照明器具表、凡例表、盤結線図、各設備系統図**などで構成される。さまざまな機器や器具などは、メーカー名や型番を具体的に記載すると分かりやすい。

図面作成の注意点

設備設計図は、建築図に比べると、多くの記号で表現されているため、非常に分かりにくい。図面を作成する際は、１つ１つの記号の意味をきちんと理解したうえでプロットを立て、これらをできるだけ最短ルートの配管・配線で結び、その線を引くこととなる。このとき、配管や配線の太さや本数を把握することが重要となる。当然だが、平面以外に縦ルート（ＰＳ）の確保も忘れてはならない。また、構造との納まりも合わせて検討する。

設備は、各機器のメンテナンスや配管・配線の更新を考慮したうえで、建築計画に反映することが重要となるため、図面上には建築工事との工事区分にも注意して明記する。

ここでは、２階建ての２世帯住宅を対象とした設備設計図の書き方を一部紹介する。

意匠設計者が、設備図面を描いて確認申請を出している例も少なくないと思われるが、建築基準法の改正により、確認申請で求められる図面の内容が厳しくなり、計算書や認定書など、**さまざまな添付書類**も要求される。

また、一定規模以上の建築設計については、設備設計一級建築士の関与が義務付けられている。建築設計の専門分化が進むなか、建築設備のスペシャリストとしての建築設備士を積極的に活用することが必要と考えられる。

関連事項

● **特記仕様書**
設計者や団体が定めた標準的な仕様書とは異なるもの、含まれていないものなどを特記した仕様書

● **衛生・空調機器表**
使用する衛生機器や、空調機器の型番、仕様、容量などが記載された図書

● **照明器具表**
設備設計図のうち、使用する照明器具の種類、仕様、型番などを記載した図書。併せて照明器具の姿図（デザイン）を表記することが多い。

● **凡例表**
電気設備図や給排水設備図などで図中に記載される記号等の意味を説明する表。おおよそ決まった記号が使われる。

● **盤結線図**
漏電遮断器（漏電ブレーカー）や配線用遮断器（安全ブレーカー）などの電気的な接続関係を示し、全体的な設備内容を系統立てて、簡潔に示したもの。

● **各設備系統図**
建築設備において機器および配管を系統的に表した図面のこと。設備設計においては水平の繋がりだけでなく、垂直の繋がりが重要になってくるので、平面図ではすべてを表現できない部分は系統図を用いて表現する。電力（電気幹線）系統図、弱電系統図、配管系統図、ダクト系統図などの種類がある。

● **さまざまな添付書類**
使用する機器の仕様書や認定書など、その機器の性能を示すための書類や計算書など。建築確認の審査において、各設備機器が日本工業規格に適合するものであることや、その他さまざまな規定に適合するものであることを示す根拠となる書面を求められる。

● 設備設計一級建築士
一級建築士として5年以上設備設計の業務に従事した後、国土交通大臣の登録を受けた登録講習機関が行う講習の課程を修了した建築士。平成20年11月28日に施行された新建築士法では、設備設計一級建築士制度が創設され、一定規模（階数3以上かつ床面積の合計5,000㎡超）の建築物の設備設計については、設備設計一級建築士が自ら設計を行うか、もしくは設備設計一級建築士に設備関係規定への適合性の確認を受けることが義務付けられた

幹線図

電力・弱電（テレビ・電話・光ケーブル）の引込み位置から分電盤、弱電盤までの一次側配線のルートを幹線と呼ぶ

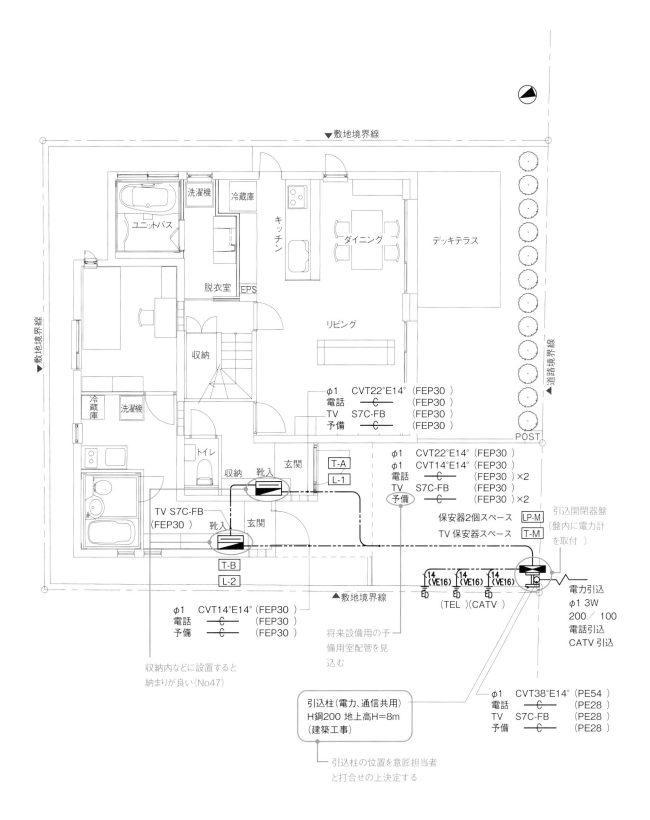

▼敷地境界線

▼敷地境界線

▲道路境界線

洗濯機
冷蔵庫
キッチン
ダイニング
デッキテラス
ユニットバス
脱衣室
EPS
リビング
収納
冷蔵庫
洗濯機
トイレ
収納　靴入　玄関
T-A
L-1
TV S7C-FB
(FEP30)
靴入　玄関
T-B
L-2
POST

φ1　CVT22°E14°（FEP30 ）
電話　　─C─　　（FEP30 ）
TV　S7C-FB　（FEP30 ）
予備　　─C─　　（FEP30 ）

φ1　CVT22°E14°（FEP30 ）
φ1　CVT14°E14°（FEP30 ）
電話　　─C─　　（FEP30 ）×2
TV　S7C-FB　（FEP30 ）
予備　　─C─　　（FEP30 ）×2

保安器2個スペース　LP-M
TV 保安器スペース　T-M

引込開閉器盤
（盤内に電力計を取付 ）

▲敷地境界線

14
(VE16)　14
(VE16)　14
(VE16)

電力引込
φ1 3W
200／100
電話引込
CATV引込

(TEL)(CATV)

φ1　CVT14°E14°（FEP30 ）
電話　　─C─　　（FEP30 ）
予備　　─C─　　（FEP30 ）

収納内などに設置すると
納まりが良い（No47）

将来設備用の予
備用室配管を見
込む

引込柱（電力、通信共用）
H鋼200 地上高H＝8m
（建築工事）

引込柱の位置を意匠担当者
と打合せの上決定する

φ1　CVT38°E14°（PE54 ）
電話　　─C─　　（PE28 ）
TV　S7C-FB　（PE28 ）
予備　　─C─　　（PE28 ）

設備計画を始める前に

給排水・給湯のキホン

換気・空調のキホン

電気・通信のキホン

事務所ビルに必要な設備

環境にやさしい省エネ設計

参考設備図と関連資料

電灯図

照明器具は、器具とランプの種類なども決める。
1,000 W程度で1回線とする

●2階

間接照明であることを
明記する

寝室などでは
調光スイッチ
を利用する

階段、廊下は3路、4路
スイッチにて対応

▼ 敷地境界線

Ⓐ×2
ウォークイン
クローゼット

主寝室

引っ掛け
シーリング

Ⓘ×3
本棚上部間接照明

収納　収納　収納

Ⓘ×4
本棚下部設置

1階へ

子供室1　Ⓙ×2

ライティングダクト2.0m

収納

Ⓖ×2

子供室2　Ⓙ×2

バルコニー

ライティングダクト2.0m

Ⓑ

Ⓐ

収納

和室

Ⓑ×2

納戸

押入

引っ掛け
シーリング

▲ 敷地境界線

換気扇はパイロット
スイッチとする

●1階

ユニットバスの照明器具は
ユニットバス工事とする

ライティングダクトは
長さを明記

▼ 敷地境界線

ライティングダクト2.0m

ユニットバス
（建築工事）

洗濯機

冷蔵庫

Ⓒ

Ⓔ

Ⓕ×2

Ⓔ

キッチン

Ⓗ

デッキテラス

引っ掛け
シーリング

ユニット
バス

脱衣室

引っ掛け
シーリング

ダイニング

2階へ

リビング

照明器具
の後付対
応とする

Ⓑ

収納

引っ掛け
シーリング

冷蔵庫

洗濯機

Ⓐ×2

Ⓗ

ユニットバス
（建築工事）

Ⓐ

玄関

Ⓔ

Ⓐ×3

靴入

Ⓓ

POST

Ⓐ×2

収納　収納　靴入　玄関

Ⓓ

▲ 敷地境界線

換気扇はパイロット
スイッチとする

玄関のスイッチはホタル
スイッチとする

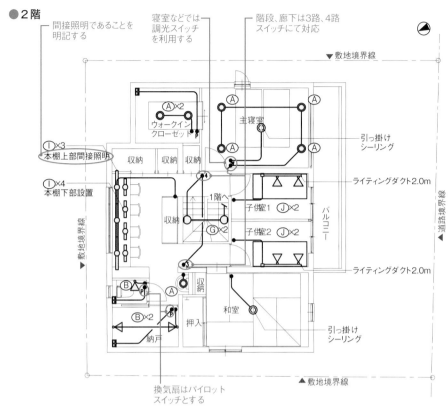
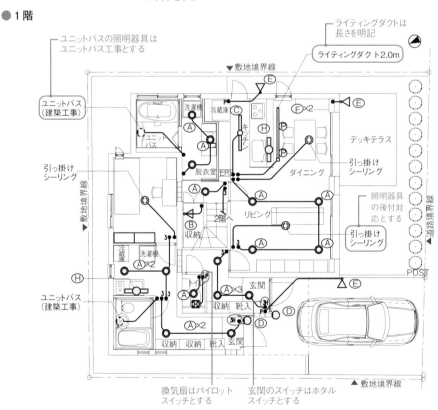

電球の種類やワット数、灯色なども明記すると良い

Ⓐ	Ⓑ	Ⓒ	Ⓓ	Ⓔ	Ⓕ	Ⓖ
ダウンライト	スポットライト	キッチンベースライト	屋外用ブラケットライト	屋外用スポットライト	ペンダントライト	ブラケットライト

コンセント図

家具や家電機器の置き場を設定し、コンセントを配置。容量が大きい機器は単独回線とする

● 2階

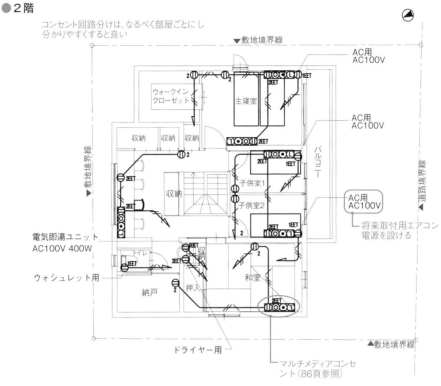

コンセント回路分けは、なるべく部屋ごとにし分かりやすくすると良い

● 1階

電気式バス乾燥機は単独回線とする

エアコンの電源には室外機側と室内機側があるので確認する。また200Vであることも明記

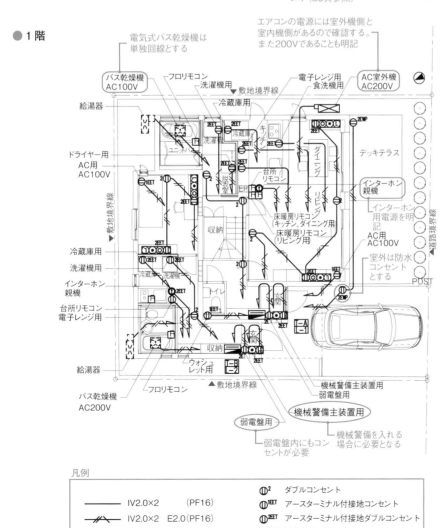

凡例

──	IV2.0×2 （PF16）	
─╱╱─	IV2.0×2 E2.0（PF16）	

- ダブルコンセント
- アースターミナル付接地コンセント
- アースターミナル付接地ダブルコンセント
- 接地防水ダブルコンセント

設備計画を始める前に
給排水・給湯のキホン
換気・空調のキホン
電気・通信のキホン
事務所ビルに必要な設備
環境にやさしい省エネ設計
参考設備図と関連資料

弱電図

テレビ、電話、コンピュータ、インターホンの位置を設定し配置する。
マルチコンセントが便利

● 2階

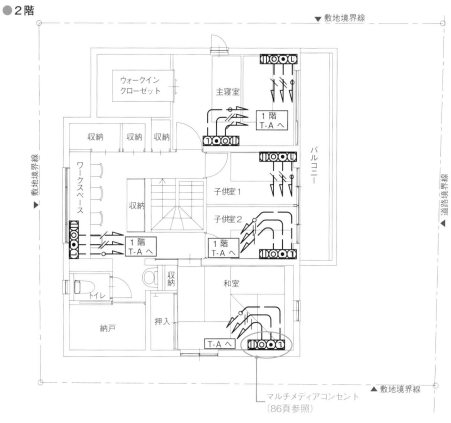

● 1階

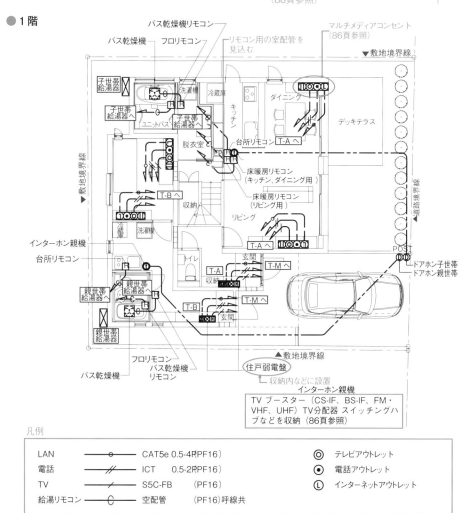

凡例

LAN	━━○━━ CAT5e 0.5-4P（PF16）	◎ テレビアウトレット
電話	━━⁄⁄━━ ICT 0.5-2P（PF16）	◉ 電話アウトレット
TV	━━⁄━━ S5C-FB （PF16）	Ⓛ インターネットアウトレット
給湯リモコン	━━C━━ 空配管 （PF16）呼線共	

衛生設備図

給水・給湯・排水・ガス設備が含まれる。
引込み位置および給湯器やメーターの位置も決める

● 2階

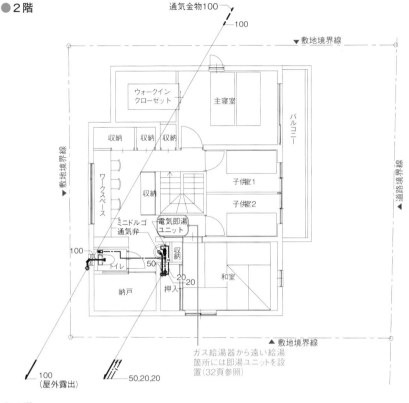

● 1階

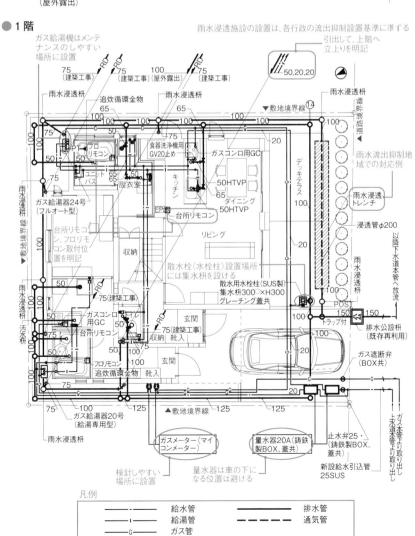

凡例

—·—	給水管	——	排水管	
—I—	給湯管	-----	通気管	
—G—	ガス管			

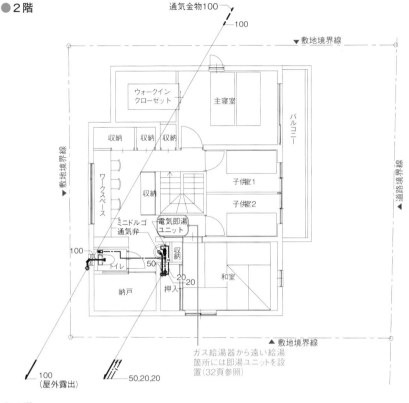

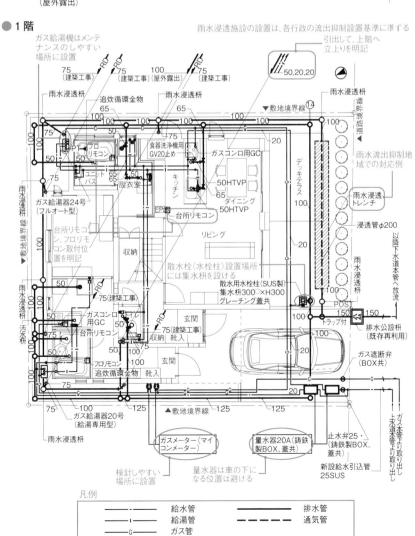

空調図

室内機、室外機の位置を決める。将来設置する場合は、エアコン用スリーブと電源の対応を行う

● 2階

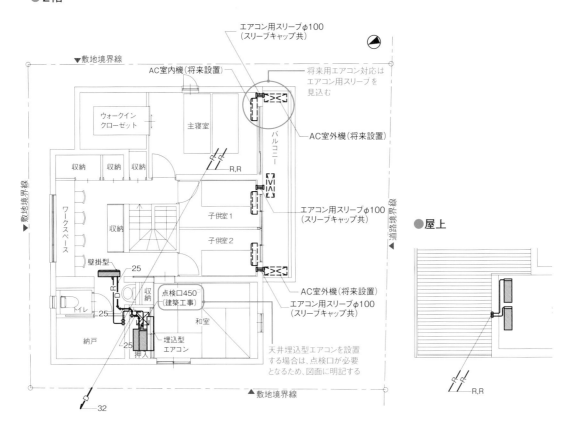

● 屋上

● 1階

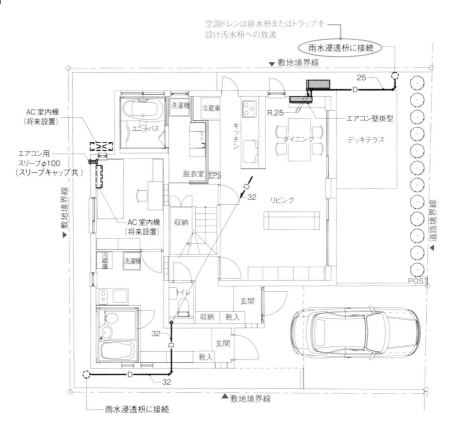

換気図

24時間換気の義務化により、各部屋に給気口または排気ファンが必要

●2階

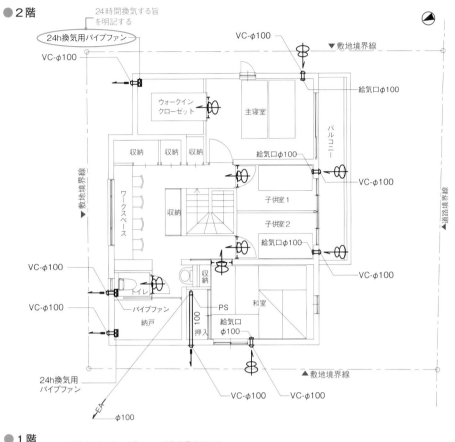

●1階

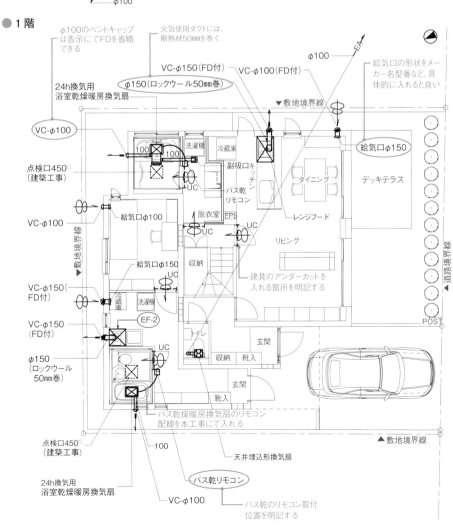

設備計画を始める前に

給排水・給湯のキホン

換気・空調のキホン

電気・通信のキホン

事務所ビルに必要な設備

環境にやさしい省エネ設計

参考設備図と関連資料

設備記号と姿図（給排水・衛生）

●給排水・衛生

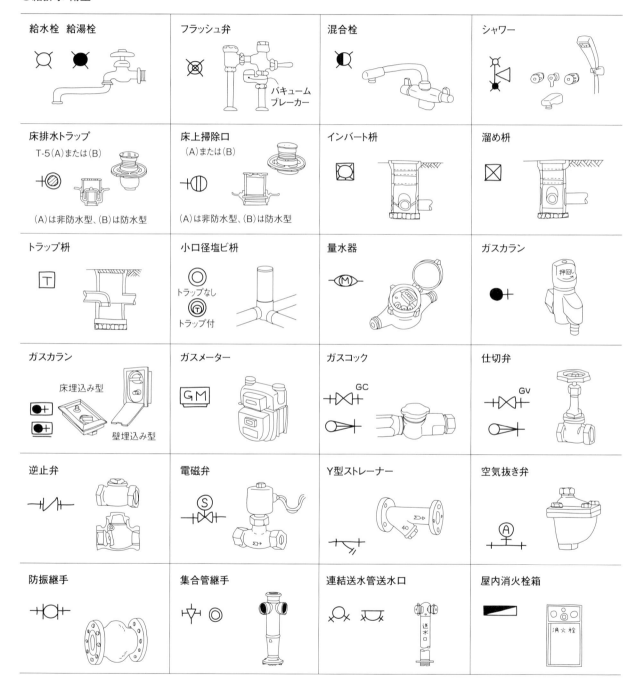

給水栓　給湯栓	フラッシュ弁	混合栓	シャワー
	バキューム ブレーカー		
床排水トラップ T-5（A）または（B） （A）は非防水型、（B）は防水型	床上掃除口 （A）または（B） （A）は非防水型、（B）は防水型	インバート枡	溜め枡
トラップ枡	小口径塩ビ枡 トラップなし トラップ付	量水器	ガスカラン
ガスカラン 床埋込み型 壁埋込み型	ガスメーター	ガスコック GC	仕切弁 GV
逆止弁	電磁弁	Y型ストレーナー	空気抜き弁
防振継手	集合管継手	連結送水管送水口	屋内消火栓箱

設備記号と姿図（空調・電気）

●空調

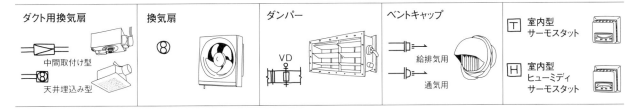

ダクト用換気扇	換気扇	ダンパー	ベントキャップ	
中間取付け型 / 天井埋込み型		VD	給排気用 / 通気用	T 室内型サーモスタット / H 室内型ヒューミディサーモスタット

●電気

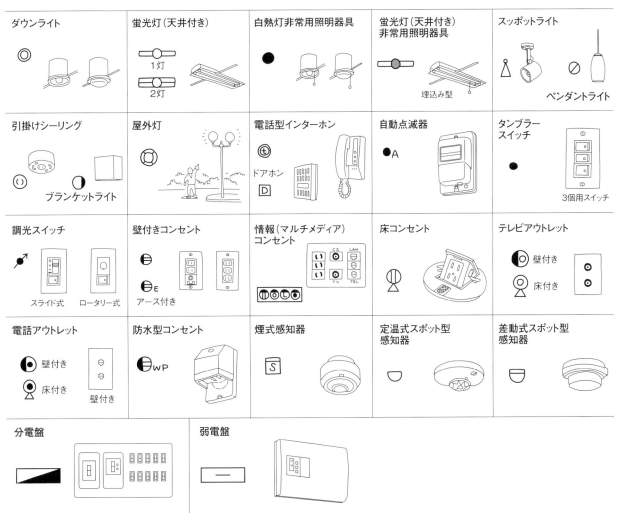

ダウンライト	蛍光灯（天井付き）	白熱灯非常用照明器具	蛍光灯（天井付き）非常用照明器具	スッポットライト
	1灯 / 2灯		埋込み型	ペンダントライト
引掛けシーリング	屋外灯	電話型インターホン	自動点滅器	タンブラースイッチ
ブランケットライト		ドアホン / D	●A	3個用スイッチ
調光スイッチ	壁付きコンセント	情報（マルチメディア）コンセント	床コンセント	テレビアウトレット
スライド式　ロータリー式	アース付き	CS LAN / TV TEL		壁付き / 床付き
電話アウトレット	防水型コンセント	煙式感知器	定温式スポット型感知器	差動式スポット型感知器
壁付き / 床付き / 壁付き	WP	S		

分電盤	弱電盤

設備計画を始める前に

給排水・給湯のキホン

換気・空調のキホン

電気・通信のキホン

事務所ビルに必要な設備

環境にやさしい省エネ設計

参考設備図と関連資料

関連法規

①申請時に書間の不整合がないか、提出前に十分確認する
②引込みに関する事前調査や消防との事前相談は、申請前に行うことが重要
③消防の同意が得られない場合は、申請が取り下げになる

建築確認申請の注意点

建築設備には、建築基準法、消防法をはじめ、さまざまな法令が関連する。ここでは戸建住宅、小規模集合住宅の建築確認申請時に関連する法令と、申請時の注意点に限って解説する。

建築確認申請図書は、まず意匠・構造・設備図の書間の不整合がないことが前提となる。不整合が発見された場合は、受付受理までに非常に時間を要するため、平面プランの食い違いがないか、申請提出前に十分に確認しておく。

審査の流れとしては、意匠・構造・設備図の事前相談(点検)を受け、不足図書や不足書類がないかを確認する。申請図書がすべて整った時点で、受付受理となる。受付後に発見された軽微な不備は、訂正印による補正または追加説明書を提出し対応する。

水道・下水道・ガス・電力などの引込みに関する事前調査や、消防との事前相談も申請前に十分に行っておくことが必要である。特に、消防の事前相談は重要で、申請受付後の消防同意の段階で、大きな不適合事項が認められた場合には、計画の変更や申請の取り下げにもなりかねない。

集合住宅の場合

700㎡以下の一般的な小規模集合住宅の場合、建築確認申請に、建築基準法による制約がかかる設備は、給排水衛生設備(機器仕様・配管材料)、ガス設備、煙突設備、**シックハウス対策**を含んだ換気設備(ダクト・配管材料、機器仕様・シックハウス対策を含んだ換気計算)、非常用照明設備、浄化槽地域では浄化槽設備である。ほかにも各設備で使用する機器、器具類の構造図、能力表が必要となる。

消防法による制約がかかるのは、消火器、自動火災報知器であり、同様に各設備で使用する機器類の構造図を求められる。その他、防火区画貫通部処置方法の認定書なども必要となる。

● 消防法
火災から国民の生命・身体・財産などを保護するとともに、火災又は地震等による被害を軽減することを目的として定められた法律

● 建築確認申請
行政に建築前に建築物に関する計画書を提出し、計画が建築基準法に適合しているかどうかを建築主事又は指定確認検査機関により審査すること

関連事項

● シックハウス対策

住宅の高気密・高断熱化が進み、また住宅の新築や改装工事で新建材と呼ばれる揮発性化学物質を含有した建材が多く用いられるようになったことで、室内空気が化学物質などに汚染されるようになった。それらが原因で頭痛や目・喉の痛み、吐き気、めまいなど、そこに住まう人の健康に悪影響を与えてしまうようになった。こうした住居内での室内空気汚染に由来する様々な健康障害を総称して、シックハウス症候群と呼ぶ。その対策として、2003年7月に建築基準法で新しいルールが課せられ、内装仕上げに使用する建材の使用面積を制限したり、機械換気設備を設置したりすることが義務付けられた。
シックハウス症候群は原因も症状も多種多様で、ひとつの原因やひとつの症状、ある一面からの定義だけでは正しく理解することができず、発症のメカニズムなど、まだまだ未解明な部分も多くある。最近では、学校の室内空気汚染による健康障害として「シックスクール」も問題化している。

建築設備図と関連する法規

給排水衛生設備図	●給水、排水その他の配管設備の設置及び構造(令129条の 2の5) ●給水タンク、飲料水の配管設備、排水のための配管設備、ガスの配管設備(3階以上の階を共同住宅とする場合)についてその構造などを明示 ●関係規定→水道法(16条)、下水道法(10条1項)、ガス事業法(40条の4) ●下水道処理区域の内外の別(法31条1項)を確認申請書に明示
空調換気設備図	●換気設備の無窓居室の換気設備(令20条の2)、シックハウス対策の換気設備(令20条の8)、火気使用室の換気設備(令20条3)の規定をそれぞれ確認 ●換気設備の構造(令129条の2の6)。この規定には、火気使用室を除くすべての換気設備に適用 ●風道の防火区画等の貫通部については令112条15・16項で、延焼の恐れのある部分にかかる開口部の設置については、耐火建築物または準耐火建築物(法27条)および防火地域または準防火地域内の建築物(法64条)で規定
電気設備図	●電気設備(法32条)と非常照明の装置(令5章4節)が該当 ●法32条で、電気設備は電気工作物に係る建築物の安全及び防火に関する法令(電気設備に関する技術基準を定める省令)の定める工法によって設けることが規定 ●明示事項としては常用・予備電源の種類・位置とその構造、受電設備の電気配線の状況、予備電源の電気配線の状況、予備電源の容量とその算出方法など ●非常用の照明装置は照明器具の配置を明示すると共に、必要照度を確保できる範囲や照明器具の構造が規定に適合するものであることを明示する ●防火設備や予備電源などについても電気設備として明示が必要となる
共通事項	●配管の防火区画等貫通部については、令129条の2の5第1項7号の規定による 　①貫通部とその両側1m以内の部分を不燃材料でつくること 　②間の外形が用途、材質などに応じて平12建告1422号に定める数値以下であること 　③国土交通大臣の認定を受けた工法によることのいずれかに適合しなければならない。 　　また、令112条15項の規定により、管と防火区画等との隙間は不燃材料で埋めなければならない ●建築設備の構造方法については、建築設備の構造耐力上安全な構造方法(平12建告1388号)と屋上から突出する水槽、煙突などの構造計算の基準(平12建告1389号)が告示で規定されている。したがって、それぞれの該当する建築設備の構造が告示の規定に適合することを示す必要がある

設備計画を始める前に

給排水・給湯のキホン

換気・空調のキホン

電気・通信のキホン

事務所ビルに必要な設備

環境にやさしい省エネ設計

参考設備図と関連資料

要望調査チェックシート

●給排水衛生・空調換気の例

チェック項目		チェック欄
給排水衛生	・希望する給湯方式を教えてください[※1]	☐ガス給湯器(一般タイプ)
		☐ガス給湯器(潜熱回収タイプ)
		☐電気温水器(エコキュート)
		☐電気温水器
	・風呂の追炊きは必要ですか ・希望するタイプを教えてください(必要な場合)	☐必要　　　　☐不要
		☐フルオートタイプ　☐セミオートタイプ
	・特殊(大型)シャワーは希望しますか[※2]	☐希望する　　☐希望しない
	・加熱調理器の熱源としてどちらを希望しますか	☐ガスコンロ　☐IH調理器
	・食器洗浄機の設置を希望しますか	☐希望する　　☐希望しない　　☐将来検討予定
	・洗濯機に給湯は必要ですか	☐必要　　　　☐不要
	・衣類乾燥機の設置を希望しますか ・ガス式と電気式のどちらを希望しますか	☐希望する　　☐希望しない　　☐将来検討予定
		☐ガス式　　　☐電気式
	・居室にガスコンセントの設置を希望しますか	☐希望する　　☐希望しない
	・セントラルクリーナー設備を導入しますか	☐導入する　　☐導入しない
	・屋外散水栓や外部流しは必要ですか[※3] ・屋外散水栓はどのような場所に必要ですか	☐必要　　　　☐不要
		(　　　　　　　　　　　　　　　　　　　　　　)
	・植栽に自動灌水(散水)装置を設置しますか	☐必要　　　　☐不要
	・雨水利用をしますか	☐利用する　　☐利用しない
	・家庭でできる環境対策に興味はありますか	☐はい　　　　☐いいえ
空調換気	・エアコンは必要ですか[※4] ・希望する部屋を教えてください(必要な場合) ・希望するタイプを教えてください(必要な場合)	☐はい　　　　☐いいえ　　　　☐将来検討予定
		(　　　　　　　　　　　　　　　　　　　　　　)
		☐壁掛け型　　　　☐天井埋込みカセット型 ☐壁埋込み型　　　☐床置き型 ☐天井埋込みダクト型
	・空調方式について特別な要望はありますか[※5] ・右記のいずれかの方式を採用しますか	☐有　　　　　☐無
		☐全館空調方式　☐放射(輻射)方式　☐どちらも採用しない
	・個別換気の必要な部屋はありますか ・希望する部屋を教えてください(必要な場合) (キッチン・バス・サニタリーは除く) ・ご家族に喫煙される方はいらっしゃいますか	☐必要　　　　☐不要
		(　　　　　　　　　　　　　　　　　　　　　　)
		☐いる　　　　☐ない
	・加湿器の設置を希望しますか[※6] ・希望する部屋を教えてください(必要な場合)	☐希望する　　☐希望しない
		(　　　　　　　　　　　　　　　　　　　　　　)
	・除湿器の設置を希望しますか ・希望する部屋を教えてください(必要な場合)	☐希望する　　☐希望しない
		(　　　　　　　　　　　　　　　　　　　　　　)
	・空気清浄機の設置を希望しますか ・希望する部屋を教えてください(必要な場合)	☐希望する　　☐希望しない
		(　　　　　　　　　　　　　　　　　　　　　　)
	・脱臭機の設置を希望しますか ・希望する部屋を教えてください(必要な場合)	☐希望する　　☐希望しない
		(　　　　　　　　　　　　　　　　　　　　　　)
	・床暖房設備を希望しますか ・希望する部屋と範囲を教えてください(必要な場合) ・設置する場合、方式はどのようにしますか	☐希望する　　☐希望しない
		(　　　　　　　　　　　　　　　　　　　　　　)
		☐温水式　　　☐電気式　　　☐電気蓄熱式　　　☐その他
	・浴室暖房乾燥機の設置を希望しますか ・希望するタイプを教えてください(希望する場合)	☐必要　　　　☐不要
		☐電気式　　　☐温水式　　　☐ミストサウナ機能付き

※1:給湯器は極力浴室付近に設置し、給湯器と給湯水栓の距離が遠くなる場合は即湯ユニットなどの設置も検討する
※2:外国製品などを採用する場合は必要な水量と水圧をメーカーに確認する
※3:洗車用またはペット用の場合は給湯が必要か(給水方法や給湯方式に影響を与えかねない)確認する
※4:暑いのが苦手、冷房・冷風が直接あたるのが嫌など、要望を具体的に聞く
※5:花粉症対策など、室内の空気環境について日頃気になっていることなどを聞き出すことも重要
※6:加湿器、除湿機、空気清浄機、脱臭器が必要となる場合は目的を聴き取り調査し、設備設計者に伝える

全体計画チェックシート

●電気・ガスの例

	設備項目	検討事項	選択肢または注意事項	
電気	受変電	□1住戸当たりの電気容量を設定(集合住宅の場合)	□オール電化の場合は戸建ても検討	
		□受電方式	□低圧引込み	
			□高圧引込み(弾力供給の可能性も確認のうえ)	
		□引込み位置	□引込柱(早い段階で決定すること)	
			□直受け(建物)	
			□地中	
		□引込み開閉器盤の位置	□サイズがかなり大きいので早めに決定する	
	幹線	□電力量計の位置	□設置スペースを確保	
		□電力量計の方式(集合住宅)	□集中検針方式	□個別検針方式
		□分電盤の位置	□メンテナンスを考慮して決めること	
		□幹線ルート(引込み位置→引込み開閉盤→分電盤)	□おおよその梁貫通個所、断面欠損の確認	
	動力	□動力盤位置	□設置スペースを確保	
		□動力配線ルートの確認	□おおよその梁貫通個所、寸法の確認	
	電灯コンセント	□分電盤・弱電盤(情報分電盤)	□弱電盤(情報分電盤)のサイズに影響するため、各室に必要な情報コンセントの内容も把握しておくとよい	
	自動火災報知器	□受信機の位置(集合住宅の場合)	□管理人室など人の目にふれる場所に設置	
		□総合盤の位置(集合住宅の場合)		
	住宅用火災警報器	□住宅用火災警報器の方式[※1]	□電池式	□配線式
	インターホン	□方式の決定	□集合玄関方式(集合住宅の場合)	
			□個別方式	
		□オートロックとの連動	□必要	□不要
		□自動火災報知器との連動	□必要	□不要
	電話配管	□引込みルート(引込み位置→MDF→IDF)	□おおよその梁貫通個所、寸法の確認	
		□MDF、IDFの位置検討[※2]	□サイズが大きくなるので早めに検討すること[※3]	
	テレビ共聴	□電波障害について	□近隣建物の状況を現地で確認(アンテナの有無、CATVの引込み状況)	
		□受信方法	□アンテナを使用	□ケーブルテレビを使用
		□アンテナ位置の検討	□視聴したい放送を確認	□UHF
				□BS
				□BS／110°CS
				□CS
				□その他(　　　　)
	インターネット配管	□インターネット接続方式の検討	□FTTH(光ファイバーの供給エリアに入っているか確認)	
			□ADSL(基地局からの距離が遠すぎないか確認)	
			□CATV(供給エリアに入っているか確認)	
		□集合住宅用光インターネット盤	□MDF内に設置	
ガス	ガス	□引込み位置	□都市ガス	□LPG
		□ガス容器設置位置(プロパンガス使用の場合)	□容器の搬入が容易にできる場所とする	
		□メーター位置	□容易に検針できる場所にスペースを確保	
		□ガス配管ルートの確認	□おおよその梁貫通個所、寸法の確認	
その他	環境配慮	□ガスコジェネレーション	□設置スペースを確保	
		□太陽光発電		
		□太陽熱温水器		
		□雨水槽		
		□風力発電		
		□地中熱ヒートポンプ	□井戸の掘削が必要となる点に注意	

※1：規模により自動火災報知設備が不要な場合は設置する。また、住宅性能評価機関によっては配線式とする必要があるので確認すること
※2：MDFは主配電盤、IDFは各階弱電盤のこと。
※3：MDF内には、集合住宅用光インターネット盤やTVブースター、VDSL端子盤、NTT保安器など、MDFに納める盤も増加傾向にある。サイズの把握は早めに行うこと

設備計画を始める前に
給排水・給湯のキホン
換気・空調のキホン
電気・通信のキホン
事務所ビルに必要な設備
環境にやさしい省エネ設計
参考設備図と関連資料

索 引

あ

アクティブ型	136
アナログ放送	84
天吊り型空調機	116
アンカーボルト	18
安全装置付きマイコンメーター	34
アンダーカット	48

い

E26・E17 の口金タイプ	80
EPS（電気シャフト）	114
異形管	36
意匠設計者	12
一酸化炭素などの有毒ガス	102
井戸水	20
インバータ	138
インバータエアコン	58

う

ウォーターハンマー	20
雨水貯留施設	28
雨水排水	20
裏ボックス	74

え

「A 級」「B 級」「C 級」	108
衛生・空調機器表	162
Hf ランプ	80
液化石油ガス規則	34
エクステリア	138
エコキュート	78
エネルギー変換効率	130
FRP 防水	40
LP ガス（プロパンガス）	10
LP ガス法	44
エレベーター用の確認申請（設備）	90

お

OA用ルーバー	112
オーニング	130
樋	28
納まり	12
汚水	10
汚水槽	26
音の透過率	92
温熱環境性能	124

か

加圧送水装置	106
カーテンボックス	82
回転球体法	120
開閉器盤	70
開放型	134
各設備系統図	162
火災予防条例	32
過剰設備	12
ガスエンジン	142
ガス事業法	44
ガス漏れ検知器	88
仮想境界	154
カップリングコネクター	160
過電圧	120
可とう性	36
ガラリ	48
簡易専用水道	18
乾球温度	60
環境負荷	154
干渉	12
感震装置	74
感知器の設置基準	110
完了検査	90

き

機械換気方式	100
機械室レスタイプ	118
気積	58
季節別時間帯別電灯	78
既存公設枡	22
逆サイホン作用	20
逆風防止用シャッター	50
給水直圧洗浄方式	42
給水本管埋設図（水道台帳）	16
筐体	50
強電	70
局所換気	46
緊急地震速報	118
近隣商業地域	144

く

空調ドレン	152
クーリング効果	152
グラスウール	40
グリスフィルター	38
グリッド型システム天井	112
グレア	112

け

警戒区域	110
警戒区域半径	104
計器用変流器（CT）	70
下水道台帳	22
煙式	44
建築確認申請	172
建築基準法	108
建築基準法の「火気使用室の換気量基準」	48
建築基準法の内装制限の規制	38

こ

高圧キャビネット	96
高効率エアコン	78
高効率型インバータ蛍光灯	112
高周波点灯安定器	150
公設枡	22
構造欠損	74
構造設計者	12
高断熱・高気密性能	64
高置水槽	18
コールドドラフト（冷輻射）	148
コンクリートスラブ	114

さ

最低作動水圧	42
サイホン式	42
サイホンボルテックス（渦巻き）式	42
雑排水	10
雑排水槽	26
さび止め処理	158
さまざまな添付書類	162

し

GL 工法	92

シーン記憶調光器 …………………82
敷地境界……………………………16
自己サイホン作用 …………………24
地震力………………………………18
止水栓………………………………16
JIS 規格 ……………………………58
次世代省エネルギー基準 …………78
シックハウス対策 ………………172
シックハウス法
　（改正建築基準法）………………52
シックハウス法の換気回数 ……100
自納式（冷凍機収納型）の
　ユニット …………………………98
地盤沈下対策………………………26
遮炎性能……………………………90
遮煙性能……………………………90
弱電…………………………………70
遮熱工法 …………………………128
遮熱板………………………………64
ジャンクションボックス ………114
主照明………………………………82
受信障害……………………………84
受水槽架台…………………………18
受水槽方式…………………………16
準工業地域 ………………………144
準耐火構造…………………………90
省エネ措置の届出 ………………124
省エネ措置 ………………………154
省エネ法……………………………58
省エネラベル………………………58
浄化槽設置届………………………28
小規模の防火対象物 ……………110
商業地域 …………………………144
上水…………………………………20
消防法 ……………………………172
照明ボックス………………………82
ショートサーキット ………………48
照明器具表 ………………………162
シリコン結晶系 …………………132
シロッコファン ……………………50
真空貯湯型 ………………………134
シングルレバー式 …………………40
透光性のある素材 …………………82
人工排熱 …………………………128

新JIS法 …………………………… 120
伸縮継手……………………………36
新耐震法 …………………………152
浸透処理……………………………22
浸透トレンチ ………………………22

す
吸出し作用 …………………………24
水道加入（負担）金………………16
水道直圧型 ………………………134
水道法………………………………18
水平投影面積………………………28
スプリンクラーヘッド……………106
スポット給湯………………………30

せ
清浄度管理（コンタミネーションコント
　ロール） …………………………116
設備設計一級建築士………………162
設備設計者…………………………12
セントラル方式……………………56
セントラルファン …………………54

そ
相対湿度……………………………60
総務省地上デジタルテレビジョン放送
　受信相談センター …………………84
側溝・集水枡………………………28

た
代替フロンHFC …………………140
耐火キャップ ………………………158
大規模な防火対象物 ………………110
耐食性………………………………36
耐震装置……………………………116
太陽電池モジュール
　（太陽光パネル）…………………132
対流 ………………………………122
対流熱………………………………64
ダクト………………………………54
ダクト方式…………………………46
ダクトレス方式……………………46
竪穴区画……………………………90
溜め枡………………………………26

垂れ壁………………………………38
断熱・気密性能 ……………………62
断熱材 ……………………………122
断熱サッシ …………………………60

ち
地域冷暖房計画区域………… 144
地下ピット…………………………20
蓄熱体………………………………64
チャンバー ………………………102
中温水………………………………62
中空層 ……………………………126
昼光制御システム …………………112
中水…………………………………20
中性線………………………………70
中性線欠相保護機能………………72
長期使用製品安全点検制度……34
直結給水方式………………………18

つ
通気設備……………………………22
通気層………………………………60
通年エネルギー消費効率（APF)…58
2 バルブ式 …………………………40

て
定格能力……………………………58
ディスポーザー……………………38
デジタル放送 ………………………84
電位差 ……………………………132
電気契約……………………………78
電気式蓄熱暖房機…………………78
電気シャッター式…………………50
天井懐内……………………………24
伝導 ………………………………122
電力量計（メーター）………………70

と
特定建築物…………………………154
特定不燃材料………………………38
都市ガス……………………………10
都市ガス本管………………………34
都市計画 …………………………144
特記仕様書…………………………162

取り合い ………………………12
トラップ枡 ……………………26

な
内線規程 ………………………76
内部雷保護システム …………120
波形デッキプレート …………114

に
二次熱交換器 …………………32
日射遮蔽性能 …………………124
日射侵入率（η 値） …………124

ね
熱移動 …………………………122
熱橋部分 ………………………126
熱源ユニット …………………32
熱交換システム ………………54
熱交換素子 ……………………52
熱式 ……………………………44
熱線紫外線 ……………………150
熱損失 …………………………126
熱負荷 …………………………128
熱量 ……………………………122

は
排水管在来工法 ………………158
排水竪管 ………………………24
排水槽 …………………………26
排水用ドレン配管 ……………32
配線用ダクト …………………114
パイプスペース（PS）…………20
ハイブリッド換気方式 ………100
パッケージ型消火設備 ………104
発生水 …………………………10
発熱体 …………………………64
ハブ ……………………………86
パワーコンディショナー ……132
盤結線図 ………………………162
反射率 …………………………82
凡例表 …………………………162

ひ
PLC（電力線通信）……………86

BOD除去処理 …………………28
ヒーター式 ……………………30
ヒートアイランド現象 ………152
ヒートポンプ …………………78
ヒートポンプ式 ………………30
引込み電力 ……………………10
必要換気量 ……………………48
必要照度 ………………………80
必要容量 ………………………10
ビニルライニング ……………158
標準条件 ………………………58
ビル衛生管理法 ………………26
ビル管理法 ……………………146
ビルトイン機器 ………………38
ビルピット対策指導要綱………26

ふ
ファンコイルユニット…………98
風圧シャッター式 ……………50
ブースター（増幅器）…………84
複層ガラス ……………………60
不燃材料 ………………………158
プラント ………………………144
フリッカ ………………………112
プロペラファン ………………50
分岐工法 ………………………36
分電盤 …………………………70
分流地域 ………………………22

へ
平面計画 ………………………20
変圧器（トランス）……………70

ほ
ボイラー技士 …………………144
防煙垂れ壁 ……………………102
防煙壁 …………………………102
防火区画 ………………………90
防根シート ……………………152
放射 ……………………………62
放射熱 …………………………64
放射パネル ……………………62
防食テープ ……………………158
法定点検 ………………………90

補助散水栓………………………106
補助照明…………………………82
補助熱源 ………………………142
保水性舗装 ……………………128
保護角 …………………………120
ホルムアルデヒド ……………98

ま
枡 ………………………………22
間柱工法 ………………………92
マルチエアコン ………………56
マルチメディアコンセント …86
マルチメディア分電盤（弱電盤）…74

み
ミキシングバルブ式 …………40
未警戒部分 ……………………106

む
無停電電源装置（UPS）………116

め
メッシュ法 ……………………120
免震装置 ………………………116

も
毛細管現象 ……………………24
モデム …………………………86

ゆ
床スラブ ………………………64

よ
容積率 …………………………144
溶存酸素 ………………………36
予作動弁 ………………………106

ら
ラジエータ ……………………62
LAN端子台………………………86

り
流水検知装置……………………106

る

ルーター …………………………86
ルーフドレン…………………………28

れ

冷温水コイル …………………………98
冷媒管……………………………………98
冷房負荷………………………… 146
連結送水管の送水口………… 118
レンジフード …………………………38
レンジフードの捕集効率 …………48
連動シャッター式 …………………50
連絡母線………………… 114

ろ

炉台……………………………………64

わ

湧水槽…………………………………26
ワンセグ放送 …………………………84

監修・執筆

山田浩幸 [やまだ ひろゆき]

1963 年生まれ。yamada machinery office（ヤマダ マシナリィ オフィス）所長。'85 年東京読売理工専門学校建築設備学科卒業。同年（有）日本設備計画入所。'90 年（株）郷設計研究所入所。'02 年 yamada machinery office 設立、'07 年合同会社に変更

執筆

檀上　新 [だんじょう あらた]

1973 年東京生まれ。1 級建築士。'95 年工学院大学理工学部建築学科卒業。'97 年桑沢デザイン研究所卒業。'05 年檀上新建築アトリエ設立

檀上千代子 [だんじょう ちよこ]

1972 年東京生まれ。2 級建築士。'97 年桑沢デザイン研究所卒業。'05 年檀上新建築アトリエ設立

佐藤千恵 [さとう ちえ]

1970 年新潟県生まれ。1 級建築士。'92 年明治大学政治経済学部経済学科卒業。'99 年諸角敬建築デザイン研究室スタジオ・アー入所。'06 年 architecture/design studio SMOOTH 開設

河嶋麻子 [かわしま あさこ]

1969 年東京都生まれ。1 級建築士。'93 年関東学院大学工学部建築学科卒業。K's Architects、architectureWORKSHOP 勤務を経て、'02 年 kawashima office 設立

世界で一番くわしい
建築設備 第2版

2024年3月25日　初版第1刷発行

監　修	山田浩幸
著　者	檀上新・檀上千代子・佐藤千恵・河嶋麻子・山田浩幸
発行者	三輪浩之
発行所	株式会社エクスナレッジ
	〒106-0032　東京都港区六本木 7-2-26
	https://www.xknowledge.co.jp/
問合せ先	編集　Fax：03-3403-1345／info@xknowledge.co.jp
	販売　Fax：03-3403-1829